Liv edikasyon kretyen pou pwofesè adolesan yo (de 9 a 11 lane)---4,5 ak 6 grad edikasyon primè oubyen elemantè).

I0157269

PWOFESÈ
Ane 2

Dezama Jeudi ak Alexis Sonel
Tradiktè

Bethany Cyr
Redaktè

Leson sa yo te tradwi epi adapte pa materyèl orijinal li an anglè pa mwayen travay piblikasyon an aksyon.

PAWÒL KI BAY LAVIA

Tout a notasyon sa a yo soti nan Bib, Vèsyon Jerizalèm.

Cette edition est publiée par les Ministères de la Formation de Disciples - Région Mésoamérique, Eglise du Nazaréen

ISBN: 978-1-63580-014-2

Mise en paj: Bethany Cyr

www.mesoamericaregion.org/fr/ressources/disciple/

discipleship@mesoamericaregion.org

Enprime nan Etazini yo

Tab Matyè

ÈD POU PWOFESÈ A

I. ASPÈ JENERAL LESON YO AK INITE A

ENTWODIKSYON POU CHAK INITE

Ou ap jwenn baz la biblik pou inite a tout antye, tèks biblik la, bi a, tit leson yo ak rezon ki fè elèv la bezwen aprann pati sa a.

CHAK LESON GEN LADAN LI:

Baz Biblik

Sinyale pasaj biblik kote w te pran leson an. Li ka al gade nan youn oswa plis liv oswa pasaj nan Bib la. Ou ta dwe li pasaj l a, oswa pasaj yo pou w ka konnen yo.

Objektif leson an

Klarifye kote ou ta dwe dirije elèv yo ak sa yo ta dwe reyalize nan pwosesis ansèyman ak aprantisaj la.

Vèsèpou aprann

Yo konsidere ke li ta pi apwopriye pou w ta sèvi ak yon sèl vèsè biblik pou inite a tout antye, avèk objektif pou nou mete aksan sou verite santral la.

II. PREPARASYON POU PWOFESÈ A

PREPARE W POU W ANSEYE AK KÒMANTÈ BIBLIK!

Dezyèm seksyon sa a prezante yon sipò pou pasaj etid biblik la, ki pral elaji konesans ou sou sijè a. Li gen ladan tou yon kontèks biblik ak ki jan timoun yo aprann nan laj sa a. Pou efikasite, konsidere bagay sa yo:

Priye epi mande Bondye direksyon.

Li pasaj biblik la plizyè fwa epi ekri nan yon kaye lide prensipal ou jwenn nan.

Konsilte lòt vèsyon biblik, komantè biblik, diksyonè Biblik, elatriye

Konpare ide w ak sa yo prezante nan liv sa a.

Medite sou yo chak, epi reflechi ki jan pasaj la ka aplike nan pwòp lavi nou ak lavi elèv yo.

III. DEVELOPMAN LESON AN

La a nou kapab idantifye divès kalite pwen nan devlopman leson an pou ou ka jwenn yon pi gwo randman nan aprantisaj la. Istwa biblik la ta dwe fèt ak metòd kote ke elèv yo dwe patisipe ak anpil atansyon. Asire w ke pwen kle yo kapab parèt klè nan lespri timoun yo. Ou ka pratike prezantasyon tèm nan lè ou lakay ou pou w ka gen bon sekirite devan elèv yo. Pran kouraj! Travay la se pou Seyè a, epi ou menm ou se yon enstriman nan men l pou fè travay li.

APLIKASYON POU LAVI AK ISTWA BIBLIK LA D

Sa a se tan pou elèv la reflechi sou lavi li chak jou. Se tan pou yo poze tèt yo kesyon kòman lavi yo ye pa rapò ak sa Bib la anseye a. Anjeneral, se yon bann aktivite ki gen pou wè ak reponn kesyon pèsonèlman. Dirije timoun ki près ke rive nan laj adolesan yo vè yon refleksyon epi pa manipile repons yo, paske repons sa yo dwe sensè epi pèsonèl. Tan pou aprann istwa biblik la.

IV. AKTIVITE YO

a. Nan seksyon sa a ou pral jwenn yon lòt seri de aktivite anrichisman pou leson an, kòm travay sou liv yo ak jwèt.

b. Memorize tèks, jwèt.

c. Finalman: moman lapriyè ak refleksyon.

Konsèy yo: Veye byen pou leson an pa limite nan tan klas la, pou sa li enpòtan pou w prepare w pandan tout semèn nan.

Vizite elèv yo omwen yon fwa chak sis mwa.

Priye epi kontakte elèv yo nan lèt, apèl nan telefòn, envitasyon, oswa ale vizite yo si yo sispann patisipe nan klas la.

Voye yon nòt bay elèv la menm ak / oswa paran yo epi mansyone evènman espesyal nan lavi elèv la tankou anivèsè nesans, jou espesyal, elatriye.

Ankouraje elèv ou nan konpetisyon pou w motive yo patisipe, aprann; memorize tèks, envite zanmi yo, elatriye.

Rive bonè pou w asire w ke sal kote w pral bay klas la li pwòp.

Pou prepare leson yo, sonje timoun ki prèske rive nan laj adolesan yo, bezwen ak pwoblèm yo.

Pèmèt nan tout tan, yo kapab jwenn nan ou, yon bon pwofesè, pi bon zanmi, konseye ak yon bon modèl kretyen yo yo dwe imite.

KONSEY POU MEMORIZE PAWÒL LA

1. KI SA VÈSÈ A DI?

Sa elèv ou yo wè ak eksprime sans yo.

Zye a

Nan Bib la.

Nan kat yo, moso katon, klenkan, èd vizyèl yo oubyen sou tablo.

Zòrèy la

Li li byen fò.

Se pou elèv yo li li.

Vwa a

Repete apre w fin koute li. Li li ak lòt moun epi endividyèlman. Koral oswa yon an gwoup.

Chante li.

Men yo

Ekri vèsè a sou tablo a, kat yo, bwat katon yo, ti moso papye oswa papye koulè.

Ranpli espas vid yo.

Devinèt

2. KISA SA SA VLE DI?

Al chache definisyon yo

Se pou timoun ki prèske rive nan laj adolesan yo eksprime sa yo konprann sou vèsè Biblik la.

Eksplike mo sa yo ke elèv yo pa konnen.

6

Diskite sou kontèks la

Ou ka ede ak komantè biblik, diksyonè oswa mande lòt moun.

Fè rechèch sou vèsè biblik ki vin anvan yo.

Ki moun ki pale a oswa ak ki moun say o li pale?

Diskite sou reyalite yo oswa faktè ki te devlope yo.

Transfòme vèsè an blag

Montre desen oswa desen anime.

Trase foto.

Sèvi ak langaj siy oswa teyat.

3. KOUMAN POU MWEN APLIKE LI NAN LAVI M'?

Diskite sou bagay sa yo:

Aplikasyon ki gen vèsè biblik nan lavi chak jou.

Nan ki sikonstans sa pral ede li, ak ki konsekans sa ap pote nan lavi ou ak lavi lòt moun yo.

Sonje yon vèsè

Lè ou anba tantasyon.

Lè ou nan pwoblèm.

Lè w'ap ankouraje lòt yo.

TIMOUN KI NAN LAJ ADOLESAN AN, KONDWIT LI AK PWOFESÈ A

1) Chèche konprann elèv ou yo epi pèmèt yo genyen yon kondwit ki nòmal.
   Elèv ou yo sou sa epi kirye.
   Se pa kòm si se ti granmoun yo ye. Se pou nou toujou fè diferans ant move konpòtman ak lè moun nan pa gen matirite.
2) Bat pou gen yon bon atmosfè nan klas la ki va bay repons a yon bon konpòtman.
   Bat pou timoun yo konnen ke w renmen yo ak apresye yo.
   Demontre ke w sousye de yo menm nan sa ki pase yo lè yo pa nan klas la.
   Se pou w byen organize sa w'ap fè epi nan fason w'ap aji ak elèv ou yo.
   Fè yon gid byen klè, ki gen ladan li sa ke w ta renmen ke yo fè nan lavi yo.
   Se pou w' evite genyen elèv ki pi zanmi w nan klas la.
3) Jwe wòl pwofesè.
   Pran responsablite w nan klas la.
   Se pou elèv ou yo wè nan ou figi yon otorite yo dwe respekte.
   Fè zanmi ak elèv ou yo.
   Mansyone yon bon egzanp de moun ou vle yo fè tankou li.
4) Itilize metòd ki gen elèv yo ladan l epi ki kapte lespri yo.
   Se pou w toujou byen prepare epi rive nan klas la anvan elèv ou yo.
   Founi yon bann aktivite ki kapab apwopriye pou yo.
   Itilize aktivite ki kapte lespri yo ak entèlijans yo.
   Kite jenn timoun yo chwazi kèk nan aktivite yo.
5) Afiche yon konpòtman ki pozitif.
   Met limit nan nimewo règ yo.
   Lè ou korije yon elèv, pale sa ak paran li yo, gadò li oswa responsab li yo.
   Mande asistan ki pou ede w.

KISA KI DWE FÈT LÈ YON TIMOUN FÈ DEZÒD?

1) Chèche koz pwoblèm nan.
   a. Èske elèv la gen pwoblèm aprantisaj oswa maladi ki anpeche li patisipe kòrèkteman nan klas la?
   b. Èske l'ap bat pou l' kontwole klas la poukont li ?
   c. Èske li gen talan espesyal oswa nivo ki pi wo pase lòt yo, ki pèmèt li dekouraje nan klas la?
   d. Lè w' fin konn koz pwoblèm nan, petèt ou ka pote yon solisyon lèw pale ak paran timoun sa.
2) Pran kontwòl sitiyasyon an.
   a. Pa bay konpòtman ki ka bay klas la pwoblèm valè.
   b. Foure elèv la nan aktivite klas la.
   c. Fè li konprann ke w gen kontwòl vye konpòtman li yo.
   d. Apwoche bò kote li.
   e. Di li konsa, ak vwa w byen ba, sa ou vle pou li fè a.
   f. Esplike elèv la kisa ki ka rive li si li kontinye fè dezòd.
3) Pale ak paran yo oswa moun ki responsab yo.
   a. Si ou fè sa davans, pou w pale ak paran li yo oswa moun ki responsab li yo, mennen li avèk ou.
   b. Kòmanse pou w di paran yo kisa w renmen nan timoun sa a.
   c. Mete pwoblèm nan sou tab epi poze kesyon pou w jwenn solisyon li.

NOU DWE KONNEN TIMOUN KI PRESKE RIVE NAN LAJ ADOLESAN AN

Eksprime ide ou yo. Ou gen yon bon memwa.

Li gen ase " matirite" fizikman ak mantalman kòm pou w ta fè aktivite nouvo epi diferan

Li renmen travay ann ekip

Li renmen tande istwa sou Jezi

Se tan pou li chèche ewo yo

Mete aksan sou sèks opoze a

Li renmen jwèt elektwonik yo ak jwèt videyo

Se yon laj de anpil ilizyon

Kounye a se tan pou fòme abitid ki estab

Li poze anpil kesyon

Lè ou konsidere karakteristik sa yo nan etap nan devlopman elèv yo, nou mete kèk konsèy pou nou amelyore dinamik yo:

Enspire elèv ou yo ak istwa ewo yo ki nan Bib la.

Pran opòtinite pou w anseye yo memorize pawòl la, chan yo, ak bèl istwa yo.

Mande timoun yo pou yo bay patisipasyon pa yo nan chèche pasaj biblik yo, nan prepare klas ak nan rakonte istwa biblik yo, pyès teyat, gade nan kat jewografik, fè jwèt devinèt, ekri sou tablo a oswa fè postè sou leson an.

Ankouraje yo patisipe avèk kesyon, repons ak kamarad klas yo.

Ankouraje yo imite pèsonaj biblik yo.

Se yon bon tan pou fòme bon abitid tankou: Li Labib la chak jou, lapriyè, asiste sèvis nan legliz, bay ladim yo, pale ak yon lòt moun de Jezi.

Bay opòtinite pou elèv ki gen laj sa a ede lòt moun.

Sèvi ak tan sa a pou yo aksepte Jezi kòm sovè pèsonèl yo.

Fè aktivite deyò sal klas la, leson yo pa dwe sèlman anseye oswa aprann nan sal klas la sèlman. Se pou w toujou chèche èd lòt granmoun.

RESOUS ANSEYMAN: RESÈT

RESÈT PLASTILIN OSWA FARIN POU FÈ LAKÒL

FARIN PAT AK SÈL

Engredyan yo:
2 oubyen 3 tas farin.
3/4 tas sèl.
1/2 tas dlo tyèd.
Dlo vejetal koulè.

Enstriksyon yo:
Melanje farin frans la ak sèl, epi vide dlo tyèd la pandan w ap brase li. Men si ou vle ou kapab ajoute dlo vejetal koulè a, veye pou w toujou vide kèk ti gout vejetal koulè pandan l'ap ranmase. Mas la gen pou l fèt depandaman de kantite dlo ou mete. Lè mas la fin fèt, konsève li nan vèso anndan frijidè a.

MAS KI KWIT LA

Engredyan yo:
2 tas farin frans.
1 tas sèl.
1 gwo kiyè lwil doliv.
2 ti kiyè krèmòl.
1/2 tas dlo.
Dlo vejetal koulè.

Enstriksyon yo:
Melanje engredyan sèk yo. Lè sa a, ajoute dlo ak lwil doliv la. Mete melanj lan sou dife a joukaske preparasyon an vin près, epi kontinye brase l toutan.
Retire li sou dife a epi kite l frèt. Pou rive jwenn koulè w bezwen an, ajoute yon kèk gout dlo v pandan ejetal koulè pandan mas la ap ranmase. Li pral rete nan konsèv plis ke yon mwa si ou mete li nan yon vèso ki fèmen.

MAS LABOU

Engredyan yo:
2 tas tè.
2 tas sab.
1/2 tas sèl.
Dlo.

Enstriksyon yo:
Melanje tè a, sab la ak sèl la. Apre sa ajoute dlo a, ti kras pa ti kras, jiskaske w rive jwenn li jan w vle li a pou fè modèl la.

PENTI DAKTILE OSWA DAKTILIK

Engredyan yo:

1 ak 1/4 tas lanmidon.

1/2 tas savon an poud.

3 tas dlo bouyi.

1 gwo kiyè gliserin.

Dlo vejetal koulè oswa tanpè.

Enstriksyon yo:

Fonn lanmidon an nan dlo frèt. Apre sa vide li tou dousman nan dlo bouyi a, pandan w' ap kontinye brase li pou w anpeche l fè boul. Ajoute savon, epi finalman ajoute gliserin nan. Pou w ba l koulè, ajoute dlo vejetal koulè a oswa tampè a. Konsa, w'ap vin genyen yon preparasyon jelatin kipa yon pwazon. Si w mete penti sa a nan boutèy plastik, li pral kenbe pandan plizyè jou.

LAKÒL BLAN

Engredyan yo:

4 tas dlo.

1 tas farin ble.

1/2 tas sik.

1/2 tas vinèg.

Enstriksyon yo:

Bouyi twa tas dlo. Pandan se tan, nan yon bòl melanje yon tas dlo, farin frans, sik ak vinèg. Lè dlo a bouyi, ajoute melanj lan, epi brase l dousman sou dife a jiskaske li lage premye bouyon an. Si rete boul, ou ka blennde melanj la. Si li twò epè, ajoute dlo. Si l vin dlo, mete li bouyi pou plis tan. Konsève lakòl la nan yon bokal ak kouvèti.

PAPYE POU KAT AK ATIZANA

1) Tranpe 6 fèy papye blan nan dlo cho oswa papye jounal, koupe an ti moso.

2) Moulen papye a nan blenndè avèk mwatye tas avwan, oswa flè, oswa fwi bagas oswa legim, tankou kawòt, seleri, elatriye.

3) Koule melanj lan epi ajoute kat gwo kiyè gliserin ak 6 gwo kiyè lakòl blan.

4) Ouvè pat la sou yon plastik, ak yon woulo oswa yon planch ki fèt pou sa jouskaske li vin mens epi menm jan.

5) Kite l nan solèy pou de jou.

6) Avèk papye a ou ka fè kat yo, sinyale oswa papye ki pou separe fèy liv, lèt, elatriye.

ENPÒTANS KI GENYEN NAN PWOMOSYON ELÈV POU PWOCHÈN KLAS LA

Chè lidè ak pwofesè edikasyon kretyen:

Kòm nan lekòl primè, timoun nan legliz la yo dwe fasilite yo pou fè pwomosyon "nan grad yo oswa klas imedyat siperyè." Kòm yon pwofesè, li trè enpòtan pou ou ta ankouraje elèv yo nan fen ane eklezyastik la oubyen, sa ki ta dwe pi fasil, nan fen ane lekòl la. Pou fè sa, pale ak lidè yo nan edikasyon kretyen nan kongregasyon yo oswa ak pastè a.

Ou ka prepare davans yon "seremoni" pwomosyon, epi bay chak elèv ki pase yon sètifika pou antre nan klas k'ap vini apre a.

Seremoni an kapab fèt nan tanp lan pou tout kongregasyon an ka patisipe.

Envite paran ak fanmi elèv yo. Se pral yon bon okazyon pou w tou rekonèt yo, se pou yo rete asiste rès sèvis la epi tande pawòl Bondye a.

Kòm patisipan espesyal yo, pwofesè ki fè klas yo dwe la ki pou ankouraje elèv yo. Se pral yon moman enpòtan lè ou di tout moun orevwa ak yon akolad, epi pwochen pwofesè a resevwa li, menm jan an tou, ak yon akolad pou di timoun nan byenvini nan nouvo klas la.

Sa t'ap bèl anpil si ou le prepare yon kat ki gen foto tout elèv ou yo ke wt e fè nan klas la pandan ane a pou w montre nan seremoni an. Li ta bon tou si ou ta fè yon ekspoze ki gen kèk bèl souvni ou genyen de lavi elèv la pandan li avèk ou: priyè espesyal ki te fèt, dat li te konvèti a, temwayaj li te bay yo, kesyon ki te poze, epi moman kè kontan yo oswa tristès ke nou te fè fas pandan ane a. Prepare elèv ou a davans. Eksplike li detay sa yo, pou li ka dakò ak tout kòmantè ke w panse fè sou li, piga li sezi oswa pran tranble devan kongregasyon an.

Pale ak responsab ministè edikasyon kretyen an oswa responsab klas la pou ke nan seremoni an yo bay chak elèv yon liv etid tou nèf pou pwochen ane ki pral antre a. Pou sa, ankouraje fanmi ki nan legliz la yo pou yo bay chak elèv yon liv, sitou sa yo ki gen paran yo pa asiste nan legliz la oubyen ki pa byen ekonomikman. Nan chak kongregasyon gen fanmi ki ka fè timoun yo kado liv ak kè kontan.

Nou swete w benediksyon ki pi rich pou defi yo ke ministè ansèyman an reprezante pou ou ak kongregasyon ou.

Se pou Seyè ba w gras epi beni ministè sa a ou genyen an ki tèlman enpòtan.

Ekip editoryal CNP

Sètifika Pwomosyon

_____
(Non elèv la)

Pwomèt pou klas siperyè

(Legliz   )

Dat

"Pitit mwen, tande pawòl mwen…" Pwovèb 4:20[a]

_____   _____
Lidè lekòl dominikal la   Pwofesè

POU W KA VIV PI BYEN

Baz biblik yo: Jenèz 1: 27-31; 2: 1-3; Egzòd 19: 1-20: 21; Sòm 119: 9; Pwovèb 12:22; Matye 5:17, 21-22, 27-28, 33-37; 6: 19-21, 24-31; 12: 1-13, 35-37; Mak 12: 28-34; Travay 5: 1-10; Efezyen 4: 25-26, 28-29; 5: 3-4; 6: 1-3; Filipyen 4: 10-13, 19; Kolosyen 3: 8-9; Jak 1: 19-20; Ebre 13: 5.

Vèsèpou aprann: "Renmen Senyè a, Bondye ou, ak tout kè ou, ak tout nanm ou, ak tout lide ou, avèk tout fòs ou. Sa se premye kòmandman an. Men dezyèm nan sanble: Se pou nou renmen frè parèy ou tankou ou renmen tèt pa ou". (Mak 12: 30-31a)

OBJEKTIF INITE A

Inite sa a ap ede elèv yo:

❖ Konnen ke Bondye te bay pèp li a dis kòmandman pou ede yo viv yon vi ki san peche.

❖ Konprann ke renmen Bondye ak renmen frè parèy yo se kòmandman ki pi enpòtan yo.

❖ Montre lanmou kretyen an nan relasyon yo ak zanmitay.

❖ Rekonèt ke oryantasyon Bondye a enpòtan pou aprann yo viv byen.

LESON INITE YO

Leson 1: Premye Ki Premye A
Leson 2: Pouvwa Pawò
Leson 3: Yon Jou Espesyal
Leson 4: Nou Bezwen Paran Noul Yo
Leson 5: Kisa Ou Wè?
Leson 6: Mwen Espesyal
Leson 7: Si Li Pa Pou Ou, Kite Li!
Leson 8: Bay Manti Gen Move Konsekans
Leson 9: Pa Fè Lanbisyon

POUKISA JEN TIMOUN YO BEZWEN ANSEYMAN INITE SA A?

Mond lan kote n'ap viv la nan yon gwo povrete espirityèl paske yo fin pèdi tout valè yo. Anplis de sa, yo chèche pratike anpil vye modèl nan konpòtman yo san lòt moun pa di anyen nan sa, epi byen souvan yo gen anpil danje lan yo.

Elèv ou yo antoure ak anpil mesaj ki fòse yo antre nan dezobeyisans ak rebelyon. Chak jou ki pase li vin pi difisil pou w kontwole reyaksyon elèv yo nan lekòl yo. Byen souvan, nou tande moun di ke lapolis te oblije fè entèvansyon nan lekòl yo pou anpeche timoun ki nan laj sa yo simen latwoublay.

Tout moun bezwen konnen ke Bondye te kite enstriksyon fèm pou gide pitit yo nan yon lavi apa pou Bondye.

Leson sa yo ap ede w anseye yo ke Bondye vle pou pitit li yo viv yon vi ki apa li. Se poutèt sa, li te ban nou Dis kòmandman yo, kòm yon gid pou n ka reyalize objektif sa a.

Dis kòmandman yo moutre klèman ke modèl konpòtman moun Bondye chwazi a ta dwe kontinye viv nan amoni, lapè ak pwosperite.

Jezi te di li pa t vin aboli lalwa, men akonpli li (Matye 5:17). Epi tou li te anseye nou obeyi pa amou men se pa pa obligasyon.

Lè elèv ou yo aprann renmen Bondye ak tout kè yo, epi frè parèy yo tankou yo menm, san dout y'ap rive akonpli Dis kòmandman yo.

Premye Ki Premye A

Baz Biblik: Egzòd 19: 1-20: 21; Matye 5:17; Mak 12: 28-34.

Objektif leson an: Se pou jèn timoun yo aprann eksprime lanmou yo pou Bondye, ba li premye plas nan lavi yo.

Vèsè pou aprann: *"Se pou ou renmen Senyè Bondye ou la avèk tout kè ou, ak tout nanm ou, ak tout lide ou, avèk tout fòs ou. Sa a se premye kòmandman. Men dezyèm nan se menm jan: Se pou ou renmen frè parèy ou tankou ou renmen tèt pa ou."* (Mak 12: 30-31a)

PREPARE W POU W ANSEYE!

Nou menm pwofesè edikasyon kretyen nou gen yon gwo responsablite, epi, an menm tan, yon gwo privilèj. Responsablite nou se plante levanjil la nan jenn kè sa yo epi kondwi yo al mete nan pye Kris la. Gwo privilèj nou an se sèvi yon enstriman nan Mèt tout mèt yo nan fè travay pote levanjil la bay tout kreyati yo. Nan liv sa a ou pral jwenn leson ak aktivite ki pral fasilite ansèyman yo. Men, sonje ke pou ansèyman sa bay bon rezilta, sa ki pi enpòtan an se chèche direksyon Sentespri a.

Jodi a gen anpil bagay ki ka kapte atansyon jenn timoun yo. Zanmi yo, espò, mizik, divèsyon yo, elatriye. Sa fè yo twouble epi pa konnen kisa pou yo bay premye plas la nan vi yo.

Avèk leson sa a yo pral aprann ke Bondye dwe gen premye plas nan lavi kretyen an.

Bondye te bay pèp li a la lwa pou sèvi li yon gid, konsa yo ta kapab viv nan amoni ak sentete. Pandan elèv yo ap etidye premye kòmandman sa a, yo pral konprann ke lè yo renmen Bondye pi plis pase tout bagay, tout lòt bagay ap vini kòm degi.

KÒMANTÈ BIBLIK

Egzòd 19: 1-20: 21. Bondye te bay nan pèp li a Dis kòmandman yo, epi te eksplike yo li klèman epi rete tann pou li te okipe premye plas nan lavi yo. Apre li te fin delivre yo, fè yo soti kite peyi Lejip, li te ede yo travèse Lanmè Wouj la epi li mennen yo nan kwen mòn Sinayi a pou yo te ka tande pawòl li yo. Anvan li te ba yo Dis kòmandman yo, Bondye te fè yo sonje tout bagay li te fè pou yo, epi mande yo koresponn ak lanmou li.

Obeyisans Dis kòmandman yo ta dwe repons renmen pou kontra a ke Bondye te siyen avèk yo. Li te vle pou yo te yon pèp ki apa pou li, epi kòmandman sa yo ta ka ede yo viv san peche. Lalwa a pat fè moun pèp Izrayèl yo vin pèp Bondye; olye de sa, yo te resevwa lalwa paske yo se pèp Bondye.

Matye 5:17; Mak 12: 28-34. Yon fwa, yon pwofesè lalwa vin bò kot Jezi ak yon kesyon. Lè Bondye te bay Dis kòmandman yo pou pèp li a, lidè yo te ajoute anpil règ pa yo pou fòme yon kòd konplèks nan lwa yo. Nan moman sa a nan Nouvo Kontra, jwif yo te gen 613 lwa ak kòmandman yo te dwe akonpli. Pami yo, 365 te negatif ak 248 pozitif.

Repons Jezi a te rive jous nan pwen santral sistèm jwif la: "Se pou w renmen Bondye (yon fraz yo pran dirèkteman nan Shema)" epi frè parèy ou tankou tèt ou ", ki te baz tout kòmandman yo.

Jezi idantifye renmen kòm karakteristik yon moun ki renmen bondye tout bon vre.

Bondye renmen nou epi te fè tout sa ki nesesè pou nou te rekonsilye avè l. Men, li se nesesè pou nou renmen l ak tout kè nou, tout nanm, lespri nou ak fòs nou.

Antanke kretyen, nou pa adore zidòl, paske nou konnen Bondye pa renmen sa. Men, èske nou bay Bondye premye plas nan lavi nou?

Bondye tou senpleman te di Izrayelit yo sonje sa li te fè pou yo, epi rete tann pou reponn ak renmen, obeyi kòmandman l yo.

Menm jan an tou, obeyisans genyen anvè Bondye ta dwe fèt nan renmen nou genyen pou li.

DEVLOPMAN LESON AN

Di elèv yo byenveni, epi kite pou yo chak di non yo, laj ak ki klas y'ap fè nan lekòl yo.

Pwobableman anpil nan yo rekonèt youn, lòt. Sepandan, sa a pral ede yo idantifye ak nouvo kamarad yo oswa lòt ki fèk moute nan klas la.

Si ou gen anpil nouvo elèv, n'ap konseye w' mete yon ti badj nan kou yo chak ki pral pèmèt ou idantifye yo pi fasil.

Kòm se premye klas nan ane a, li posib ke elèv yo ap eksite sou tout eksperyans ke yo sot fè pandan selebrasyon Nwèl ak ane nèf la. Se poutèt sa, kite yo rakonte kèk ti temwayaj. Sa ap ede yo konsantre yo sou etid, tèm biblik pou jou sa.

Disiplin nan klas la

Explique a los jovencitos que, en toda sociedad Di jenn timoun yo ke nan nenpòt sosyete òganize, genyen yon bann règ ki dwe respekte epi kenbe relasyon yo byen sere. Apre sa a, mande yo ki kalite disiplin yo konnen.

Koute repons yo.

Apre sa a, di yo pou yo fè yon gwoup pou yo konstwi "disiplin yo nan klas la", sa yo ki pral fè plis efè pandan tout ane a. Nou konseye w' pou w pèmèt elèv ou yo kolabore, kontribiye lide sou règleman ke yo kapab rive mete an aplikasyon. Nan sans saa yo pap' santi se yon enpozisyon, epi yo pral angaje yo poy yo obeyi.

Ekri règleman sa yo nan yon ansèy, mete l 'nan plas kote li kapab rete pandan tout ane a. Nou konseye w' ke olye pou w' itilize fraz tankou "Pa kouri nan sal la" ekri pito: "Evite kouri nan sal la." Se konsa, byenke mesaj la se menm bagay la, elèv yo pap santi yo anba presyon.

Ki sa ou panse sou règleman yo?

Di elèv ou yo konsa: sa fè yon ti tan depi nou te sot elabore kèk disiplin ke nou gen pou nou akonpli nan klas la pandan tout ane a. Nan aktivite sa a n'ap baze nou anpil sou disiplin yo.

Sa a se premye fwa key o pral travay avèk liv elèv yo. Se poutèt sa, nou konseye w' esplike yo enpòtans ki genyen epi pran swen ak kenbe materyèl etid la nan bon eta. Fè yo ekri non yo nan premye paj liv la, epi pase kèk minit ap analize li.

Lè sa a, mande yo louvri nan paj 5 epi fèmen nan yon sèk repons ki moutre sa yo santi lè yo gen pou yo obeyi disiplin yo.

Jwèt pou konsantrasyon

Pou aktivite sa a ou pral bezwen 30 kat blan, separe an 15 pè. Nan chak pè kat trase yon figi jewometrik (kare, triyang, rektang, elatriye), oswa ekri yon mo tankou (kay, pyebwa, flè, elatriye).

Pou kòmanse jwèt la, divize klas la an de ekip. Esplike yo ke jwèt la mande pou yo konsantre yo, pandan w'ap ranje kat yo sou yon tab, epi mete yo fas anba.

Mande pou yon jwè nan premye ekip yo chwazi de kat epi vire yo fas anlè.

Si figi yo se menm bagay, jwè a ap rete ak kat yo; si yo diferan, lè sa a, se pral tou pa yon lòt ekip.

Lè sa a, mande manm premye ekip la si li ta renmen chanje règleman yo epi ki jan li kapab fè li. Swiv konsèy la, epi jwe ak nouvo règleman yo. Lè sa a, poze dezyèm ekip la menm kesyon an, epi kontinye jwèt la pandan y ap respekte règleman nouvo yo.

Kontinye chanje règleman yo chak fwa gen yon ekip tou nèf vi n patisipe.

Lè jwèt la fini, mande yo ki jan yo te santi yo lè yo t'ap chanje règleman yo. Petèt yo te panse li pat' jis, yo te fristre oswa te gen difikilte pou sonje tout.

Eksplike yo ke nan leson jodi a yo pral wè poukisa li enpòtan pou yo obeyi regleman-yo.

ISTWA BIBLIK

Li enpòtan pou ke yo tout aprann pote Bib yo nan klas la. Di yo ke chak semèn y'ap itilize li epi li nesesè pou yo vini nan klas la ak yo. Si kèk nan elèv ou yo pa gen Bib epi yo pa ka achte youn, pale ak moun ke ou konsidere apwopriye pou jwenn fason pou satisfè bezwen saa. Yon lòt opsyon se chèche moun nan kongregasyon an ki vle fè don Bib pou manm klas la.

Apre asire ke tout elèv yo gen yon Bib ki ka itilize nan klas la, fè yo chèche pasaj ki nan Mak 12: 28-34 epi fè youn ki vle li pasaj la.

Apre sa a, divize klas la an de ekip, epi chak gwoup dwe eli yon lidè ak yon sekretè. Aktivite a nou dwe fè a se nan paj 6 liv travay la.

Premye ekip la dwe analize ak reponn kesyon gwoup A yo, epi dezyèm lan pa gwoup B yo. Sekretè ki nan chak gwoup ap ekri repons yo sou yon fèy.

Lè sa a, chak lidè gwoup pral chwazi yon manm nan ekip advès la pou reponn

15

kesyon yo te analize yo. Patisipan yo ka sèvi ak nòt sekretè a pou yo reponn.

AKTIVITE YO

Ki sa ki pi enpòtan?

Pou aktivite sa a ou pral bezwen papye jounal papye, sizo, lakòl ak bwat katon. Anvan w pote papye revi yo nan sal la, se pou wè si pa genyen ki gen okenn piblisite oswa move pawòl betiz ladan yo.

Mande elèv yo pou yo fè yon gade nan revi yo epi koupe objè oswa moun, pou pifò moun, sa yo pi enpòtan pase Bondye. Lè sa a, ba yo tan pou yokole tout egzanp yo nan moso katon yo epi pou yo itilize li pou yo ka konplete aktivite sa a.

Ki zidòl moun yo adore jodi a?

Mande klas la pou yo obsève figi yo te koupe kole yo, epi reponn kesyon an nan paj 7 la nan liv elèv yo.

Di yo konsa: *Lè moun yo mete lòt bagay yo nan premye plas nan lavi yo, sa pa fè lonè Bondye. Tout sa ou renmen plis pase Bondye vin yon zidòl.*

Mande elèv yo pou yo bay kèk egzanp zidòl ke sosyete a adore (egzanp, mizisyen, vedèt popilè nan espò yo, pèsonalite nan televizyon, mòd, lajan, elatriye).

Li ansanm Egzòd 20: 3-4 epi diskite sou sa li vle di.

Lèt espesyal yo

Mande elèv yo pou yo fè mansyon de fòm espesifik nan fason pou yo ka eksprime lanmou yo pou Bondye, ak mete l 'nan premye plas nan lavi yo (egzanp: priye ak li Bib la chak jou, frè yo ak sè yo, padone moun sa yo ki te ofanse yo, elatriye).

Mande yo pou yo sèvi ak paj 8 nan liv la nan travay yo ekri yon lèt bay Bondye epi di ki jan yo vle onore ak obeyi li.

POU FINI

Di mèsi pou asistans elèv yo epi fè yo sonje ke yo grandi nan konesans yo nan Bondye, li enpòtan pou yo swivetid biblik k'ap fèt tout tan.

Fè yo ranmase materyèl yo te itilize yo, epi pou yo ede w' ranje ak mete liv travay yo yon kote.

Fini ak yon lapriyè, epi ankouraje yo mete Bondye kòm priyorite nan lavi.

nòt

Leson 2
Pisans Pawòl Yo

Baz biblik: Egzòd 20: 7; Matye 5: 33-37; 12: 35-37; Efezyen 4:29; Kolosyen 3: 8-9.

Objektif leson an: Se pou elèv yo evalye fason yo pale, epi yo dwe gade si pa mwayen pawòl yo, yo onore Bondye ak frè parèy yo.

Vèsèpou aprann: *"Se pou ou renmen Senyè Bondye nou an avèk tout kè nou, ak tout nanm ou, ak tout lide ou, avèk tout fòs ou. Men kòmandman an premye. Men dezyèm la se tankou li: Se pou nou renmen frè parèy ou tankou tèt ou."* (Mak 12: 30-31a)

PREPARE W POU W ANSEYE!

Konbyen fwa nou tande non Bondye te itilize tankou nenpòt ki lòt ekspresyon? Li fasil pou nou tande moun sèvi ak non Seyè a san yo pa gen okenn konsyans reyèl de sa y'ap di a. Se poutèt sa, gen anpil timoun ki te grandi nan mitan moun k'ap itilize fraz kote y'ap lonmen non Bondye an ven. Sa ki pi mal la li posib pou yo wè sa kòm yon bagay ki nòmal, paske yo pa konprann siyifikasyon non li ak respè li merite.

Leson sa a pral ede elèv ou yo konprann poukisa yo ta dwe respekte non Bondye epi yo pa dwe sèvi ak li pou gremesi. Non li sakre epi li merite tout onè. Dis kòmandman yo entèdi moun sèvi avèk non Bondye alalejè. Kontrèman ak kilti oksidantal la, kote siyifikasyon mo yo pa gen gwo enpòtans, Izrayelit yo te kwè ke mo yo vivan yon sèl fwa lè li te fèk deklare a.

Ede elèv ou yo konprann ke pawòl yo ak fason yo eksprime yo reflete sa ki nan kè yo.

KÒMANTÈ BIBLIK

Egzòd 20: 7. Kòmandman sa a pale byen klè sou fason Bondye vle pou pitit li yo eksprime yo. Li te avèti pèp la sou enpòtans ki genyen nan pa pran non Bondye pou gremesi. "Nan gremesi" vle di ke pa gen okenn valè, sa vle di yon bagay kip a gen enpòtans.

An jeneral, kòmandman sa a entèdi moun pase non Bondye nan rizib. Lè w'ap itilize li initil, nan fawouch oswa pou twonpe, se karakteristik sa yo ki atribiye pou Bondye.

Moun pèp Izrayèl yo te konsidere non Bondye tèlman sen, menm site yo pat vle site non Bondye. Se poutèt sa, yo te sèvi avèk lòt non pou li, tankou "Adonai". Epitou, moun yo te itilize non "Jewova". Granprèt la mansyone non Bondye yon fwa chak ane, lè li t'ap beni pèp la nan jou ekspyasyon an (Levitik 23:27).

Matye 5: 33-37; 12: 35-37. Nan Nouvo Testaman, moun yo te itilize non Bondye pou yo fè sèman valab. Sa

Se poutèt sa a Jezi te anpeche moun yo fè sèman. Li te vle raple pèp li a ke non Bondye te sakre epi sen, epitou l'ap jije nou tout pou pawòl nou yo.

Efezyen 4:29; Kolosyen 3: 8-9. Pòl pwolonje ide sa a yo pi plis, lè li anseye nan lèt li te ekri kretyen Efèz yo, li te di yo ke kretyen yo dwe respekte pwochen yo nan pawòl ke y'ap di.

Pòl egzòte nou yo jete tout vye pawòl nou genyen nan vokabilè nou, ki gen ladan: madichon, vyolan, pale anpil, ensiltan oswa fè kòmantè ki sal imaj lòt moun.

Men, sa pa sifi pou nou nan kenbe bouch nou nan pwononse vye pawòl sal. Pwovèb 15:23 di: "Ala bon sa bon, lè ou jwenn yon pawòl ki tonbe daplon" Bib la egzòte nou pou sèvi lòt moun ak fason nou pale. Lè pawòl nou edifye lòt moun, nou onore Bondye tout bon vre.

DEVLOPMAN LESON AN

Jwèt san mo

Ekri fraz kout sou ti moso epi mete yo nan yon bwat oubyen veso. Di elèv yo ke se pou yo chak, youn apre lòt, pral pran yon papye epi eseye kominike ak lòt moun siyifikasyon fraz la, men yo dwe fè sa san yo pa di yon mo. Apre yo fini jwèt sa a, Ede yo konprann ki jan yo ta santi yo si yo pa ta kapab pale.

Ekri fraz senp tankou: "Mwen bezwen soulye nèf", "mwen bezwen yon kreyon", "Mwen ta manje", "Mwen swaf", "Mwen fatige", elatriye.

Demoutre ke anpil fwa n' pa rekonèt benediksyon ke nou genyen ki se kado Bondye bannou pa mwayen pawòl la epi nou sèvi mal ak li.

Di yo ke nan leson jodi a yo pral etidye plis sou tèm sa a.

Ki kalite pawòl ou itilize?

Ekri sou tablo a lis sa a avèk bann mo sa yo, pa pè, yon anba lòt: bon - move, bèl - lèd, respè - derespektan, -byen, mal -agreyab dezagreyab, kontan - fache, kè kontan - tris.

Apre sa a, separe fèy papye pou elèv ou yo ekri fraz senp pandan w'ap itilize fraz sa yo: Mande pou kèk volontè li fraz pa yo, epi ansanm diskite sou ki jan nou dwe reponn moun ak pawòl nou yo. Pa egzanp: "ou wè ou byen" ak "ou wè ou byen mal" yo se fraz ki sanble, men gen yon mo ki fè diferans ak detèmine ki jan moun ki koute li yo pral reyaji.

Anpil fwa nou pale san nou pa reflechi epi nou choke moun ki bò kote nou yo. Jodi a nou pral etidye pi plis sou enpòtans ki genyen nan onore Bondye ak pawòl nou yo.

ISTWA BIBLIK

Di elèv ou yo konsa: *Dimanch pase nou te etidye de premye kòmandman yo, ki fè nou sonje priyorite ak onè nou dwe bay Bondye sou tout bagay. Nan klas la jodi a nou pral etidye yon lòt kòmandman ki enpòtan anpil.*

Divize klas la an twa ekip, epi bay chak gwoup kèk kesyon nan paj 10 nan liv elèv yo. Fè yo konnen se pou yo li pasaj biblik ke yo te bay pou yo li yo pou yo jwenn repons kesyon yo.

Lè yo fini, mande pou yo chanje repons yo youn ak lòt. Si sa nesesè, fè repons elèv yo bay la yo vi-n pi plis.

AKTIVITE YO

Èd pou ekstratèrès la

Klas la dwe travay nan liv elèv yo nan paj 9, pandan y'ap ede ekstratèrès la ekri yon rapò sou kijan moun k'ap viv nan planèt tè a dwe respekte youn lòt. Rapò a dwe baze sou Matye 5: 33-37; 12:35-37; Efezyen 4:29 ak Kolosyen 3:8-9.

Kalifye pawòl ou yo!

Bay elèv ou yo tan pou yo reponn ti kesyon ti egzamen ki nan paj 11 la. Di yo ke repons yo endividyèl; se poutèt sa, yo dwe travay poukont yo.

Ankouraje yo reponn onètman, epi pran an pou yo amelyore pati kote yo gen difikilte a.

Chèche solisyon kas tèt la!

Yon fwa ankò, divize klas la an ti gwoup oswa pa de pou yo ka rezoud problèm kas tèt ki nan paj 10 ak 11 nan liv la. Aktivite sa a pral sèvi yo revize kèk nan move fason y'ap sèvi ak langaj ke y'ap itilize byen souvan.

Al verifye pou yo genyen repons ki kòrèk yo:

Orizontal
1) Pawòl ke yo di ak entansyon pou ofanse yon moun (joure).
2) Bagay negatif ki lakòz gwo emosyon (kòlè).
3) Kòmantè negatif sou yon lòt moun (kritik).
4) Rimè sou yon moun (tripotay).
5) Ekspresyon ki bay mekontantman (plent).

Vètikal
6) Bay yon manti pou sal repitasyon yon moun (medizan).
7) Mal palan ak mal leve (vilgè).
8) Vye fawouch pou ofanse oswa blese kè yon moun (mokè)
9) Gade sou laparans oswa manke cham pou yon bagay oswa yon moun (san cham).
10) Move san epi gwo kòlè san kontwòl (fache).

POU FINI

Di yo se pou yo li "Fraz ki pale sou Pawòl mwen yo", ki nan paj 12 nan liv elèv la.

Fini pandan w'ap remèsye Bondye pou kado li bannou ki se langaj, epi mande li pou l de yo onore li pa mwayen pawòl k'ap soti nan bouch yo.

Mete aksan sou enpòtans ki genyen nan pwochen klas la, epi si gen elèv ki fèk vini, vizite yo oswa rele yo nan telefòn pandan semèn nan.

Leson 3

Yon Jou Espesyal

Baz biblik: Jenèz 2: 1-3; Egzòd 20: 8-11; Matye 12: 1-13.

Objektif leson an: Se pou jèn timoun yo konprann ke Bondye vle pou nou mete jou repo a apa pou nou fè lwanj li.

Vèsèpou aprann: *"Se pou ou renmen Mèt la, Bondye ou, avèk tout kè ou, avèk tout nanm ou, avèk tout lide ou, avèk tout fòs ou. Se premye kòmandman an. Men dezyèm lan se menm jan: Se pou ou renmen frè parèy ou tankou ou renmen pwòp tèt pa ou."* **(Mak 12: 30-31a)**

PREPARE W POU W ANSEYE!

Mond kote n'ap viv la sanble vin ajite pi plis chak jou. Eske nou pa remake ke jou yo vin pi kout chak jou? Okipasyon yo ranpli kalandriye nou yo ak lespri nou. Lè sa a se pa san konte granmoun yo; timoun yo ak jèn yo tou ap soufri konsekans yo nan "aktivis" ke nou soumèt anba yo. Lekòl la, pratik espò, pratik koral, randevou ak dantis, devwa yo ak klas anglè yo se sèlman kèk nan aktivite nan tout sa yo genyen pandan fen semèn nan.

Se vre, sa se yon bon bagay lè nou ankouraje intelijans ak aktivite fizik jèn ti moun yo. Sepandan, gen yon danje nan fè anpil aktivite epi yo pa kite tan pou sa ki enpòtan nan lavi: relasyon l'avèk Bondye.

Elèv yo dwe aprann ke Bondye te etabli jou repo a pou nou ka repoze epi konsantre atansyon nou sou li.

Esplike elèv ou yo ke Bondye te bannou sis jou pou nou travay epi reyalize tout okipasyon nou yo. Men, li se responsablite tout pitit Bondye pou mete jou repo a apa pou yo adore Seyè a.

KÒMANTÈ BIBLIK

Jenèz 2: 1-3. Bondye tèlman gen bon konprann, depi lontan anvan lòm te kòmanse travay, li te deja mete yon jou pou moun nan repoze ak ranfòse kominyon li avè l. Kreyatè nou an konnen ke, tankou moun, nou bezwen yon jou pou nou repoze pou nou kapab renouvle fòs nou yo. Men, sa pa vle di se sèlman fòs fizik oswa fatig nan kò, men se pito pati espirityèl la ki bezwen alimante li ak pran fòs.

Matye 12: 1-13. Anpil fwa, farizyen yo anmède Jezi ak kesyon konsènan jou repo a. Mesye sa yo te mete apa epi konsakre jou sa pou Bondye avèk yon pil ak bann seremoni byen prepare ki te dwe akonpli jan sa dwe ye. Lè Jezi te geri nonm ki te gen men pòk la jou repo a, farizyen yo te kritike l, kote yo te akize l kòm moun ki ta kraze lalwa Bondye a. Yo te bay seremoni yo ak relijyon yo a plis priyorite pase tout nesesite yon imen ta kapab genyen.

Sepandan, Jezi te gen repons ki kòrèk la: "jou repo a te fèt akoz de lòm, men se pa lòm ki te fèt akoz de jou repo a" (Mak 2:27).

Bondye te etabli jou repo a pou pitit li yo ka pran yon ti repoze sou aktivite chak jou yo. Men, sa ki pi enpòtan an se konsakre tan pou nou adore li ak ranfòse relasyon nou avèk li.

DEVLOPMAN LESON AN

Twa kesyon yo

Ekri separeman sou plizyè fèy papye, chak nan kesyon sa yo. Ekri nimewo kesyon an nan do fèy la; apre sa a, sere yo plizyè kote nan sal la.

Kesyon 1: Kisa ki ka pase lè moun nan genyen lavi li twò okipe?

Kesyon 2: Poukisa ou panse ke moun yo okipe konsa?

Kesyon 3: Eske jou Dimanch la diferan de lòt jou yo? Poukisa?

Kite elèv ou yo chèche kesyon yo. Lè yo jwenn yo, yo dwe bay repons yo ansanm. Koute repons yo, epi di yo ke nan klas jodi a yo pral aprann poukisa jou dimanch lan se yon jou espesyal li ye.

ISTWA BIBLIK

Lea con anticipación los pasajes para estudio de Li pasaj yo depi davans pou fè etid leson sa a, epi rakonte istwa a nan bon sans li.

Esplike elèv ou yo detay ki ka konfonn yo (egzanp: kiyès farizyen yo te ye ak poukisa jwif yo te tèlman wè li te enpòtan pou yo te obsève jou repo a). Si elèv ou yo gen dout, fè yo santi yo lib pou yo poze kesyon.

Ou ka mande tou ke yon koup nan volontè yo li pasaj la etid la, epi apre sayo kapab diskite sou tèm nan ak tout gwoup la.

AKTIVITE YO

Nouvèl la nan lavil Kapènawòm

Divize klas la an ti gwoup epi mande yo imajine ke yo menm yo se repòtè oswa jounalis nouvèl nan lavil Kapènawòm. Kòm repòtè yo ta dwe fè entèvyou ak youn nan pèsonaj prensipal nan istwa jodi a epi prepare yon rapò sou sijè a.

Pèsonaj sa yo pou entèvyou a kapab gen ladan li: farizyen yo, disip yo, nonm sa a ki te gen menm pòk la oswa Jezi.

Asire w pou ke chak gwoup fè entèvyou ak yon pèsonaj diferan epi sèvi ak Bib la pou yo ekri rapò a. Apre yo fin ekri konklizyon yo ki nan paj 13 nan liv elèv la.

Jou Seyè a

Mande elèv yo pou yo li epi diskite sou sitiyasyon yo ki mansyone nan paj 15 nan liv elèv yo.

Mande yo: ou panse jèn timoun yo ap obsève jou repo a kòmsadwa?

Koute repons yo, anvan ou kòmanse aktivite sa a.

Kòman ou itilize jou Seyè a?

Ede yo pou yo mete atansyon yo sou paj 14 nan liv la elèv yo. Mande yo pou yo bay yon lis aktivite yon konn reyalize le dimanch, pandan y'ap di konbyen tan yo pase ak kalite aktivite, èske se (fanmi, lekòl, rekreyasyon, elatriye).

Lè sa a, pèmèt yo mete lèt yo nan lòd pou wè kèk nan aktivite yo ki glorifye non Bondye nan jou repo a.

Sèvi ak aktivite sa yo pou w ede elèv ou yo reflechi sou ki jan yo envesti tan yo nan jou repo a.

AKTIVITE POU MEMORIZE

Montre elèv ou yo sou kòman yo ka fè travay manyèl ki sijere nan paj 16 nan liv elèv yo, swiv enstriksyon sa yo: Koupe fèy ak tout vèsè biblik yo pa ti moso (p.

15) ak fenèt blan nan kwen anwo ki nan bò dwat la. Lè sa a, pliye fèy la sou liy kote ki gen pwentiye yo epi kole l' abò li. Efòse ti moso papye a antre jiskaske mo yo parèt nan fenèt yo. Finalman, se pou yo repete vèsè a, fraz apre fraz, pandan w'ap glise ti woulo a moute a moute pou w' wè si yo di l' byen.

POU FINI

Òganize ekip ki pou netwaye sal la, mete materyèl yo yon konte ak liv yo. Fè lapriyè pou ranvwaye, epi ankouraje tout moun pou bay Bondye onè pandan y'ap obsève jou repo a.

nòt

Leson 4
Nou Bezwen Paran Nou Yo

Baz biblik: Egzòd 20:12; Efezyen 6: 1-3.

Objektif leson an: Se pou elèv yo aprann kisa sa vle di onore paran yo.

Vèsè pou aprann: *"Se pou ou renmen Mèt la, Bondye ou, avèk tout kè ou, avèk tout nanm ou, avèk tout lide ou, avèk tout fòs ou. Se premye kòmandman an. Men dezyèm lan se menm jan: Se pou ou renmen frè parèy ou tankou ou renmen pwòp tèt pa ou."* (Mak 12: 30-31a)

PREPARE W POU W' ANSEYE!

Kounye a, sa ki rele respè a pa yon modèl kondwit, li vin konvèti kòm yon pawòl ansyen ki pa a la mòd ankò. Tout kote nou pase, nou jwen moun kip a respekte otorite yo, enstitisyon yo, ansyen yo, e menm paran yo. Sa ki pi tris la se ke anpil nan elèv ou yo imite menm vye atitid sa yo, epi lide yo nan zafè respè kritik anpil. An mezi timoun nan grandi ak vin pi endepandan, konsa li vin leve plis kont paran yo. Rebelyon saa fè, nan yon sans, li vle pou zanmi li yo aksepte yo jan yo ye a epi viv poukont yo tankou tout granmoun. Li evidan tou pou nou wè se yon rezilta enfliyans ekstèn tankou zanmi, mòd, sa yo wè sou televizyon, elatriye.

Li trè komen ke nan etap sa a paran yo gen difikilte pou kominike ak pitit yo. Anpil timoun obeyi paran yo pa obligasyon, men se pa paske yo gen lanmou pou fè sa. De kòmandman prensipal yo (Matye 12: 30-31) pral sèvi yon gwo èd pou amelyore relasyon ki genyen ant paran yo ak timoun yo. Atravè leson sa a, elèv yo ap konprann ke nou onore Bondye paske nou renmen l, epi nou onore ak respekte paran nou yo paske nou renmen yo.

Sa tris anpil pou nou wè ke gen kèk jèn timoun ki soti nan kèk kay kote lè yo onore paran yo kapa vle di dezobeyi Bondye. Nan ka sa yo, obeyi Bondye dwe priyorite a. Se pou w sansib nan sitiyasyon sa yo, epi ba yo konsèy ki bon pou sa.

KÒMANTÈ BIBLIK

Egzòd 20:12. Kat premye kòmandman yo, se pou relasyon nou ak Bondye. Sis dènye yo se pou relasyon nou ak lòt moun. Relasyon nou ak lòt moun ta dwe swiv egzanp relasyon nou ak Bondye.

Petèt anpil moun ka mande poukisa Bondye etabli senkyèm kòmandman. Èske onore paran nou yo louvri dezyèm pati nan dis kòmandman yo? Nou kapab asire ke kòmandman sa enpòtan epi nan lòd pou moutre ke, fanmi an se baz tout relasyon ki gen pou wè ak moun. Si timoun yo gen difikilte pou yo viv ak fanmi yo, yo pap kapab etabli onkenn relasyon ki kòrèk ak lòt moun.

Efezyen 6: 1-3ª. Nan pasaj sa a Pòl fè nou sonje ke Bondye bay paran yo otorite pou gide ak korije timoun yo. Sa yo pral onore ak obeyi paran yo lè yo gen krentif pou Bondye nan kè yo. Lòt pati a se, depi paran yo anseye timoun yo lanmou Bondye, repons lan se pral renmen ak obeyisans.

Pou ki bi nou dwe onore ak obeyi paran nou yo? Premyèman, paran ki kretyen yo se reprezantan Bondye. Elèv ou yo ta dwe konnen ke yo tou onore Bondye lè yo onore paran yo. Èske sa ka rive nou dezonore paran nou yo ke nou toujou wè, epi onore Bondye ke nou pa wè? Dezyèmman, fanmi an se nwayo sosyete a. Lè yon fanmi fanmi pa fè travay li sa afekte tout kominote a. Twazyèmman, onore paran nou yo, se yon kòmandman ak pwomès: "tout bagay va mache byen epi nou va genyen lavi long sou latè." Dezobeyisans chak jou a fini ak doulè anmè, epi menm lanmò avan lè. Rebelyon kont paran yo se rebelyon kont Bondye.

DEVLOPMAN LESON AN

Ki sa onore vle di?

Ekri definisyon sa a sou tablo a: *Onore: Respekte yon moun; fè lwanj oswa rekonpans merit; ba li onè pou oswa selebre non li. RAE, diksyonè nan Akademi reyèl espanyòl).*

Kite kèk eksprime sa onè vle di pou yo. Sèvi ak yon Bib konkòdans pandan ou dwe jwenn vèsè ki pale sou onè.

Esplike timoun yo ke nou onore yon moun ki merite respè pou sa li fè oubyen sa li reprezante. Nan klas jodia nou pral aprann poukisa nou dwe onore paran nou yo.

Paran mwen yo

Bay fèy papye ak kreyon koulè pou elèv ou yo fè desen oubyen fè yo ekri yon paragraf pou yo di kisa paran yo reprezante pou yo.

Ba yo kèk minit pou yo reyalize aktivite a, epi apre sa pèmèt kèk volontè rakonte gwoup la sa yo sot fè a. Kole tout desen yo nan yon moso katon pou fòme yon miral.

Fè yo konnen ke kenbe yon bon relasyon ak paran yo se pa toujou fasil. Sepandan, Bondye te kite kèk enstriksyon espesifik nan Bib la pou anseye nou ki jan nou dwe sèvi ak yo.

Se pou ou sansib pou elèv k'ap pèdi nan men paran yo oswa ki se nan yon sitiyasyon kote y'ap kite kay paran yo pou al viv lòt kote. Afime yo ke menm si y'ap viv lwen paran yo, gen lòt moun ki responsab pou pran swen yo ak edike yo kòmsi se te pwòp paran yo. Ankouraje epi, si sa nesesè, fè ti pale avèk yo apre klas la.

Onore... ki sa, ki moun ki, poukisa?

Pandan se tan w'ap distribye manuèl pou travay yo, mande elèv ou yo: Èske nou konnen kèk moun ki fèk resevwa yon diplòm de rekonesans oubyen yon tit donè? Kite yo reponn.

Epitou, mande: Si nou ta al resevwa yon prim epi nou ta gen chans pou nou chwazi, se kisa nou t'ap mande?

Lè sa a, mande yo louvri liv elèv yo nan paj 17 epi nan twa kat ki vid yo, ekri non moun sa yo key o panse ki merite rekonesans epi poukisa.

Bay tan ki nesesè pou yo konplete aktivite a. Fè ansòt ke timoun yo pa pran moun ki popilè, se pito moun ki nan legliz la oubyen kèk moun k'ap viv nan kominote a ki te fè yon bagay ki merite onè. Lè yo fin de kèk nan moun yo te site yo epi di poukisa se moun sa yo yo te chwazi. Koute yo ak anpil atansyon pou wè si gen kèk ki te mansyone non paran yo nan lis la.

Apre sa a, di yo konsa: *Anpil moun*

merite rekonesans pou yon bagay yo te fè. Men tou, gen yon gwoup moun espesyal ke Bondye mande nou pou bayo onè. Nou pral etidye pi plis sou sa nan istwa biblik nou an.

ISTWA BIBLIK

Kòmanse istwa biblik la konsa: *Tout moun gen opinyon diferan sou jan timoun yo ta dwe sèvi ak paran yo. Anpil ekriven te ekri anpil liv sou tèm sa a. Jodi a nou pral aprann leson yo ke Nouvo ak Ansyen Testaman ban nou sou sijè sa a. Ann kòmanse ak Ansyen Testaman an.*

Mande elèv ou yo fè yon gade Egzòd 20:12 epi kite yon volontè li.

Mande yo: *Ki sa Bondye di nou nan pasaj sa a sou ki jan timoun yo ta dwe trete paran yo?* Koute repons yo.

Lè sa a, divize klas la pa pè pou kontinye ak aktivite sa a. Mande yo pou yo louvri liv elèv yo nan paj 18, se pou yo chèche pasaj biblik yo epi ekri repons yo nan espas vid yo.

Eksplike yo ke nan tout pasaj sa yo ki ekri nan liv la Bondye bay anpil pwen enpòtan sou kòman yo dwe sèvi ak paran yo

ben tratar a sus padres.

Kòm revizyon, nou konseye ou divize klas la an kat gwoup epi fè chak gwoup pran youn nan pasaj sa yo: Matye 15: 3-6; Lik 2: 51-52; Jan 19: 25-27; ak Efezyen 6: 1-3.

Chak gwoup dwe prese yon reprezantasyon tou kout sou ki jan yo onore paran yo dapre tèks la biblik ki te asiyen.

AKTIVITE YO

Tout moun gen yon bagay pou yo di!

Pandan elèv yo ap retounen nan plas yo, di yo konsa: Gen kèk fwa yo paran yo ak timoun yo konn an dezakò. Sa vle di yo gen opinyon diferan. Malgre sa, timoun yo dwe eseye konprann atitid paran yo epi di yo sa yo panse. Anpil fwa nou kon doute pou nou rakonte paran nou yo zafè nou yo? Koute repons yo, epi di yo, menm jan nan tout relasyon imen, kominikasyon ant paran yo ak timoun yo se bagay ki enpòtan anpil pou konpreyansyon.

Mande tout moun yo ekri nan paj 19 yon mesaj pou paran yo. Apre saa, fè yo ekri yon lòt lèt pou voye bay timoun saa yo ki nan menm sitiyasyon avèk yo epi ki bezwen

22

èd yo. Pa egzanp, yo kapab konseye lòt yo fason yo ka amelyore kominikasyon nan kay la oswa fason yo dwe onore paran yo.

Si yo vle, fè yo di gwoup la ki sa yo te ekri nan dènye mesaj saa.

Kouman mwen ka respekte paran mwen yo?

Vire paj la pou fè aktivite ki nan paj 20 an. Ladan li ou pral jwenn yon lis aksyon ki demontre respè pou paran yo. Pandan y'ap li chak fraz, mande yo pou yo evalye konbyen fwa yo fè aksyon saa, mete yon kwa (X) nan kolòn ki gen repons pa yo a.

Yon koupon espesyal

Fè elèv ou yo prete atansyon nan pati anba a ki nan paj 20 an, ranpli espas vid koupon an, ekri fason yo dwe respekte paran yo pandan semèn sa (pa egzanp: fè sa paran mwen yo mande m' fè, netwaye chanm mwen san yo pa dim fè l', bay ti kout men nan fè travay nan kay la, elatriye).

Chèche sizo ba yo pou yo koupe koupon an epi pote li lakay yo kòm yon kado espesyal pou paran yo.

POU FINI

Fè yo repase tèks la de fwa pou yo memorize li. Apre sa a, priye avèk yo, pandan w'ap mande Bondye pou li ede yo respekte ak obeyi paran yo.

Chante kèk chante anvan ou tèmine, epi ankouraje yo pou yo pa vini anreta nan pwochen klas la.

Kisa W Wè?

Baz biblik: Egzòd 20:13; Matye 5: 21-22; Efezyen 4:26; Jak 1: 19-20.

Objektif leson an: Se pou jèn timoun yo aprann soumèt tèt yo anba volonte Bondye pou yo pa lage tèt yo nan fè vyolans.

Vèsèpou aprann: *"Se pou ou renmen Mèt la, Bondye ou, avèk tout kè ou, avèk tout nanm ou, avèk tout lide ou, avèk tout fòs ou. Se premye kòmandman an. Men dezyèm lan se menm jan: Se pou ou renmen frè parèy ou tankou ou renmen pwòp tèt pa ou."* (Mak 12: 30-31a).

PREPARE W POU W ANSEYE!

Nou ap viv nan yon kilti vyolans. Ak yon ti koutje sèlman nou ka rann nou kont kijan mwayen de kominikasyon yo a bonbade nou pa mwayen say o, revi, anpil liv, jwèt an videyo, televizyon, sinema, elatriye., fè nou wè zafè vyolans lan kòm yon bagay nòmal. Pi fò nan timoun yo lè yo rive gen laj 18 lane yo te gentan wè konbyen mil asasina nan televizyon.

Pou rezon sa a li vin fasil pou yo abitye yo avèk "fòm nan lavi vyolan" sa a. Li enpòtan pou ke, nan ansèyman leson sa a, elèv ou yo aprann pa kite yo enfliyanse pa lènmi an. Chak jou yo fè fas ak vyolans nan lekòl, nan vwazinay la epi menm nan kay kote y'ap viv la. Chak jou ki pase nou dekouvri ke gen plis ti moun k'ap pote zam nan lekòl yo. Gang yo ap grandi de pli zan pli nan mitan jèn moun ki vle akseptasyon yo. Epi, nan youn sou chak senk fanmi, gen vyolans domestik.

Youn nan Dis kòmandman yo, "Piga ou janm touye" sa anseye nou bay lavi lòt moun valè. Jezi te plis pwolonje kòmandman sa a lè li te montre disip li yo relasyon ki genyen ant rayi ak touye. Jèn timoun yo bezwen aprann kontwole kòlè yo anvan sa mennen yo nan fè vyolans.

KÒMANTÈ BIBLIK

Egzòd 20:13. Lavi se yon kado ke Bondye ba nou, se pou sa retire lavi yon moun, se tankou pran plas ki pou Bondye. Seyè a te bay pèp li a yon kòmandman trè espesifik konsènan touye moun nan, epi, kòm konsekans, kont vyolans.

Efezyen 4:26. Nan pasaj sa a Pòl di nou ke li pi bon pou nou rezoud konfli yo anvan solèy la kouche. Sa a pa fasil, men nou dwe eseye, paske lè kòlè a rete kache nan kè moun yo, sa ka vin chanje an amètim oswa resantiman. Kalite santiman sa yo ka fè nou komèt zak ke Bondye pa pran plezi.

Jak 1: 19-20. Pasaj sa a gen konsèy pou fè pou fè moun evite pwoblèm ki soti nan kòlè ak fachman. Nou konseye ou rapid pou nou koute, epi lan pou nou pale oswa fache. Elèv ou yo pral aprann ke vyolans pwodui plis vyolans.

Lapriyè pou Bondye dirije lavi elèv ou yo epi ede yo kourii lwen tout bagay ki kapab mennen yo al fè vyolans.

DEVLOPMAN LESON AN

Di elèv ou yo byenveni epi mande pou yon volontè kòmanse pa lapriyè pou klas la koumanse. Esplike yo ke nan leson jodi a yo va etidye yon tè trè enpòtan, se pou sa yo dwe swiv ak anpil atansyon.

Zye mwen yo

En el centro de la pizarra escriba: "MIS OJOEkri nan mitan tablo a: "ZYE MWEN YO "epi mande elèv ou yo pou yo di poukisa yo sèvi avèk zye yo. Ekri tout repons yo sou tablo a, fè flèch soti nan tout repons yo pou ale nan sijè prensipal la.

Apre sa a, di yo konsa: *Bondye te ban nou zye tankou yon kado mèveye. Atravè yo menm nou wè ak aprann anpil bagay. Sepandan, pafwa nou itilize li mal nan gade imaj ki ranpli lespri nou ak peche. Nan leson jodi a nou pral adrese tèm sa a.*

Pwogram mwen pi renmen yo

Louvri liv elèv yo nan paj 21, epi bayo tan pou yo ekri senk pwogram televizyon, fim oswa jwèt an videyo yo pi renmen. Lè sa a, kite kèk volontè di sa ki atire yo nan pwogram sa yo.

Di yo konsa: *Si nou gade bò kote nou, nou jwenn vyolans nan prèske nenpòt kote, menm nan liv, televizyon, fim ak jwèt an video. Ki sa vyolans la ye?* (kite yo defini tèm nan).

Luego, pídales que clasifiquen cada programa segApre sa a, mande yo pou yo mete chak pwogram dapre echèl vyolans la nan pati anba paj la.

Pale sou rezilta evalyasyon yo. Konbyen pwogram ki pa gen bagay vyolan? Konbyen nan yo ki vyolans segondè? Bay yon atansyon espesyal pou pwogram ke yo rive jwenn de oswa twa pwen yo.

Mande yo: *Poukisa nou panse anpil nan liv nou yo, pwogram televizyon, fim ak jwèt an video ke nou pi renmen yo violan konsa?* (Koute byen repons yo bay yo epi pale sou sa).

Pou nou fini aktivite a, di yo konsa: *Vyolans ak kòlè se bagay nou jwenn tout kote jounen jodi a. Jodi a nou pral etidye sa Bib la di sou yo.*

ISTWA BIBLIK

Mande klas la imajine yo ke yo se manm nan yon vil ki tou nèf ki rele "Megatropolis", men, kòm li fèk fèt, li pa gen okenn règ. Chak moun ta dwe vini ak yon règ pou vil la.

Ekri tout règ yo sou tablo a, epi esplike yo ke règ sa yo enpòtan anpil paske yo ede nou viv annamoni ak respekte nou youn lòt.

Depi nan konmansman nan kreyasyon an, Bondye te gentan konnen ke li esansyèl pou kontwole santiman imen an. Se poutèt sa, nan pawòl li, li bay règ yo pou ede pèp li a kenbe santiman yo anba kontwòl.

Divize klas la an twa ekip, epi bay chak gwoup yo nan kesyon ki nan paj 22 a ki nan liv elèv yo. Di yo ke repons lan dwe baze sou pasaj biblik yo bay o a.

Apre tout gwoup yo fini, pèmèt yon volontè ki soti nan chak ekip li pòsyon ekriti ke li te jwenn nan repons ke yo jwenn yo.

Eksplike yo ke Bondye vle nou viv yon lavi san vyolans. Se poutèt sa li enpòtan pou nou veye kò nou ak sa n'ap gade nan televizyon oswa aprann nan men zanmi nou yo, epi soumèt nou devan prensip biblik k'ap ede nou viv pi byen.

AKTIVITE YO

Pa fache!

Pou aktivite sa a ou pral bezwen fèy ak kreyon. Distribye materyèl yo bay elèv ou yo, epi mande yo divize fèy la an de. Nan premye pati a yo dwe ekri diferan sitiyasyon ki fè yo fache (egzanp: yo pa janm pran ka mwen an chaj, pa gen tan pou jwe, yo pa ban m sa m bezwen, elatriye).

Nan dezyèm pati a yo dwe ekri kèk sijesyon ki ka konsidere pou yo rezoud sitiyasyon sa a epi kontwole kòlè yo.

Kite yo di repons yo epi ankouraje yo yo chèche èd Bondye lè kòlè vle kontwole emosyon yo.

Non a vyolans!

Fè elèv ou yo al chita pandan y'ap fòme yon wonn, epi mande yo ki jan yo ka evite ke vyolans la fè pati lavi yo. Ekri sijesyon yo sou tablo a, epi kreye yon kòd pou kondwit, ke yo pral pran desizyon yo pou yo akonpli li (egzanp pa gade pwogram televizyon ki ankouraje vyolans, pa achte jwèt an video ki ensiste touye moun, pase lwen tout sitiyasyon ki ka fè nou tonbe nan vyolans, elatriye).

Ekri tout sijesyon sa yo sou yon gwo fèy, epi mete li nan sal la yon kote ke tout moun kapab wè li. Fè yo sonje ke Bondye vle pou nou obeyi kòmandman l' yo pou nou ka viv san pwoblèm ak nan lapè.

Jwèt pou memorize

Ekri tèks biblik yo pou yo memorize (Mak 12: 30-31) nan plizyè kat, epi kache yo nan sal klas la anvan klas la kòmanse.

Mande elèv ou yo pou yo jwenn kat yo, epi eseye ranje tèks la nan lòd byen vit. Si ou vle, fè aktivite sa a pa ekip.

Apre sa a, mande pou yo tout ansanm repete tèks la de fwa anvan klas la pran fen.

POU FINI

Priye remèsye Bondye pou ansèyman jodi a epi mande l' pou li ede yo pwoteje zye yo de tout bagay ki ka pwovoke yo tonbe nan vyolans ak kòlè.

Ankouraje yo viv dapre kòmandman Bondye yo, epi, si sa nesesè, rele oswa ale vizite yo pandan semèn nan.

Di yo ke pwochen leson nan pral gen pou tit: "Mwen trè espesyal" epi trete yon tèm enpòtan pou yo tout.

Fini ak yon ti chan louwanj.

25

Mwen Espesyal

Baz biblik: Jenèz 1: 27-31; Egzòd 20:14; Sòm 119: 9; Matye 5: 27-28; Efezyen 5: 3-4.

Objektif leson an: Se pou jèn timoun yo konprann ke Bondye vle pou yo mennen yon lavi ki san peche devan li.

Vèsè pou aprann: *"Se pou ou renmen Mèt la, Bondye ou, avèk tout kè ou, avèk tout nanm ou, avèk tout lide ou, avèk tout fòs ou. Se premye kòmandman an. Men dezyèm lan se menm jan: Se pou ou renmen frè parèy ou tankou ou renmen pwòp tèt pa ou."* (Mak 12: 30-31a)

PREPARE W POU W ANSEYE!

Elèv ou yo nan yon laj chanjman. Chak jou yo fè eksperyans ak bagay ki tou nèf nan tout pati nan lavi yo, mete ladan devlopman fizik ak emosyonèl yo. Se nan etap sa a yo kòmanse dekouvri ke zafè sèks opoze a se pa yon bagay ki lèd jan yo te panse l anvan, epi chèche gen rapò ak yo pi plis. Sa byen nòmal, kòm li se yon pati nan pwosesis chanjman. Se poutèt sa li enpòtan pou yo aprann kisa Bondye panse konsènan seksyalite imen an.

Atravè mwayen kominikasyon yo, yo bonbade elèv ou yo ak vye enfòmasyon sou zafè relasyon ant de koup yo ak seksyalite. Anpil nan mwayen kominikasyon sa yo adrese pwoblèm sa yo mal epi an dezòd. Se konsa lènmi pran responsablite li pou fè jèn timoun yo pran enfòmasyon ki pa kòrèk yon fason pou fè yo pran move desizyon sou zafè seksyèl.

Bondye vle tout moun viv nan sentete. Se poutèt sa, elèv ou yo dwe aprann ke imoralite seksyèl ke mwayen kominikasyon yo ak sosyete a ap ankouraje a Bondye pa pran plezi ladan yo. Yo bezwen ansèyman ki sen ke Bib la bay la.

KÒMANTÈ BIBLIK

Génesis 1:27-31. Dios creó al hombre y a la muJenèz 1: 27-31. Bondye te kreye gason ak fanm, li beni seksyalite yo. Entimite seksyèl la se yon kado Bondye bay lòm pou li jwi li daprè òdonans li yo. Sèks vin sal lè yo vin itilize li nan diferan fason ki deyò objektif li te kreye a. Elèv ou yo bezwen konnen ke Bondye vle pou yo konsève pwòpte seksyèl yo. Li vle pwoteje yo kont tout tantasyon seksyèl, men yo bezwen chèche yon gid avèk oryantasyon.

Efezyen 5: 3-4. Nan lèt li te voye bay Efezyen yo, apot Pòl te pale de enpòtans ki genyen nan mennen yon lavi ki san peche. La a nou kapab wè yon lis sis peche ki dwe pase lwen lavi kretyen an: fònikasyon (imoralite), salte, avaris, pawòl dezonèt, fonte ak di betiz.

Nan Pawòl li, Bondye avèti sou danje ki genyen nan viv selon dezi mond sa epi bliye kòmandman Bondye yo.

Se lapriyè nou pou ke Bondye itilize ou pou ou simen nan kè alèv ou yo dezi pou mennen yon lavi ki san peche devan Li.

DEVLOPMAN LESON AN

Dlo pwòp ak dlo sal

Pou aktivite sa a ou bezwen de veso fayans, de tas dlo pwòp (trete) ak de tas dlo sal.

Anvan elèv ou yo rive, mete de veso yo sou tab la, epi kenbe de tas dlo yo nan men ou. Pou dlo sal la, nou sijere ou ajoute de gwo kiyè tè oswa koloran vejetal.

An mezi timoun yo ap antre, mande yo pou yo chita bò tab la, epi kòmanse klas la avèk yon priyè.

Apre sa a, vide dlo pwòp la nan yon veso epi sal la nan yon lòt la. Di yo konsa: Mwen vle pataje yon ti dlo avèk nou. Moun ki vle bwè yo mèt chwazi. Li evidan tout moun pral chwazi dlo pwòp. Mande yo poukisa. Apre ou fin tande repons yo, pran la pawòl pou ou di ke lè dlo a sal pèsonn pa vle manyen li, bwè l la se pi mal toujou. Sepandan, lè dlo pwòp san li pa kontamine, nou kapab bwè li ak konfyans.

Nan klas jodi a nou pral pale de yon bagay ki kontamine moun. Nou pral wè tou ki sa Bib la di sou zafè viv san peche a.

Mete veso dlo yo yon kote pou w' itilize yo pi devan.

Kisa n'ap vann?

Mande elèv yo: *Èske nou sonje kèk anons pou komès oswa piblisite ki pase sou televizyon?* Kite yo reponn. Apre sa mande yo: *Poukisa nou sonje li fasil konsa?*

Apre ou fin tande de ou twa egzanp, fè elèv ou yo louvri liv yo nan paj 23 epi fè yon lis nan senk komèsyal ke yo renmen yo.

Apre sa a, mande yo: *Poukisa li te tèlman fasil pou yo konsa pou yo sonje anons sa yo?* Koute repons yo epi ekri yo sou tablo a. *Èske moun komèsyal yo atire moun sou yo?*

Yo abiye bèl? Kijan nou santi nou lè ou wè imaj sa yo?

Mande yo pou yo obsève egzanp ki nan paj travay la, epi mete yon O nan sa ki ankouraje imoralite seksyèl nan vann pwodwi yo, epi yon ? kote yo pa fè sa.

Pandan y'ap travay, di yo konsa: *semèn ki sot pase a nou te etidye enfliyans ki menen vyolans nan lavi nou ak fason mwayen kominikasyon yo fè nou wè li kòm yon bagay nòmal. Sa nou wè ak tande tou ka transmèt move konsepsyon sou lide seksyalite a. Anpil piblisite sèvi ak imaj, ak mesaj ki ankouraje move kondwit seksyèl. Sepandan, Bib la anseye nou yon bagay byen diferan.*

ISTWA BIBLIK

Elèv ou yo pral aprann plis verite biblik la pi fasil nan travay ann ekip ak mennen ankèt, se sèlman koute. Se poutèt sa, nou sijere ou divize klas la an twa ekip epi se pou chak gwoup reponn yon gwoup kesyon ki nan paj 24 liv la. Chèche Bib pou yo, diksyonè ak lòt resous ou gen nan men ou.

Ede yo klarifye dout ke yo genyen pandan y'ap travay ansanm, epi mande yo ekri repons yo sou yon fèy. Finalman, chak ekip pral prezante rezilta yo bay lòt moun.

AKTIVITE YO

Pran prekosyon ak twal zarenyen an!

Pou aktivite sa a ou pral bezwen yon woulo fil, lenn mouton oswa fil senp.

Fè aranjman pou elèv ou yo chita an fòm yon sèk, epi mete ou nan nan mitan ak woulo fil la nan men ou. Bay youn nan yo kenbe pwent fil la, pandan w'ap mare yo nan "fil zarenyen an". Pandan w'ap fè li a, di yo konsa ke tntasyon seksyèl se

Menm si yo panse ke sa se yon panse li ye k' pa bon li ye oswa yon pawòl moun pa ka pale, peche sa a pral vlope yo ti kras pa ti kras jiskaske yo rete mare konplètman anba jouk li. Eksplike yo ke materyèl ke zarenyen yo itilize pou f twal yo genyen yon sibtans ki kole tankou lakòl.

Sa fè tout ensèk ki vole pase tou pre li rete kole ladan li, epi se konsa li pi fasil pou zarenyen yo manje ti bèt sa yo. Se menm bagay la tou pou moun k'ap sibi tantasyon seksyèl yo. Anpil nan yo santi yo atire tankou yon leman ki pisan anpil. Sepandan, fen an se toujou gwo pwoblèm.

Kite pou jèn timoun yo eseye lage tèt yo pou kont yo, men si yo pa kapab ede yo soti anvan ou kòmanse lòt aktivite a.

Ki sa ou ta fè?

Aktivite sa a ap ede elèv ou yo relasyone tèm etid la ak kèk sitiyasyon yo fè fas chak jou nan lavi yo.

Li chak sitiyasyon byen fò, epi pèmèt elèv ou yo di kijan yo ta fè fas ak tantasyon sa a epi kisa yo t'ap fè pou yo soti ladan l'.

- Pandan yo t'ap prepare yo pou yon jwèt foutbòl, Luis tande koekipye li yo t'ap fawouche youn nan ti medam lekòl yo. Ki sa ou t'ap fè si w te Luis?
- Blannka envite Mariela al dòmi lakay li pou yo te ka wè plizyè fim ansanm. Tèm youn nan fim sa yo sanble se pou granmoun sèlman li ye. Ki sa ou t'ap fè si w te Mariela?
- Diego envite Bruno ale lakay li apre lekòl. Apre dine, Diego rale kèk magazin nan valiz li. Lè Bruno te wè paj kouvèti a li te reyalize ke se te yon magazin pònografik. Ki sa ou t'ap fè si w te Bruno?

Jwèt pou memorize

Sèvi ak menm kat ki te nan klas pase a, epi mete yo sou yon tab. Chak patisipan dwe vini sou tab la, pran yon kat epi kole li sou tablo a, nan lòd tèks biblik la.

Lè ou fini, repete tèks la de fwa kòm revizyon.

POU FINI

Montre elèv ou yo veso ki gen   dlo yo, epi di yo lè peche sal moun nan, kè l' sal tankou dlo sal. Men, lè nou deside viv tankou Kris la epi obeyi kòmandman Bondye yo pou nou viv nan sentete, kè nou vin byen pwòp epi pirifye tankou kristal.

Leve yo nan lapriyè, pandan w'ap mande Bondye pou l ede yo kouri lwen tout tantasyon yo epi konsève lavi seksyèl yo san tach.

Sonje envite yo nan pwochen klas k'ap vini an, pou yo etidye leson an "Si li pa pou ou, kite li!"

nòt

Si Se Pa Pou Ou, Kite Li!

Baz biblik: Egzòd 20:15; Efezyen 4:28.

Objektif leson an: Se pou jèn timoun yo konnen ke vòlè se yon peche devan Bondye, epi ki gen gwo konsekans grav.

Vèsèpou aprann: *"Se pou ou renmen Mèt la, Bondye ou, avèk tout kè ou, avèk tout nanm ou, avèk tout lide ou, avèk tout fòs ou. Se premye kòmandman an. Men dezyèm lan se menm jan: Se pou ou renmen frè parèy ou tankou ou renmen pwòp tèt pa ou."* (Mak 12: 30-31a).

PREPARE W POU W ANSEYE!

Malgre vòlò se yon bagay ki komen nan mitan jèn timoun yo ak pi piti yo, gen kèk ki pral di ke yo pa t' janm pran anyen ki pa t pou yo. Petèt yo ka bay verite, oswa yo kapab pa konprann byen kisa vòl la ye. Gen kèk kip a konnen ke oswa pran poul nan egzamen.

Nou konnen ke imaj pèsonèl ak rekonesans popilè a enpòtan anpil pou jèn timoun yo nan etap sa a, yo fè tout sa ki depann de yo pou yo jwenn akseptasyon lòt timoun parèy yo.

Gen kèk moun ki fè presyon sou yo pou y'al vòlò nan boutik pou demoutre jan yo brav. Gen lòt ki chèche estrateji yo pi byen pou twonpe pwofesè yo epi bat pou yo chèf gwoup la.

Li enpòtan pou ke elèv ou yo konprann ke vòlò se peche devan Bondye, menm si se te yon vòl jounal oswa yon atak nan bank. Vòlè toujou pote konsekans negatif pou lavi yo, espesyalman nan relasyon yo ak Bondye.

KÒMANTÈ BIBLIK

Egzòd 20:15. Wityèm kòmandman an senp epi dirèk: "Piga ou vòlò". Pafwa nou panse ke nou pa pral gen okenn pwoblèm pou nou ranpli kòmandman sa a paske nou pa janm vòlò. Sepandan, genyen kèk moun ki pa konprann ke kòmandman sa a anglobe plis bagay ke sa yo panse a. Pa egzanp, vòlò nan plas travay kote yo ye tou, san lòt moun pa rann yo kont, bagay ki nan biwo pou itilizasyon pèsonèl yo, sa ki pa peye taks yo, lè yo mande zanmi yo prete lajan, yo pa gen anvi remèt li, elèv k'ap pran poul nan egzamen yo, elatriye.

Pèp Izrayèl la te gen yon konsèp posesyon ki trè diferan de sa nou konnen. Pou yo, posesyon an se yon branch nan chèf travay la. Se poutèt sa, vòlò pwopriyete te yon vyolasyon kont moun nan menm.

Vòlò oswa dewobe se peche kont moun, paske nou panse ak pwòp tèt pa nou sèlman pandan nou bliye nesesite pwochen an. Men se yon peche kont Bondye tou, paske nou vyole kòmandman li yo.

Natirèlman, vòlè oswa dewobe toujou pote konsekans ki grav anpil. Sa yo ka moral, emosyonèl, fanmilial e menm legal, men konsekans ki pi grav la sa ki fè nou soti nan prezans Bondye.

DEVLOPMAN LESON AN

Sipriz!

Mande elèv ou yo pou yo mete bagay ki gen valè sou tab la tankou (relò, bag, bous, kle, elatriye), epi apre sa a fè yo tounen al chita nan plas yo.

Montre elèv yo tout bagay yo epi fè kèk kòmantè sou yo. Apre sa a, pran de nan objè yo epi remèt rès yo ak mèt yo.

Montre objè ou te separe a, di elèv ou yo ke ou vle rete ak yo paske yo trè bèl epi foure yo nan pòch ou. Anverite, mèt bagay sa yo p'ap dakò, se konsa pran avantaj epi mande poukisa.

Sèvi ak aktivite sa a pou w' ede elèv yo konprann ki jan moun yo santi yo lè lòt moun vòlò zafè yo. Di yo konsa: *Nou tout santi nou fache lè nou pèdi yon bagay, sitou lè se vòlò yo vòlò li. Nou tout konnen ke vòlò se yon bagay ki mal. Nan klas la jodi a nou pral wè kisa pawòl Bondye di sou vòl.*

Men anlè!

Pida a los alumnos que abran la página 25 del Mande elèv yo pou yo louvri liv travay la nan paj 25, epi ekri senk bagay yo genyen e menm si yo ta vòlò yo, yo pa t'ap ni okipe yo de sa. Kite kèk volontè pataje sa yo te ekri.

Apre sa a, fè yo ekri senk objè ke yo pa ta renmen moun vòlò.

Mande yo: *Ki jan nou t'ap santi nou si yo ta vòlò yon objè ke nou te pran swen li depi anpil tan?*

Koute repons yo, epi eksplike yo ke pa gen pwoblèm ak valè objè a, vòl toujou fè moun yo santi yo pa an sekirite. Leson jodi a ap anseye nou sa Bib la di sou vòl.

ISTWA BIBLIK

Nou konseye w' sèvi ak aktivite ki nan paj 26 la nan liv elèv yo pou anseye verite biblik ki nan leson sa a.

Chèche yon diksyonè biblik bayo gade pou yo li definisyon vòl ak remèt, epi konpare yo ak sa yo prezante nan liv travay la.

Apre sa a, rasanble yo an ti gwoup pou yo reponn kat kesyon yo ke yo te sijere yo, fòk yo al li pasaj biblik yo. Bay tan pou chak ekip di repons yo devan klas la.

AKTIVITE YO

Diferan kalite vòl

Fè jèn timoun yo santre atansyon yo nan liv elèv yo, epi di yo konsa: *Anpil fwa nou panse ke vòlò vle di pran yon bagay ki pa pou yo, men vòl la anglobe lòt aksyon ki pa fè Bondye plezi. Aktivite sa a ap ede nou rekonèt kèk nan yo.*

Kite elèv ou yo li diferan fason vòl la ka manifeste.

Dewobe: Pran yon bagay san pèsonn pa ran yo kont, epi pa peye. Lè moun nan bay yon pwa ki pa say o te mande li a, epi li di se sa li bay, li komèt yon vòl tou.

Kopye: Sèvi ak ide lòt moun tankou si se te ide pa yo.

Twonpe oswa anganyan: pran bagay yon moun moun pa riz.

Manti: Diskredite yon moun, ak pawòl oswa avèk ekriti, sal temwayaj moun sa a.

Piyaj: Andomaje pwopriyete yon lòt moun ak fèm konviksyon.

Devalize: Vòlò oswa dewobe ti bagay tikras pa tikras avèk odas epi riz.

Ede yo konprann ke pou yo akonpli wityèm kòmandman, nou pa dwe tonbe nan okenn fòm de vòl ke nou sot mansyone la yo. Se konsa n'ap onore Bondye epi obeyi pawòl li.

Èske se peche?

Kite elèv ou yo li sitiyasyon yo dekrive nan liv travay la nan paj 26 ak 27. Apre sa a, pale pou ou mande si non ki sot mansyone la yo kraze kòmandman Bondye a.

Si ou vle, mande yo pou yo travay pa de. Sèvi ak egzanp yo pou montre divès kalite fòm ke yon moun ka tonbe nan peche sa a.

Konsekans yo ki genyen nan vòlò oswa dewobe

Bay elèv ou yo tan pou yo li fraz yo ki nan paj 28 nan liv la. Mande yo pou yo panse sou chak sitiyasyon epi ki konsekans ki posib pou kalite vòl sa yo.

Pa gen dout nan sa ou pral jwenn yon pakèt repons. Men, ede yo konprann ke nenpòt ki kalite vòl se peche epi afekte relasyon nou ak Bondye. Sa se konsekans ki pi gwo a.

Apre sa a, reflechi sou kesyon an: "Ki jan w ka fè pou evite konsekans yo?" Di yo konsa ke li nesesè pou mande Bondye padon ak moun nou fè soufri a. Bib la anseye nou ke ranbousman an enpòtan anpil. Levitik 6: 5 di, "i pral remèt antyèman sa l te pran ki pat' pou li a." Sepandan, fason ki pi enpòtan pou fè nou evite konsekans yo se kouri lwen tout kalite peche.

POU FINI

Rasanble fè yon wonn pou mande kimoun ki bezwen lapriyè. Mande de elèv lapriyè pou lòt timoun parèy yo.

Apre sa a, di Bondye mèsi paske li te bay modèl key o ka swiv ki ka ede nou viv kòrèkteman devan li.

Ankouraje yo pou yo evite tout kalite vòl pou yo ka konsève relasyon yo avèk Bondye.

Finalman, repase tèks pou yo memorize a ansanm pandan de fwa, epi chante yon ti chan adorasyon pou fini.

Bay Manti Pote Konsekans

Baz biblik: Egzòd 20:16; Pwovèb 12:22; Travay 5: 1-10; Efezyen 4:25.

Objektif leson an: Se pou elèv yo konprann nan bay manti gen konsekans ki grav.

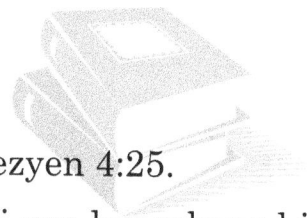

Vèsè pou aprann: "Se pou ou renmen Mèt la, Bondye ou, avèk tout kè ou, avèk tout nanm ou, avèk tout lide ou, avèk tout fòs ou. Se premye kòmandman an. Men dezyèm lan se menm jan: Se pou ou renmen frè parèy ou tankou ou renmen pwòp tèt pa ou." (Mak 12: 30-31a).

PREPARE W POU W ANSEYE!

Èske ou remake gen kèk moun ki mete anpil aksan sou onètete ak verite, men se sèlman pou lòt moun yo aplike prensip la, se pa pou tèt pa yo? Atitid sa a komen nan mitan jèn timoun yo. Malgre yo wè byen klè ke bay manti se yon bagay ki pa kòrèk, yo pa gen pwoblèm pou yo egzajere yon istwa oswa bay manti, pou fè zanmi yo plezi. Lanvi pou fè moun aksepte yo a fè yo chanje verite a.

Elèv nou yo bezwen aprann viv nan entegrite paske si se pa konsa, yo pral grandi san yon nosyon ki kòrèk sou onètete. Nan yon sosyete ki an bès, legliz nou an ta dwe fè efò pou anseye prensip biblik yo ki ka ede yo vin fanm ak gason ki entèg, onèt epi san tach.

KÒMANTÈ BIBLIK

Egzòd 20:16. Lè Bondye te bay pèp Izrayèl yo kòmandman sa a, li te konnen ki enpak s ata pral fè sou pèp li a. Nan yon sosyete li t'ap viv pèdi nan dezè a, anpil nan krim yo te komèt te pini pa pèn de mò. Bay manti kapab fè moun nan soufri yon pinisyon fatal. Sistèm jistis ebre a te sevè anpil konsènan pwoblèm moral ki gen rapò ak entegrite moun.

Travay 5: 1-10. Istwa Anànyas ak Safira anseye nou de verite enpòtan: lè yon moun bay manti sa afekte relasyon li avèk moun li bay manti a, epi ankò sa afekte relasyon li ak Bondye.

Lè Ananyas ak Safira te eseye twonpe apot yo, lè yo pat bay tout lajan yo te resevwa pou tè yo te vann nan, non sèlman yo t'ap bay sèvitè Bondye yo manti, men tou Sentespri a. Manti li a bay yon pinisyon tèrib kòm rezilta: lanmò, men sitou, separasyon li ak Bondye pou tout tan.

DEVLOPMAN LESON AN

Ki sa bay manti a ye?

Ekri definisyon sa a sou tablo a: *Bay manti se "di oswa eksprime le kontè de sa moun konnen, kwè oswa panse; pretann; mistifye yon bagay; vyole pwomès; kraze yon kontra "(RAE).*

Mande jèn timoun yo pou yo li definisyon an epi bay kèk egzanp de sa yon manti ye.

Enkwayab, men reyèl

Remèt ti elèv ou yo kat oswa ti papye ki gen de reyalite (de yo menm oswa fanmi yo) yo dwe enkwayab men ki reyèl. Pa egzanp: "Tonton mwen Fèlnanndo gen yon koleksyon plis pase 150 plim". "Ti frè mwen an ka vire zye li yo ak zòrèy li yo an menm tan an", elatriye.

Nou konseye w' ke, an mezi elèv yo ap rive, esplike yo kèk bagay sou aktivite sa a. Kidonk yo pral gen plis tan pou yo panse.

Ranmase kat yo, epi li yo chak pou yo devine pou ki moun li ye.

Mande yo: *Poukisa li tèlman difisil pou distenge laverite ak manti?*

Apre ou fin tande repons yo, di yo ke jodi a yo pral etidye sa Bib la di sou bay manti.

ISTWA BIBLIK

Se pou elèv ou yo chita pandan yo fè yon sèk. Di yo konsa: *Istwa a biblik jodi a montre nou kouman manti a te antre nan kè yon moun epi kraze relasyon li avèk Bondye.*

Fè yo chèche Travay 5:1-10 nan Bib yo a, oswa paj 29 nan liv elèv yo.

Bay vèsè oswa paragraf pou elèv yo li. Si gwoup li a piti, yon moun ka li yon paragraf ankè, oswa tout pasaj biblik la.

Li enpòtan pou w' klarifye yo ki peche Anànyas te fè a ak Safira ki kondane yo a mò a. Oganize yon gwoup kesyon ak repons pou w' ka pale plis sou tèm manti a ak konsekans li nan lavi jèn timoun yo.

AKTIVITE YO

Èske se manti?

Atravè aktivite sa a elèv yo pral aprann ke bay manti, menm jan ak vòl, kapab reprezante sou plizyè fòm.

Ekri pawòl sa yo sou kat an koulè: manti lejè, tripotay, egzajerasyon, fo temwayaj, medizans. Sere kat yo toupatou nan sal la pou timoun yo chèche yo.

Lè yo jwenn tout, pran yo kole yo sou tablo a epi eksplike siyifikasyon yo chak. Li enpòtan pou elèv yo konprann ke bay manti se pa sèlman di yon bagay kipa verite, men se pito ekzajere verite a, kache li, tòde li, elatriye.

Ou ta kwè nan manti sa yo?

Divize klas la an ti gwoup pou yo travay avèk paj 30 ak 31 nan liv elèv yo.

Premye bagay yo dwe fè se ekri kèk sitiyasyon ki montre egzanp chak kalite manti. Apre sa, yo pral ekri youn oswa plis konsekans posib pou chak sitiyasyon.

Lè tout gwoup yo fini, fè kòmantè sou konklizyon yo. Apre sa a, eksplike yo ke bay manti toujou pote konsekans grav, sa ki afekte relasyon nou ak lòt moun, men espesyalman afekte relasyon nou ak Bondye.

Sonje li toujou enpòtan pou w' tcheke enfòmasyon elèv ou yo ekri nan liv travay yo, epi bay sinifikasyon pawòl ki fè yo gen dout yo.

Tès verite a

Mande yo pou yo vire paj la, epi di yo konsantre atansyon yo sou paj 32 nan liv elèv yo. Di yo konsa: *Li chak fraz epi di si yo vrè oswa fo. Ekri nimewo 1 si li se yon deklarasyon vrè, epi 2 si li se fo.*

Apre sa a, lè yo fin li fraz yo ankò, pandan y'ap ranplase "anpil jèn timoun" pou "mwen", ki fè chanjman ki nesesè yo. Fè yo sonje ke yo dwe onèt lè y'ap reponn kesyon yo. Si yo rekonèt sa epi yo kontinye bay manti, di yo ke Bondye vle ede yo vin onèt epi toujou di laverite.

Ki sa Bondye di sou bay manti?

Mande elèv ou yo pou yo chèche Pwovèb 12:22 epi li l'. Eksplike yo ke, atravè pòsyon sa a nan Ansyen Testaman an, Bondye anseye nou ke li rayi lèv moun k'ap bay manti yo, men li pran plezi nan moun ki di verite a.

Apre sa a, chèche Efezyen 4:25 epi l' li byen fò. Di yo ke Pòl te anseye kretyen yo di laverite epi yo dwe onèt ak frè parèy yo.

Sèvi ak konkòdans biblik pou chèche lòt pasaj ki gen rapò ak manti, se pou yo sèvi elèv ou yo pou yo konprann verite biblik la.

POU FINI

Ankouraje klas la pou yo toujou di verite a pou akonpli kòmandman Bondye yo. Sonje yo ankò ke bay manti pote konsekans grav, epi sa ki pi mal la, li kraze relasyon nou ak Bondye.

Pran yon tan pou lapriyè pou petisyon yo ak pou elèv sa yo ki rate kou oswa malad. Epitou mande Senyè a pou l' ede yo toujou pale sa a ki verite, epi evite yo bay manti ak twonpe moun.

Envite jèn timoun yo vini nan pwochen klas la kote nou pral etidye dènye leson inite a.

nòt

Pa Pote Lanvi Sou Sa K' Pa Pou Ou (Konvwatiz)

Baz biblik: Egzòd 20:17; Matye 6: 19-21, 24-31; Filipyen 4: 10-13, 19; Ebre 13: 5.

Objektif leson an: Se pou jèn timoun yo konprann poukisa li enpòtan pou evite konvwatiz.

Vèsè pou aprann: *"Se pou ou renmen Mèt la, Bondye ou, avèk tout kè ou, avèk tout nanm ou, avèk tout lide ou, avèk tout fòs ou. Se premye kòmandman an. Men dezyèm lan se menm jan: Se pou ou renmen frè parèy ou tankou ou renmen pwòp tèt pa ou."* (Mak 12: 30-31).

PREPARE W POU W ANSEYE!

Jis tou senpleman fè yon ti gade nan antouraj nou, oswa mwayen kominikasyon yo, reyalize ke n'ap viv nan yon sosyete materyalis. Siksè a pa mezire pa espirityalite, entèlijans la oswa entegrite, men se avèk byen materyèl ak pozisyon ekonomik. Vwazen ak fanmi nan konpetisyon pou yo wè ki moun ki ka gen pi bon kay la, machin ki plis chè a, plis rad oswa plis bijou.

Vle gen byen se pa yon move bagay. Men, gen twòp lanvi pou byen materyèl, pote lanvi sou pwosperite oswa fin pèdi tèt nan kouri dèyè byen se danjere paske li vin konvèti an konvwatiz.

Jèn timoun yo konnen bagay sa yo. Menm lekòl la ka vin sèvi yon plas kote tout moun vle demoutre pi gwo sa yo posede. Nan leson sa a nou pral aprann ke kòmandman Bondye yo di ke pa janm pote lanvi sou sa k' pa pou ou, epi konvwatiz la se yon peche ki separe nou ak li.

KÒMANTÈ BIBLIK

Egzòd 20:17. Bondye te bay pèp Izrayèl yo lòd sa a pou ede yo viv nan amoni nan kominote yo a. Kòmandman an entèdi moun pote lanvi sou sa k' pa pou yo. Li enpòtan pou nou konnen ke byen souvan konvwatiz la mennen nou nan vyole lòt kòmandman.

Pawòl ki an ebre ki itilize pou konvwatiz vle di "vle" oswa "anvi genyen li pou tèt ou". Dezi pou posede yon bagay se pa mal, men lè li vin tounen yon mani li vin yon peche nan konvwatiz.

Si nou pote lanvi sou yon bagay kip a pou nou, nou santi nou pa satisfè avèk sa nou genyen epi chèche kreye tout mwayen pou nou satisfè "bezwen".

Nan Nouvo Testaman an, Bondye ban nou remèd ki pou fè nou kouri lwen konvwatiz: "Se pou abitid nou yo pa gen konvwatiz ladan yo, ou dwe kontan ak sa ou genyen kounye a" (Ebre 13: 5a).

Men, sa ki enpòtan an se konprann ke se pa byen materyèl ki fè nou gen kè kontan, men kè kontan an se lè nou konnen ke Bondye te pwomèt li pap kite nou ni abandone nou.

DEVLOPMAN LESON AN

Revizyon jeneral

Jodi a nou fini ak etid inite ki te pi gwo pandan tout ane a, konsa nou konseye ou fè yon aktivite pou repase kòmandman ke out e etidye ak elèv yo. Pa egzanp, ou ta ka òganize yon ti table wonn pou w' diskite sou poukisa li enpòtan pou yon moun obsève kòmandman Bondye yo. Oswa mande kèk volontè pou yo resite tout kòmandman yo byen fò.

Mwen vle tout!

Pou aktivite sa a ou pral bezwen fèy, lakòl, sizo ak jounal ize.

Mete materyèl yo sou tab la epi bay chak moun yon fèy. Mande yo pou yo chèche bagay yo ta renmen posede nan revi a, se pou yo koupe yo epi kole yo nan fèy la. Nou konseye w' pote ase revi pou tout ka jwenn.

Pa sezi si espas ki nan fèy la pa ase oswa si dezi elèv yo twò materyalis. Sonje ke n'ap viv nan yon sosyete kote valè moun depann de sa li posede.

Apre sa a, mande yo poukisa ak kisa ki fè yo bezwen objè sa yo. Gen anpil chans pou pi fò "prefere yo" san yo pa gen yon rezon ki lojik.

Sèvi ak aktivite sa a pou ede yo konprann ke anvi genyen yon bagay se pa yon bagay ki mal. Men, lè nou vin preokipe epi fè gwo efò pou nou genyen li nou tonbe nan peche konvwatiz. Di yo konsa: *Anpil fwa nou di nou bezwen yon bagay, men an reyalite nou sèlman vle li. Bib la di nou sa ki pase lè nou pote lanvi sou byen lòt moun: sa rele konvwatiz. Jodi a nou pral etidye kisa ki konvwatiz la epi poukisa Bondye entèdi li.*

ISTWA BIBLIK

¡Quiero lo que tienes!

Dirija la atención de sus alumnos a la página 34 del libro de trabajo. Sepárelos en pequeños grupos para que, basándose en los pasajes bíblicos, respondan las seis preguntas sugeridas.

Conversen sobre las respuestas, y haga énfasis en las enseñanzas que el Antiguo y el Nuevo Testamentos nos dan sobre la codicia.

Si el espacio para contestar no es suficiente en la hoja de trabajo, provéales hojas para que completen la información.

AKTIVITE YO

Lanvi ak nesesite

Ekri lis objè sa yo sou tablo a, youn anba lòt, pa kolòn. Apre sa a, mande plizyè volontè pou yo pase devan epi ekri yon "D" akote pawòl ki se yon dezi, ak yon "N" si se yon nesesite.

Pawòl sa yo se: soulye, bèt kay, bisiklèt, manje, jwèt videyo, pantalon, bijou, revèy, nounous, elatriye.

Ou kapab ajoute mo nan lis la, dapre tan an ak kantite patisipan ki genyen.

Esklav konvwatiz

Louvri liv elèv yo nan paj 33. Bay tan pou elèv ou yo ekri nan espas akote chèn lan, etap ke yon moun pase depi li anvi gen yon bagay jouk li komèt yon krim pou li genyen l.

Kèk nan etap sa yo kapab: 1) *Wè epi anvi genyen* yon bagay ki pou yon lòt moun; 2) *deside* pran objè a; 3) *planifye* ki jan ou ka fè pou w' pran li; ak 4) *pran li*.

Mete repons ou yo an komen. Demontre ke konvwatiz la fè nou kraze lòt kòmandman, tankou "pa touye" oswa "pa bay manti".

Medikaman kont konvwatiz

Byen bonè, mande paran elèv ou yo pou ede ou jwenn krich pwòp epi ki vid. Ou pral bezwen youn pou chak timoun.

Koupe ti filang papye, epi bay chak elèv yon nimewo ansanm ak yon ti krich. Esplike yo ke nan chak ti papye yo dwe ekri yon rezon k'ap fè yo di Bondye mèsi (pa egzanp, "Mwen di Bondye mèsi pou paran m yo," "Mwen di Bondye mèsi pou mezon mwen"; "Mwen rekonesan pou ti jwèt mwen yo", "pou flè yo ", elatriye).

Se pou yo ekri nan youn nan ti papye yo: "Medikaman kont konvwatiz". Apre sa a, mande yo pou yo kole li sou kò krich la. Lè sa a, se pou yo tout mete ti papye ki gen remèsiman li te ekri a nan krich la.

Di yo lè yo pa kontan epi santi yon dezi fò pou yo posede yon bagay ki pa pou yo, louvri boutèy la epi pran youn nan ti papye yo. Sa a pral ede yo sonje benediksyon yo ke yo resevwa chak jou nan men Bondye, epi yo pral aprann kontante yo ak sa yo genyen.

Evite tantasyon an!

Pou aktivite sa a ou pral bezwen yon blad dezanfle pou chak elèv ak yon moso lenn.

Separe blad yo bay yo chak pou gonfle li epi ekri nan blad yo tantasyon ki toujou fè yo kraze kòmandman yo (pa egzanp, bay kòlèg mwen yo manti, fè koken poum ka genyen jwèt la, pran lajan manman m, elatriye).

Apre sa a, di yo pran yon moso nan lenn nan epi mare blad la nan youn nan chevi l yo pa deyò.

Demontre byen klè ke zanmi retyen yo kapab ede youn lòt pou simonte tantasyon an. Eksplike yo ke lè yo bay siyal la youn pral ede lòt pete blad ki nan pye yo chak. Fè yo sonje ke yo dwe fè atansyon pou yo pa frape chevi kanmarad y'ap ede a.

Lè yo fin pete tout blad yo, bay yo tan pou yo ranmase fatra yo epi jete yo. Lè sa a, fè yo chita, epi eksplike yo ke avèk èd Bondye a ak sipò zanmi legliz yo ka simonte tantasyon epi swiv lalwa Bondye te ban nou nan pawòl li a.

POU FINI

Louvri Bib la epi li ansanm Egzòd 20: 1-17 kòm revizyon final la. Apre sa a, lapriyè Bondye pou remèsye li pou lalwa ke li te ban nou pou ede nou viv byen ak obeyi volonte l'.

Distribye tout manyèl ak aktivite yo te reyalize pandan klas tou nèf sa yo pou pote yo lakay yo. Ankouraje yo obeyi epi respekte kòmandman Bondye yo nan lavi yo chak jou.

Di yo ke nan pwochen inite nou pral wè a, yo pral etidye yon pèsonaj biblik ki te soufri anpil, men li te aprann yon gwo leson.

BONDYE ANSANM AVÈK OU

Baz biblik yo: Jòb 1: 1-22; 2: 1-12; 4: 1-8; 8: 1-6; 11: 13-17; 32: 1-5; 33: 8-14; 38: 1-11; 40: 1-9; 42: 1-17; Jozye 7-8.

Tèks Inite a: Nenpòt sitiyasyon ki parèt devan mwen, m'ap degaje m, gremèsi Kris la ki ban mwen fòs kouraj (Filipyen 4:13).

OBJEKTIF INITE A

Inite sa a pral ede jèn timoun yo pou:

❖ Rekonèt pouvwa Bondye a, epi mete konfyans yo nan li nan moman difisil yo, men si yo pa konprann poukisa y'ap fè fas ak pwoblèm konsa.

❖ Konsidere prezans Bondye nan moman difikilte yo.

❖ Deside swiv Bondye, epi konsa tou evite konsekans yo nan pran move desizyon.

LESON INITE A

LESON 10: SOUFRANS JÒB LA

LESON 11: POUKISA JÒB TE SOUFRI?

LESON 12: KI KOTE BONDYE YE?

LESON 13: SA BON POU MOUN OBEYI BONDYE

POUKISA JEN TIMOUN YO BEZWEN ANSEYMAN INITE SA A?

Se yon bagay ki trè komen pou jèn timoun yo gen ewo ak moun yo admire. Nan inite sa a yo pral etidye lavi, eksperyans ak desizyon de pèsonaj nan Ansyen Testaman an ki merite admirasyon.

Nan mond sa a, plen enjistis ak soufrans, chak jou nou fè fas a pwoblèm ki afekte fason nou santi nou ak panse. Gen pwoblèm fanmi ak ekonomik, dezas natirèl, maladi, lanmò, elatriye. Elèv ou yo pa egzante pase nan "fon lonbraj lanmò a." Sepandan, pawòl Bondye a di byen klè. Atravè egzanp Jòb la nou konprann ke, menm nan mitan sitiyasyon ki pi grav la, Bondye rekonpanse moun k'ap mache dwat yo.

Bondye gen kontwòl tout bagay, epi pliske li souveren, li pa gen pou li eksplike nou aksyon li yo. Lè jèn timoun yo eksperimante moman difisil ak soufrans, pètèt yo ka poze tèt yo kesyon poukisa tout pwoblèm sa yo rive. Nan moman sa a yo, menm si Bondye pa ta reponn yo an pèsòn, yo ka sonje istwa Jòb la, konnen ke Bondye gen kontwòl tout sitiyasyon. An plis, yo pral aprann ke Bondye ka ba yo pouvwa ak fòs pou simonte epi kontinye mete konfyans yo nan li.

Leson 10
Soufrans Jòb

Baz biblik: Jòb 1: 1-22; 2: 1-10.

Objektif leson an: Se pou elèv yo konprann ke Bondye gen kontwòl tout sitiyasyon yo, san gade jan yo difisil.

Vèsèpou aprann: *"Nenpòt sitiyasyon ki parèt devan mwen, m'ap degaje m, gremesi Kris la ki ban mwen fòs kouraj."* (Filipyen 4:13).

PREPARE W POU W ANSEYE!

Nou tout konnen ke, ni pou granmoun yo ni pou timoun yo, lavi a pa dwat. Petèt, anpil fwa elèv ou yo pral santi yo dekouraje epi pral mande poukisa yo nan pwoblèm konsa. Li enpòtan pou yo konprann ke tout moun nan mond lan fè fas a sitiyasyon difisil ak pwoblèm difisil pou yo rezoud. Gen anpil nan sa yo, se rezilta desizyon nou yo; lòt pwoblèm vini paske n'ap viv nan yon mond ki plen ak peche ki konplike nou.

Jèn timoun yo bezwen konprann ke kretyen an ta dwe gen yon atitid diferan devan pwoblèm yo. Nou menm n'ap sèvi yon Bondye souveren ki gen kontwòl mond lan; se pandan li ban nou libète pou nou deside. Se poutèt sa, gen kèk kretyen ki soufri konsekans move desizyon yo. Kèlkeswa rezon pwoblèm nan, kretyen an dwe mete konfyans li nan Bondye epi rekonèt ke pouvwa l pa gen limit.

KÒMANTÈ BIBLIK

Jòb 1: 1-22; 2: 1-10. Tout lame syèl la te reyini yon jou, Satan vini bay rapò aktivite li yo. Li te di Bondye ke Jòb te mache dwat devan l se paske Bondye te beni li ak anpil byen materyèl. Li t'ap akize Jòb paske li te san repwòch devan Bondye, li te di ankò ke si li ta pèdi tout byen li yo, Jòb t'ap tou vire do bay Bondye. Kòm Seyè a te fè fidelite Jòb la konfyans, li te aksepte defi a epi pèmèt Satan eseye fidelite sèvitè Bondye sa. Sepandan, Bondye mete yon limit nan aksyon tantatè a.

Bondye te mete konfyans li nan Jòb konplètman, li te asire l ke Jòb t'ap simonte zeprèv sa epi kontinye rete fidèl avè l.

Lè sa a, ineksplikab, Jòb pèdi tout bagay: timoun yo, tè yo, bèf yo, sante yo ak prestij yo. Men, malgre tout bagay sa yo konfyans li nan Bondye kontinye byen fèm; pandan yon peryòd soufrans byen long, Jòb pa janm refize li.

Sa ki enpòtan nan istwa sa a se reyaksyon Jòb devan sitiyasyon tèrib sa a. Atravè leson sa yo Bondye vle anseye nou kenbe fèm lè nou anba zeprèv yo, avèk konfyans ke l'ap toujou rete bò ote nou, menm si toumant la ta fò anpi.

DEVLOPMAN LESON AN

Dezi yo ak nesesite yo

Divize tablo a an de kolòn. Nan youn ekri, tit la, "Dezi" epi nan lòt la, "nesesite yo". Kite jèn timoun yo ekri yon lis bagay yo dezire epi yon lòt ke yo nan nesesite pou li. Pale pou w' fè ladiferans ant dezire ak nan nesesite pou gen yon bagay.

Pwoblèm yo!

Pou aktivite sa a nou sijere ou bay labou oswa pat pou brase (plastilin). Mande elèv yo fè yon senbòl ki reprezante pwoblèm ke y'ap afwonte yo. (pa egzanp, yon kè si gen pwoblèm emosyonèl, yon kavo si yo fèk sot pèdi yon manm nan fanmi yo, elatriye).

Kite yo chak pase devan epi eksplike sa ki reprezante figi a li te fè.

Bilten move nouvèl

Para esta actividad necesitará periódicos (diaPou aktivite sa a ou pral bezwen peryodik (jounalye) ki fin vye, papye, lakòl, sizo ak makè koulè.

Anvan ou pote papye yo nan sal la, revize yo pou w asire w ke pa gen okenn foto oswa imaj ofansif oubyen vyolan. Lè sa a, mete tout materyèl yo sou yon tab epi kite elèv ou yo travay an ti gwoup pou yo reyalize yon bilten move nouvèl.

Yo ta dwe chèche nan journal la kèk atik nouvèl trajedi ak pwoblèm, koupe yo, kole yo sou yon moso katon, epi mete yon tit nan bilten yo a. Lè tout moun fini, bay chak ekip yon chans pou pase devan epi eksplike kisa yo te fè kòm travay.

Lè sa a, pale sou rezon posib yo ki fè moun yo jounen jodi a eksperimante tout soufran sa yo. Ekri yo sou tablo a pandan w'ap dyaloge.

Poukisa moun yo soufri?

Pida que un voluntario lo ayude a distribuir los Mande pou yon volontè ede ou distribye liv elèv yo.

Apre sa a, mande: Poukisa move bagay rive kretyen yo?

Kite yo pale sou sa ki parèt nan tèt paj 35 nan liv la.

Di yo konsa: *Nou pa ka jwenn eksplikasyon sou tout trajedi ki rive. Nan istwa biblik jodi a yo pral aprann sou yon moun ki te renmen Bondye. Sepandan, nan lavi l' li te pase anpil trajedi.*

ISTWA BIBLIK

Nan okazyon sa a nou sijere ou pèmèt elèv ou yo li istwa Jòb la, se kapab nan Bib la oswa nan paj 36 ak 37 nan liv elèv yo.

Si yo vle, trase yon lis de tout trajedi sou tablo a ke Jòb te fè fas, depi nan pil pèt byen materyèl li yo pou rive nan maladi tèrib ki te tonbe sou li.

Ou dwe siveye pou nenpòt kesyon ki rive ant manm klas ou yo.

AKTIVITE YO

Kòman Jòb te reyaji?

Santre atansyon elèv ou yo nan paj sa yo 36 ak 37 nan liv yo a. Mande yo soulinye vèsè ki montre reyaksyon Jòb yo fas ak move nouvèl yo.

Apre sa a mande: *Ki jan nou panse nou ta reyaji nan menm sitiyasyon an si se te noumenm?*

Èske nou t'ap demontre nou gen menm lafwa sa ki te nan Jòb?

Fè yo sonje ke bagay ki pi enpòtan nan istwa sa a se fason Jòb te fè fas ak soufrans lan epi li te rete fèm ak konfyans li nan Bondye.

Ki moun ki gen kontwòl?

Fè yo li istwa a ankò, epi fè yo make tout fraz ki montre ke Bondye te gen kontwòl sou sa k te pase Jòb la.

Eksplike yo ke lè kretyen an ap pase difikilte sa pa vle di se toujou yon pinisyon. Li se yon rapèl ke nou ap viv nan yon mond kipa konplèt, plen ak peche ak enjistis. Sepandan, pafwa nou soufri paske nou konn pran move desizyon.

Fè w vin yon pon

Fè yo vire paj la epi jwenn istwa yon pon ki lye yon labim ant Bondye avèk moun. Nan espas ki nan dlo a, elèv ou yo ta dwe ekri kèk nan pwoblèm y'ap fè fas yo.

Mande yo kisa ki ka ede nou mete konfyans nou nan Bondye menm lè tout bagay sanble vin pi mal chak jou. Repons lan se "LAFWA". Ekri mo sa a sou pon an, epi pale sou sinifikasyon li.

Ankouraje timoun yo pou yo sonje ke Bondye toujou gen kontwòl tout sitiyasyon yo, menm si yo ta difisil anpil.

POU FINI

Revize tèks ki nan Filipyen 4:13, epi ankouraje yo repete li lè yo santi yo dekouraje oswa lè pwoblèm yo ap bouskile yo. Mennen yo nan lapriyè, epi lapriyè pou demann lapriyè yo te pote.

Nou sijere pou w prepare yon "Miray de priyè" ki anrejistre repons yo epi ki jan Bondye te travay nan tout sitiyasyon an patikilye.

Anbrase yo pou di yo orevwa ak anpil lanmou epi envite yo pou yo vini nan lòt klas semèn pwochèn nan.

Poukisa Jòb Te Soufri?

Baz biblik: Jòb 2: 11-12; 4: 1-8; 8: 1-6; 11: 13-17; 32: 1-5; 33: 8-14.

Objektif leson an: Se pou jèn timoun konprann ke sikonstans difisil yo se pa toujou yon pinisyon Bondye.

Vèsèpou aprann: *"Nenpòt sitiyasyon ki parèt devan mwen, m'ap degaje m, gremesi Kris la ki ban mwen fòs kouraj."* (Filipyen 4:13).

PREPARE W POU W ANSEYE!

Li pi pwobab pou se pa tout jèn timoun yo k'ap fè fas ak pwoblèm ki grav tankou ka pa Jòb yo. Sepandan, chak gen sitiyasyon negatif ki ale pi lwen kapasite yo epi bay yo tèt chaje. Petèt gen kèk ki soti nan kay ki divize epi santi yo koupab oubyen ki te fè eksperyans lanmò de yon moun yo te renmen, oswa ki malad. Petèt gen kèk ki se oswa ki te viktim abi, epi santi yo enferyè.

Sonje ke jèn timoun yo pa toujou eksprime sa yo santi ak panse fasil, men anndan yo ka gen kesyon ak santiman k'ap bay yo pwoblèm.

Pwofite opòtinite ke leson sa a ofri w pou ou fè yo sonje ke pwoblèm yo pa toujou yon pinisyon Bondye. Okontrè a, anpil fwa se rezilta move desizyon yo. Jòb pat' koupab nan sa ki te pase l la, men li te deside mete konfyans li nan Bondye epi rete tann èd li.

Fè yo sonje ke sa ki enpòtan se pa gravite pwoblèm nan ak ki kote li soti, men se pito konnen ke nenpòt sitiyasyon ki parèt devan nou, n'ap degaje n, gremèsi Kris la ki ban nou fòs kouraj.

KÒMANTÈ BIBLIK

Jòb 2:11-12; 4:1-8; 8:1-6; 11:13-17; 32:1-5; 33:8-14. Twa nan zanmi Jòb yo tande sa ki te rive, yo te al wè li. Lè yo rive, yo pa te rekonèt li. Zanmi yo a, anvan li te ansante ak kè kontan, li te vin defigire epi dezole.

Zanmi l yo te montre yo gen anpil tristès lè yo te chire rad sou yo epi mete sann dife sou tèt yo. Apre sa, yo te chita ansanm avè l pandan sèt jou, san yo pa di yon mo.

Finalman lè yo te pran la pawòl, menm si yo pa t' konprann poukisa yon moun k'ap mache dwat devan Bondye te kapab soufri pinisyon sa yo, yo chak te bay Jòb yon " resèt diferan" yò rezoud pwoblèm li a. Men, tout lide yo te bay se te bagay ki mal.

Elifaz, pi gran epi respekte te pra la pawòl an premye epi li te di ke moun rekòlte sa ou plante. Jòb te dakò avèk pawòl zanmi l la, li te fè yo konnen ke li pat' fè anyen ki mal.

Bildad te fache, epi li konsidere atitid Jòb la kòm yon mank de respè. Li te di ke Bondye te gen rezon epi timoun li yo te mouri kòm rezilta peche l yo.

Sofa tou te kwè ke Jòb te peche, li te di l retounen vin jwenn Bondye epi restore relasyon li ak Bondye.

Jòb te tris anpil pou atitid zanmi l yo, moun sa yo, olye yo te ankouraje li, se plis pwoblèm yo te ba li. Sepandan, li e kenbe lafwa, epi kontinye ap di kouman li mete tout konfyans li nan Bondye, malgre pwoblèm sa yo ak soufrans li.

DEVLOPMAN LESON AN

Pi bon zanmi yo

Bay elèv ou yo fèy ak kreyon koulè pou yo fè yon desen epi ekri yon deskripsyon sou pi bon zanmi yo a.

Apre sa a, bay tan pou yo chak pase devane pi kole desen yo a nan tablo a epi bay yon ti eksplikasyon tou brèf sou karakteristik moun yo chwazi a, lè fini se pou yo di poukisa yo fè zanmi ansanm.

Di yo ke zanmi yo se sipò nan moman pwoblèm. Sepandan, nan leson jodi a nou pral pale sou twa zanmi, olye yo te bay sipò ak èd yo, yo te lakòz plis konplikasyon.

Ki kote ou chèche konsèy?

Distribye liv elèv yo, epi mande klas la: *Ki moun yo chèche pou bayo konsèy?* Koute repons yo, epi fè yo konnen davans ke yo pral fè yon ankèt sou tèm nan. Mande louvri liv la nan paj 39 epi reponn kat kesyon yo, pandan y'ap chwazi youn nan twa opsyon ki disponib yo.

Eksplike ke pafwa nou pa resevwa bon konsèy paske nou pa mande moun ki gen matirite pou sa. Nan istwa biblik jodi a nou pral aprann kèk bagay sou twa zanmi Jòb yo ki te ale konsole li ak bali konsèy. Ann swiv pou nou wè èske konsèy sa yo te bon oubyen mal.

ISTWA BIBLIK

Fè elèv ou yo fè yon wonn pou yo chita, epi fè yon ti revizyon sou istwa semèn pase a. Apre sa a, sèvi ak entwodiksyon sa a pou sijè jodi a: *Jòb te tris anpil, chita sou sann dife, kouvri avèk maleng. Twa nan zanmi l yo ale wè li epi yo te sezi anpil lè yo te wè li. Apre sa a, yo avè l pandan sèt jou, san yo pa di yon mo. Apre sa a, youn pa youn yo te kòmanse pale.*

Dirije atansyon gwoup la nan paj 40 nan liv elèv yo. Mande kat volontè li paragraf yo ki koresponn ak zanmi Jòb yo.

AKTIVITE YO

Èske yo te gen rezon?

Sèvi ak aktivite ki nan paj 41 an pou repase istwa biblik la. Mande elèv yo, pou yo fòme plizyè gwoup an twa oswa kat, pou diskite sou sèt kesyon yo te sijere yo epi ekri repons yo nan espas vid yo.

Apre sa a, li Jòb 33: 9 byen fò, pandan w'ap bayo tan pou yo ekri yon temwayaj tou brèf sou lavi Jòb ak pwòp pawòl pa yo.

Kalamite oswa konsekans?

Ou dwe genyen kèk diksyonè nan men ou pou elèv yo ka jwenn definisyon mo sa yo: "kalamite" ak "konsekans". Ekri yo

sou tablo a.

Apre ouvèti liv elèv yo nan paj 42, diskite sou ki nan sitiyasyon sa yo, se yon kalamite oswa yon konsekans nan pran move desizyon (pa egzanp kansè nan poumon se yon konsekans pou moun ki fimen sigarèt oswa lòt pwodwi ki gen tabak).

Ou dwe trè atantif pou ou ede jèn timoun yo reponn chak kesyon yo kòrèkteman.

Envite espesyal

Chèche nan kongregasyon ou yon moun ki te fè fas a yon sitiyasyon difisil (pa egzanp: maladi, lanmò yon moun ke li te renmen oswa pèdi travay). Mande l pou l di klas la ki jan Bondye te ede l soti nan sitiyasyon sa a. Aktivite sa a ap pèmèt elèv yo fè yon rapò verite biblik ak yon reyalite nan lavi reyèl.

POU FINI

Eksplike gwoup la ke pafwa gen bagay dezagreyab ki rive nou kòm konsekans peche nou ak dezobeyisans nou yo. Sepandan, pa fwa nou soufri pou okenn rezon, tankou ka Jòb la. Atravè istwa li nou te aprann ki jan li te fè fas ak sitiyasyon an epi kontinye mete konfyans li nan Bondye, malgre tout sa ki te pase.

Fòme yon sèk pou lapriyè, epi priye pou bi priyè gwoup la. Lè sa a, repase tèks memwa a, di orevwa pandan n'ap chante yon kantik.

nòt

Leson 12
Ki Kote Bondye Te Ye?

Baz biblik: Jòb 38: 1-11; 40: 1-9; 42: 1-17.

Objektif leson an: Se pou jèn timoun yo aprann mete konfyans yo nan pouvwa Bondye a nan mitan difikilte yo.

Vèsèpou aprann: *"Nenpòt sitiyasyon ki parèt devan mwen, m'ap degaje m, gremèsi Kris la ki ban mwen fòs kouraj."* (Filipyen 4:13).

PREPARE W POU W ANSEYE!

Nan kèk moman nan lavi nou, nou tout nou konn mande poukisa sèten sitiyasyon rive. Nou vle konnen kisa ki lakòz trajedi ke nou pa ka konprann oswa kontwole: lanmò trajik yon jèn timoun, maladi grav yon manman ki gen timoun piti, oswa fòs lanati ki detwi vil yo, kite lanmò ak destriksyon.

Lè sa a, nou mande, "Poukisa, Seyè?"

Liv Jòb la pa di poukisa evènman tankou sa yo rive, oswa eksplike poukisa nou menm lòm nou soufri. Sepandan, li anseye nou pou nou gen konfyans nan Bondye ki gen tout pouvwa, li ki fè syèl la ak latè a.

Li enpòtan pou jèn timoun yo gen yon bon konsèp de Bondye. Yo dwe aprann ke pouvwa li ale pi lwen pase konpreyansyon imen nou genyen an, epi, menm si anpil fwa sitiyasyon konn dejenere, li fidèl epi li pap kite pitit li yo abandone.

KÒMANTÈ BIBLIK

Jòb 38:1-11; 40:1-9; 42:1-17. Jòb te santi Bondye te abandone l nan mitan pwoblèm li a, li pat jis avèk li. Men, byenke li plenyen nan tristès li a, li te kontinye kwè ke Bondye souveren. Bondye te fè Jòb sonje ke li te gen kontwòl lanati epi li te toujou bò kote li, menm si li pata rann li kont.

Lè Jòb te vin konprann li pat' anyen devan gwo pouvwa Bondye a, li te repanti de tout pleyen li yo ak akizasyon li te fè Bondye yo. Li te fini pa reyalize ke chimen Bondye yo ki ale pi lwen de tout sa nou ta kapab panse tankou moun epi se sèl limenm ki konnen rezon chak sitiyasyon yo. Lè zeprèv la te fini, Bondye te beni Jòb,li te bay li plis pitit gason ak pitit fi, li te remèt li byen li yo ak miltipliye bèt li yo. Bondye te montre fidelite li anvè Jòb, pandan li t'ap bay li plis richès ak pwosperite de sa li te posede anvan yo. Liv Jòb la pa di poukisa moun soufri. Se pandan, li bay yon mesaj ankourajman pou moun sa yo k'ap travèse sitiyasyon difisil yo, li te montre ke lafwa kapab siviv menm nan mitan pil konfizyon ak dout. Lè fini tou li fè nou wè ke Bondye ap travay nan mitan sikonstans ki pi tèrib paske pouvwa li a pa gen limit.

Anpil ane pase apre Jòb, yon lòt nonm te soufri san li pat' merite sa. Se te Jezi ki te soufri epi mouri sou yon kwa, men soufrans li se te pri libète nou ak padon nou.

Bondye kouwone Jòb, epi atravè egzanp Jezikri, li anseye nou pou nou rete fidèl ak obeyisan nan soufrans.

DEVLOPMAN LESON AN
Senbòl pou nou ka sonje

Pou aktivite sa a ou pral bezwen fèy blan oswa moso katon, ak kreyon koulè. Distribye materyèl yo pou elèv ou yo devlope yon senbòl (logo- kalite) ki reprezante deklarasyon Filipyen 4:13. Lè yo fini travay yo a, koke yo nan panno sal klas la kòm rapèl tèks memwa a. Apre klas la, tout moun ka ale lakay yo ak travay yo te fè a epi mete li nan panno nan chanm kote yo dòmi an.

Desizyon yo ak konsekans yo
Ekri fraz sa yo nan kat yo:

- Gade televizyon, olye pou yo fè devwa. Vòlò sirèt, olye pou yo achte li. Bay manti, olye pou yo di verite a. Moute bisiklèt nan lari yo pandan y'ap antre kote trafik dwe soti.
- Bay yon kamarad yo ki kokobe fawouch.
- Pran poul nan egzamen lekòl la.
- Pibliye yon rimè kipa verite sou yon zanmi.
- Kache yon bagay ki te kraze nan men yo pou yo pa pini yo.

- Kache rad sal anba kabann lan olye pou yo netwaye chanm yo.
- Ale jwe ak zanmi ou yo olye pou ede manman ou.

Konsève tout kat yo nan yon bwat. Mande pou yon volontè pase devan epi pran yon kat. Apre sa, se pou li li yon fraz byen fò epi bay yon kout eksplikasyon sou sa ki ta konsekans aksyon sa a.

Lè yo fin li tout kat yo, fè yo konnen ke byen souvan soufrans nou yo se konn rezilta move desizyon nou pran yo. Men tou, kòm istwa Jòb la, pa fwa san rezon nou pral fè fas ak soufrans, men li pral ede nou fòtifye lafwa nou ak konfyans nan Bondye, jan nou pral etidye li nan leson jodi a.

Desizyon enpòtan yo

Louvri liv elèv yo nan paj 43, epi bay tan pou elèv ou yo ekri yon lis ki gen nèf desizyon ladan li ke yo pran, epi ekri kisa ki te ede yo pran desizyon sa yo.

Pale sou lis yo te elabore a. Ekri repons ki pi komen yo ki ede yo pran desizyon yo (pa egzanp: paran yo, zanmi yo, pwofesè yo, elatriye.).

ISTWA BIBLIK

Anvan w kòmanse istwa a, pran kèk minit pou revize sa yo te etidye nan leson anvan yo.

Si klas ou a gwo, divize li an twa gwoup. Bay Jòb 38: 1-11 premye gwoup la, Jòb 40: 1-9 dezyèm la, ak Jòb 42: 1-6 twazyèm la. Montre yo ke chak gwoup pral li tèks yo a epi ekri de pwen ki pi enpòtan ke yo jwenn ladan li a.

Se pou yo travay 8-10 minit sou aktivite sa a. Apre sa a, chak gwoup pral pase devan epi di rezilta yo bay lòt yo.

Si ou panse yo pap gentan fini vye ti tan sa a, fè aktivite a ak tout klas la olye pou ou divize li.

Apre ou fin tande konklizyon yo, asire w ke konsèp yo te plis klè oswa bay enfòmasyon ki pi klè sou tèm nan.

AKTIVITE YO

Kisa Jòb te panse? Kisa mwen panse?

Sèvi ak aktivite ki nan paj 44 ak 45 lan pou w fin konplete oswa amelyore etid jodi a. Divize elèv yo an de ekip pou yo ka reponn kesyon yo sijere yo.

Premye ekip la ap analize epi reponn kesyon ki nan paj 44, pandan dezyèm lan ap travay avèk kesyon ki nan paj 45 lan.

Apre sa a, tou de ekip yo ap li repons yo a epi ekri yo nan liv travay yo a. Sa ki enpòtan nan aktivite sa yo se pou elèv ou yo pale epi reflechi nan tèt ansanm. Se konsa yo va egzèse aprantisaj la epi kenbe anpil konsèp ke yo te jwenn nan ansèyman.

Ijans!

Montre elèv ou yo kèk objè ki itilize pou bay premye swen oswa repons pou fè fas ak ijans (egzanp, pansman adezif oswa tep, pansman, twal gaz, yon flach ak yon aparèy pou etenn dife).

Eksplike yo ke bagay sa yo itilize nan ka ijans. Pa egzanp, lè gen yon dife, aparèy pou touye dife a ede fè travay sa, se poutèt sa li bon pou ou toujou kenbe li men ou.

Menm bagay la tou k'ap pase nan lavi nou kòm kretyen. Lè n'ap fè fas ak soufrans epi nou nan yon ijans, gen yon kantite fè tankou: priye, li Bib la ak konfyans tann rcpons Senyè a.

Menm jan ak ekstenktè a itilize pou etenn dife a, lapriyè a ede nou desann doulè a nan moman soufrans. Ankouraje jèn timoun yo chèche Bondye nan moman difisil yo, epi fè mete konfyans yo nan li, byenke sikonstans yo sanble tèrib.

Kisa Jòb te aprann ki te pi enpòtan?

Mande elèv yo louvri liv yo nan paj 46 epi li paragraf yo pandan w'ap fè sa ki nesesè pou yon pi bon konpreyansyon. Apre sa se pou w pale sou enpòtans afimasyon sa yo. Fè yo konnen ke lè yo obeyi pawòl Bondye a, Bondye ap ede yo soti venkè nan tout pwoblèm ke yo fè fas.

POU FINI

Revize tèks pou yo memorize a epi di Bondye mèsi pou ansèyman leson sa. Se pou nou chante yon kantik pandan w'ap di yo orevwa, epi pa bliye envite yo nan pwochen klas la etid dènye leson inite a.

Leson 13
Li Enpòtan Poun Obeyi Bondye

Baz biblik: Jozye 7-8.

Objektif leson an: Se pou elèv yo chwazi obeyi Bondye pou ranfòse relasyon yo avèk li.

Vèsèpou aprann: *"Nenpòt sitiyasyon ki parèt devan mwen, m'ap degaje m, gremesi Kris la ki ban mwen fòs kouraj"* (Filipyen 4:13).

PREPARE W POU W ANSEYE!

Nou tout nou konnen ke n'ap viv nan yon sosyete toleran. Anpil paran refize oswa pè disipline pitit yo. Gen lòt moun ki tèlman okipe yo prefere inyore move konpòtman timoun yo, olye pou yo pran tan pou korije yo. Kòm rezilta, anpil jèn timoun yo enkline yo anba dezobeyisans.

Li nòmal pou elèv ou yo santi li enjis lè y'ap korije yo pandan ke lòt moun ap fè sa ki mal.

Yo tout dwe konnen ke Bondye mande obeyisans nou, e ke dezobeyisans tout tan se peche ak konsekans. Souvan fwa jèn timoun yo pa reyalize ke aksyon yo kapab afekte lòt moun ak tèt pwòp tèt pa yo. Yo dwe konprann ke dezobeyisans se pa yon konpòtman izole; okontrè, li afekte anpil zòn nan lavi yo ak fanmi yo. Atravè leson sa a, ede yo konprann ke obeyisans se sèl wout dwat pou pase pou w pa soufri konsekans dezobeyisans yo.

KÒMANTÈ BIBLIK

Jozye 7-8. Jozye te yon gwo lidè pou pèp jwif la. Li te posede anpil nan karakteristik Jezi yo: li pat' genyen anbisyon egoyis, li pat' kite rayisman ak vanjans nan kè li, epi objektif li se te fè volonte Bondye. Lakòz de karaktè sa yo, Bondye te chwazi l kòm siksesè Moyiz epi lidè pèp Izrayèl la.

Viktwa pèp Izrayèl la nan lavil Jeriko montre rezilta yo te jwenn nan obeyi Bondye. Moun pèp Izrayèl yo pa t' gen pou yo te prepare estrateji konplèks pou lagè, oswa mete moun ki te pi byen plase yo nan tèt batay la. Se sèlman yo te sèlman swiv enstriksyon Bondye ak atansyon, epi mete konfyans yo nan pouvwa li. Sepandan, istwa Akan tou fè nou sonje konsekans dezobeyisans lan. Sa a, koupe kontra a ak Bondye, li te vòlò objè ki te entèdi pou moun pèp Izrayèl yo, paske li te pou anatèm nan (yo te objè sa a yo Bondye te bay lòd pou detwi). Istwa sa a montre ki jan peche kapab afekte tout yon kominote konplèt. Konfesyon ak pinisyon Akan ilistre ki jan dezobeyisans nan mitan pèp Bondye a se te yon peche ki grav.

Dezobeyisans la gen konsekans ki grav, pandan obeyisans limenm li pote la pè, padon ak restorasyon pou moun ki kwè nan Bondye.

DEVLOPMAN LESON AN

Ki moun Jozye te ye?

Apre ou fin akeyi elèv ou yo ak lapriyè pou kòmanse klas la, divize yo de pa de oswa ap twa pou yo chache tout enfòmasyon posib sou Jozye. Sous konsiltasyon an se Bib la, men, si sa posib, bay yo diksyonè ak komantè biblik.

Chak ekip pral pase devan pou bay rechèch yo te fè sou pèsonaj biblik sa. Konplete enfòmasyon an, epi di yo ke dènye leson sa a nan inite a pral pale de sèvitè Bondye sa a.

Ou se jij la!

Mande pou de volontè ede w distribye liv elèv yo, epi louvri yo nan paj 47.

Chwazi twa timoun ki pou li chak sitiyasyon byen fò. Apre sa a, diskite si vèdik la te jis oswa malonèt, epi poukisa.

Lè sa a, di yo konsa: *Nan chak sitiyasyon, te gen yon moun ki te dezobeyi Bondye epi te soufri konsekans aksyon li te komèt la. Pafwa, menm si nou pa t' fè anyen ki mal, nou soufri konsekans pou dezobeyisans yon moun ki nan gwoup la. Nan istwa jodi a nou pral wè kijan dezobeyisans yon sèl moun te lakòz tout yon nasyon soufri.*

42

Swiv enstriksyon yo

Distribye plizyè fèy papye ak kreyon pou elèv yo fè yon desen. Yo dwe obeyi enstriksyon yo ou pral ba yo a. Eksplike yo ke yo dwe swiv enstriksyon avèk anpil atansyon pou desen yo tout ka soti menm jan.

Chwazi figi ki fasil pou yo fè. Pa egzanp: *Nan kwen anlè adwat trase yon sèk; Lè sa a, trase yon liy orizontal nan mitan fèy la; Koulye a, fè li rive nan sèk la ki gen yon liy vètikal, elatriye.*

Kite yo tout prezante desen yo a epi konpare yo. Eksplike yo ke si yo vle rive atenn yon objektif komen yo dwe toujou obeyi endikasyon ak anpil atansyon. Nan istwa biblik jodi a etid la sou yon nonm ki te obeyi Bondye yon lòt ki te deside fè sa ki mal, epi li resevwa yon pinisyon tèrib.

ISTWA BIBLIK

Mande elèv yo pou yo chita an fòm yon sèk epi di yo konsa: *Nan twa leson anvan yo, nou te etidye lavi Jòb ak soufrans li yo ki te tèrib anpil menm si li te yon nonm k'ap mache dwat. Jodi a nou pral pale de yon nonm ki, menm jan ak Jòb, li te mete konfyans li nan Bondye nan tan difisil yo, ak yon lòt pèsonaj ki te deside fè sa ki mal, pousa li te soufri konsekans ki grav.*

Avèk Bib la louvri nan pasaj etid la, rakonte istwa kote Jozye t'ap antre pran lavil Jeriko a ak peche Akan. Mete aksan ke lwa jwif yo te sevè anpil sou zafè obeyisans ak lwayote Bondye, se poutèt sa Akan te resevwa pinisyon tèrib sa.

AKTIVITE YO

Jozye, lidè a

Tou depann de kantite elèv yo, divize klas la de pa de oswa an ti gwoup. Bay yon kesyon sou paj 48 pou yo reponn, menm jan yo te aprann nan istwa biblik la. Kite y'al gade nan Bib yo pou yo ka ranfòse enfòmasyon.

Lè sa a, bay tan pou yo fè echanj de repons yo youn ak lòt epi konplete egzèsis la.

Swiv egzanp Jozye a

Oryante jèn timoun yo, pou ke paj 49 la yo mete adjektif ki dekrive pèsonalite Jozye yo anndan yon wonn. Lè w fin konpare li ak pèsonalite Jezi.

Ekri adjektif ke majorite timoun yo te chwazi a sou tablo a. Demontre ke li enpòtan pou yo mande Bondye ede pou yo onèt, obeyisan, enb, responsab ak vanyan gason kòm pèsonaj biblik sa a.

Reflechi epi reponn!

Divize tablo a fè twa bò. Nan premyea, ekri: Kisa konsekans dezobeyisans Bondye yo ye? Nan dezyèm lan: Ki benefis ki genyen nan obeyi Bondye? Ak twazyèm lan: Poukisa Bondye vle pou nou obeyi li?

Mande pou kèk volontè pase devan epi ekri repons kòrèk yo. Apre ou fin revize tout ansanm ak yo, ba yo tan pou yo ekri yo nan espas vid ki nan liv yo a.

Egzamen Medsen

Louvri liv la nan paj 50, epi mande elèv ou yo pou yo ranpli espas vid yo ak enfòmasyon yo te jwenn yo. Di yo pa gade sou repons lòt timoun parèy yo, paske li se yon egzèsis refleksyon pèsonèl. Se poutèt sa, yo dwe reponn onètman.

Ou ka eksplike ke menm jan yo ale kay doktè pou swanye yo lè yo gen pwoblèm fizik, se menm jan tou yo dwe revize sante espirityèl yo epi mande Bondye retabli pati ki fèb ki bezwen vin pi fò.

POU FINI

Kondwi yo vè lapriyè, epi priye pou demann espesyal yo genyen. Mande Seyè a pou li ede elèv ou.

YON GWO EVÈNMAN

Baz Biblik: Matye 21: 1-17, 23-27; 26: 14-16; 27: 11-26, 32-66; 28: 1-20; Mak 14: 53-63; Lik 22: 39-62; 23: 4-12; Jan 18: 12-19: 16.

Vèsèpou aprann: *"Mwen se rezirèksyon an ak lavi a; Moun ki mete konfyans yo nan mwen, menm si li te mouri, l'ap viv. Tout moun ki vivan epi mete konfyans yo nan mwen, yo p'ap janm mouri." (Jan 11: 25-26).*

OBJEKTIF INITE A

Inite sa a pral ede jèn timoun yo:

- ❖ Konprann ke Jezi te andire yon jijman malonèt ak lanmò sou kwa a pou peye dèt peche nou.
- ❖ Rekonèt ke sakrifis Jezi a te sifi pou padonnen peche nou yo epi netwaye nou de tout sa ki sal.
- ❖ Konnen ke Jezi, Pitit Bondye a, te vin sou tè a pou sove nou.
- ❖ Pran desizyon pou aksepte Kris kòm sovè pèsonèl.

LESON INITE A

Leson 14: Otorite Jezi a
Leson 15: Lapriyè: Sous Pisans
Leson 16: Jijman Jezi a
Leson 17: Lanmò Jezi a
Leson 18: Jezi vivan!

POUKISA JEN TIMOUN YO BEZWEN ANSEYMAN INITE SA A?

Nan dènye moman sa yo, pou anpil moun semèn pak la se yon peryòd repo, pwomnad ak vakans. Sepandan, siyifikasyon reyèl selebrasyon espesyal sa a trè diferan.

Tradisyon relijye yo tout vin tounen yon rit sou lanmò ak rezirèksyon Kris la. Tout kote nou pase nan lemond nou jwenn kòtèj nan lari prensipal yo, rityèl sa a raple nou etap dènye moman doulè ki te pase sou kalvè a.

Pou kretyen yo, Pak la pi plis pase yon selebrasyon relijye. Li se komemorasyon lanmò ak rezirèksyon, Seyè ak Sovè nou. Anplis, se yon tan pou moun reflechi sou kado lavi ki pap janm fini an ak remèsiman pou li.

Nan inite sa a elèv ou yo pral etidye kèk evènman sou lavi Jezi, soti nan antre triyonfal la jiska rezirèksyon an. Yo pral aprann ke lapriyè se sous la ki gen pouvwa fè fas. Yo pral aprann ke la priyè se sous pisans pou fè fas ak pwoblèm yo. Lè fini yo pral etidye sou imilite ak dousè ke Jezi te genyen pou li te sipòte move tretman yo, epi se konsa yo pral konnen ke pa mwayen lanmò Pitit Bondye a nou menm nou gen lavi annabondans.

Priye pou Senyè a gide ou pandan w'ap prepare leson espesyal sa yo, leson sa ke nou konnen ki gen anpil chans pou fè enpak sou lavi elèv yo.

Otorite Jezi A

Baz biblik: Matye 21: 1-17, 23-27; 26: 14-16; 28:18.

Objektif leson an: Se pou jèn timoun yo rekonèt ak aksepte otorite Jezi a nan lavi yo.

Vèsèpou aprann: *"Mwen se rezirèksyon an ak lavi a; Moun ki mete konfyans yo nan mwen, menm si li te mouri, l'ap viv. Tout moun ki vivan epi mete konfyans yo nan mwen, yo p'ap janm mouri."* (Jan 11: 25-26)

PREPARE W POU W ANSEYE!

Pou anpil moun, Jezi se sèlman yon figi istorik. Li konsidere kòm yon bon pwofesè oswa pwofèt nan tan biblik la. Istwa a rekonèt ke li te yon pwofesè ansyan tan ki te mouri sou gouvènman Women yo. Sepandan, elèv yo dwe aprann ke Jezi se Pitit Bondye a e li gen otorite divin sou lavi nou.

Nan chak relasyon entèpèsonèl li nesesè pou pati ki konsène yo, youn konn lòt pi plis chak jou, pou yo kapab simante relasyon an epi kreye yon zanmitay dyanm. Menm bagay la tou aplike nan relasyon nou ak Seyè a. Ki jan nou ka renmen Jezi si nou pa konnen li?

Sèvi ak ansèyman nan leson sa yo pou ke elèv yo konnen Jezikri, pi pre epi deside swiv li chak jou.

KÒMANTÈ BIBLIK

Matye 21:1-17. Dènye semèn ke Jezi te pase sou latè, li te fè eksperyans ak anpil emosyon: kè kontan, kòlè, enkyetid ak soufrans. Lè li rive nan lavil Jerizalèm triyonfan, li te fè konnen ke li te gen kondisyon li kòm Mesi ke Bondye te pwomèt la, epi foul moun yo akeyi l tankou yon wa. Foul moun yo, eksite, yo te panse ke li te moun sa a ki t'ap vin delivre yo anba soufrans ak opresyon gouvènman Women yo, yo te mete fèy palmye nan tout wout la pou l te pase. Fèy palmye yo te yon senbòl pwosperite, jistis ak viktwa.

Lè sa a, li te ale nan tanp lan, men, li pat renmen sa l te wè. Lè moun yo te ale la pou yo adore, yo te dwe ofri bèt kòm sakrifis. Anpil moun te konn vwayaje long distans, konsa yo te prefere achte bèt yo nan lakou tanp lan. Gen kèk vwayajè ki rive soti nan lòt peyi e yo ta dwe chanje lajan peyi etranje yo pou lajan lokal la.

Men, pwoblèm ki te rive, kanbizye yo ak vandè yo te konn twonpe moun yo pou te ka genyen plis benefis.

Jezi ki te konnen sa a, li pa t' ezite chase vandè ak baskile tab kanbizye yo, li t'ap netwaye tan plan de tout moun ki t'ap piye pep la. Apre sa a, moun ki kokobe ak moun ki avèg yo vin jwenn li, li te geri yo.

Apre sa a, Jezi te konfwonte farizyen yo ki te defye epi kesyone otorite li. Yo te vle konnen ak ki dwa li te mete machann yo deyò nan tanp lan epi geri malad yo tou.

Jezi te sèvi ak yon metòd komen nan mitan farizyen yo, li te reponn ak yon lòt kesyon: " Batèm Jan Batis la, ki kote li te soti? Nan syèl la oswa nan men lèzòm? "(V. 25).

Farizyen yo pa t' konnen ki jan pou yo te reponn li. Yo te konnen ke pèp la t'ap an kòlè kont yo si yo reponn ke se nan men lezòm, men si yo reponn ke li te soti nan syèl la yo ta dwe rekonèt Jezi kòm Pitit Bondye a, paske Jan te deja di sa.

DEVLOPMAN LESON AN

Ki moun ou obeyi?

Mete de fèy sou tab la, epi divize klas la an de ekip. Fè chak ekip fòme yon liy pi lwen tab la ke posib. Bay chak premye moun ki nan chak liy yon kreyon koulè oswa yon makè (asire w ke li gen pwent awondi oswa byen gwo, pou evite aksidan).

Di yo san yo pa pale youn ak lòt, panse ak yon figi yon otorite genyen sou lavi yo, sa vle di moun sa a yo ke yo dwe obeyi. Lè sa a, di yo ke premye a nan chak ekip dwe kouri sou tab la epi ekri non yon moun ki gen otorite. Apre sa a li dwe kouri retounen pou al remèt makè a bay lòt jwè ki te kanpe dèyè l la. Kontinye jwèt la jiskaske pa gen plas pou yo mete non ankò. Kite yon moun nan chak ekip li lis li a.

Apre sa a, di yo konsa: *Ki jan nou santi nou lè nou gen tout moun sa yo pou nou obeyi? (kite yo reponn). Eske yo te ekri non Jezi nan lis yo a? Poukisa li enpòtan pou yo obeyi Jezi? (Koute repons yo). Nan istwa jodi a nou pral chante sou kèk moun ki te poze kesyon sou otorite Jezi a.*

Ki moun ki otorite a?

Mande de volontè pou ede ou distribye liv ak kreyon elèv yo. Lè sa a, se pou yo louvri liv yo nan paj 53 epi pale sou sa ki pase lè yo obeyi yon moun ki gen otorite.

Kite kèk volontè fè lekti pou chak sitiyasyon yo, epi, ansanm, reponn kesyon sa yo pou chak ka: *Ki moun ki otorite a? Ki sa ou pèdi lè ou obeyi li? Ki sa ou jwenn lè ou obeyi li?*

ISTWA BIBLIK

Si gwosè klas ou a pèmèt sa, gwoupe elèv ou yo an kat ti ekip epi bay youn nan rektang yo ak kesyon ki nan paj 52. Ba yo tan pou yo li pasaj la epi pou yo bay repons. Mande pou chak gwoup chwazi yon sekretè, moun sa ki pral li epi kòmante repons yo bay lòt yo.

An konklizyon, di yo ke: *Atravè pasaj sa yo nou sot aprann ke Jezi gen tout otorite. Nenpòt otorite yon moun egzèse sou tè a se paske li pèmèt li. Jezi pral jije moun ki sèvi mal ak otorite oswa fè abi ak li.*

AKTIVITE YO

Ki moun ki se...?

Fè elèv yo fè aktivite ki nan paj 54 la endividyèlman. Apre sa a, pale sou ki moun Jezi ye pou yo. Si gen tan, ankouraje yo rakonte yon temwayaj tou kout sou relasyon yo avèk Jezi.

Li tèks pou memorize sa ki nan kaye a de fwa. Lè sa a, mande, san èd, eseye repete li san gade.

Poukisa pou m obeyi?

Ekri kesyon sa a sou tablo a epi tann pou elèv ou yo patisipe ak repons pa yo. Demontre yo ke, anpremye, nou dwe obeyi Jezi ak kòmandman li yo; epi apre sa a paran nou yo ak pwofesè nou yo.

Mande elèv ou yo pou yo ekri kesyon ak repons yo ki sou tablo a nan yon fèy. Di yo pou yo kole li yon kote ki byen dekouvè lè yo rive lakay yo, kòm yon souvni ke yo dwe obeyi.

POU FINI

Asire ou ke yo te byen ranmase materyèl yo te itilize yo epi ranje liv travay yo anvan yo di orevwa.

Mete aksan sou enpòtans ki genyen nan sonje otorite Jezi ak obeyi li. Li pa t' vini tankou yon diktatè, men kòm Sovè ak Redanmtè nou.

Envite elèv ou yo pou yo egzaminen lavi yo semèn sa a, rekonèt ki pati nan lavi yo ki dwe rann li bay Jezi. Ba yo kèk minit pou yo lapriyè an silans. Apre sa a, fini pandan w'ap remèsye Bondye paske li te voye yon sèl Pitit li a. Chante kèk chan pou fè lwanj li anvan nou ale, epi ankouraje yo vin asiste klas semèn pwochèn nan.

La Priyè: Sous Pisans

Baz biblik: Lik 22: 39-62.

Objektif leson an: Se pou elèv yo suiv egzanp Jezi a, epi chèche fòs ak sekirite pa mwayen lapriyè.

Vèsèpou aprann: *"Mwen se rezirèksyon an ak lavi a; Moun ki mete konfyans yo nan mwen, menm si li te mouri, l'ap viv. Tout moun ki vivan epi mete konfyans yo nan mwen, yo p'ap janm mouri."* (Jan 11: 25-26).

PREPARE W POU W ANSEYE!

Pou elèv ou yo li trè enpòtan sa zanmi yo di epi panse osijè de yo. Yo fè efò pou yo ka resevwa yo epi fè pati gwoup ki pi popilè a. Jèn timoun yo pa vle diferan, anplis yo pè pou moun yo renmen yo pa abandone yo.

Anpil nan yo konte sou sipò fanmi yo ak zanmi yo pandan tan difisil yo, epi yo santi yo pwoteje. Nan leson sa a yo pral aprann ke, byenke pafwa yo pral pa gen moun pou ede yo epi yo pral tou sèl, men Bondye ap toujou la avèk yo. Li te bay opsyon lapriyè kòm yon sous pisans pou nou jwenn fòs ak sekirite.

KÒMANTÈ BIBLIK

Lik 22:39-62. Nan Jedi apremidi Jezi selebre pak la avèk disip li yo, li te di ke tan lanmò li a te pwòch. Yo pa t' konprann sa Jezi te di yo depi davans ni jan evènman sa a te prèt pou rive.

Nan moman dine a Pyè te konfime Jezi lwayote li. Men, Seyè a te konnen ke Pyè te gen yon tanperaman vyolan epi nan menm nwit sa a li te refize l' pandan twa fwa.

Sou mòn Oliv la, Jezi kite uit disip nan papòt la, li te rele Pyè, Jak ak Jan pou yo ale nan jaden an avè l'. Se la li te mande yo priye, kòm li te ale lapriyè pou kont li. Jezi pwobableman te bezwen konpany ak sipò zanmi l' yo nan sitiyasyon difisil li t'ap fè fas la. Men, li te konnen tou ke li te bezwen pase tan nan lapriyè, pale ak Papa l ki nan syèl la.

Lapriyè Jezi a te reflete kè sere li te genyen ak pè pou soufrans ak lanmò ki te rete ap tann li. Se pousa, li te mande Bondye delivre l soti anba "gode" anmè kou fyèl sa a. Men, malgre sa li te vle, Jezi te soumèt li konplètman anba volonte Papa a.

Bib la di nou ke yon zanj te vin ankouraje li, ba li fòs pou li te fè fas ak jounen di sa yo li te gen pou li travèse pi devan.

De fwa Jezi te di disip li yo priye pou yo pa tonbe nan tantasyon. Malerezman, sou tou de okazyon sa yo li te jwenn yo ap dòmi. Yo pa t' reyalize enpòtans ki genyen nan demann mèt la, epi yo pa t' prepare pou sa ki te gen pou rive nan kèk èdtan pi ta. Lè prèt yo ak sòlda yo te konfwonte yo, yo te vire do yo, kite Jezi poukont li.

Lapriyè te trè enpòtan pou Jezi. Li te anseye nou nesesite ki genyen pou pale ak Bondye epi rakonte li pwoblèm nou yo ak soufrans yo. Jou lannwit sa a, nan jaden an, li te mande disip li yo priye, epi menm jodi a, li fè nou sonje ke lapriyè se sous pisans nou.

DEVLOPMAN LESON AN

Mwen santi mwen poukont mwen!

Pou aktivite sa a nou sijere ke ou ekri ka sa yo nan plizyè kat. Mande twa pè volontè ki aksepte fè yon teyat, pase devan epi pran youn nan kat yo.

Koup la dwe reprezante sa ki ekri nan kat la devan gwoup la. Bay senk minit pou patisipan yo aranje yo epi chwazi pèsonaj yo pral reprezante a.

1. Mariana te ofri Sofya yon sigarèt. Kòm li pa t' aksepte li, Mariana fawouche li epi ba li presyon pandan li te di li konsa ke li pral konvenk tout timoun nan sal klas la pou yo pa pale avè l. Koulye a, Sofya te santi li poukont li epi panse ke li pa gen okenn zanmi ankò.

2. Gonzalo malad, epi doktè a te di ke li pa t' kapab kite kay li pou de semèn. Zanmi li Mauricio al vizite l', li te di li ke li menm ansanm ak tout timoun yo nan katye a prale nan yon kan ete pou de semèn. Gonzalo santi pandan li malad kounye a tout zanmi l' yo te abandone li.

3. Alexandra ak Victoria te zanmi byen lontan. Men nan jou sa yo paran Victoria yo deside deplase pou y'al viv nan yon lòt vil.

Lè lè a rive, yo pati, Alejandra te tris anpil. Victoria te ale de rand lo nan je l, paske li te panse li pa pral gen yon lòt zanmi tankou Alejandra, epi li pral poukont li nan yon vil etranj.

Lè twa koup yo fin patisipe, di yo konsa ke souvan fwa nou pase moman difisil epi nou santi ke tout moun abandone nou. Nan klas la jodi a nou pral pale sou sa Jezi te fè lè li te santi li tris epi poukont li.

Aktivite rechèch

Pou aktivite sa a ou pral bezwen plizyè Bib ki gen konkòdans. Divize elèv yo an ti gwoup dapre kantite Bib ou gen nan men ou.

Fè yo chche omwen dis pasaj ki gen mo sa yo:priye, lapriyè, anpil lapriyè, pandan mou nap priye, elatriye… epi li pasaj biblik la.

Di yo konsa: *Bib la anseye nou anpil sou lapriyè. Jezi te di disip li yo pou yo te priye. Atravè Papa a, li menm te anseye nou ki jan nou ka fè sa. Nan istwa a biblik jodi a nou pral etidye sa Jezi te fè yon lannwit pandan li te tris anpil.*

ISTWA BIBLIK

Fè yon entwodiksyon kout anvan ou kòmanse istwa a biblik la (pa egzanp: *Jesús había llegado a Jerusalén y decidió celebJezi te rive nan lavil Jerizalèm epi deside selebre fèt Pak la avèk disip li yo. Lè sa a, li te konnen lè lanmò li a te pwòch, li te deside ale nan yon jaden pou li pale ak Bondye).*

Yon lòt fwa ankò divize klas la an ti gwoup, epi bay kèk nan kesyon ki nan paj 55. Bay tan pou chak ekip al chèche pasaj biblik ki gen rapò ak kesyon yo jwenn nan.

Yon volontè ki soti nan chak ekip dwe li byen fò repons yo, oswa ekri yo sou tablo a pou tout rès timoun yo ekri yo nan liv travay yo a.

Fè yo konprann sa ki difisil yo, epi ranfòse repons elèv ou yo ak pasaj ki soti nan Bib detid.

AKTIVITE YO

Sous pisans lan

Pida a los alumnos que abran sus libros en la pFè elèv yo louvri liv yo nan paj 56, pandan w'ap ekri pawòl sa nan tablo a" LAPRIYÈ".Mande pou sèt elèv chèche pasaj biblik yo epi li yo. Apre sa a, fè yo jwenn

ki lès nan vèsè sa yo ki pale sou enpòtans lapriyè genyen nan lavi jèn timoun yo.

Ekri repons yo sou tablo a, epi ba yo tan pou yo ekri yo nan liv travay yo a.

Sòm 25:11 — Lè nou konfese peche nou yo, Bondye padonnen nou.

Jeremi 29:12 — Bondye tande nou lè nou priye.

Jeremi 42:3 — Atravè lapriyè nou ka mande Bondye pou li gide nou.

Matye 5:44 — Nou dwe priye pou moun k'ap pèsekite nou.

Lik 6:28 — Nou dwe priye pou moun k'ap maltrete nou.

Lik 22:40 — Lapriyè ban nou fòs pou nou rezizte anba tantasyon.

Jak 5:13-14 — Nou ka priye lè nou malad oswa gen pwoblèm.

Kisa mwen dwe itilize?

Diskite sou kalite lapriyè ki mansyone nan paj 57 liv elèv yo. Apre sa a, fè yon koneksyon ak lapriyè ki nan pati goch la ak kalite priyè ki nan ilistrasyon an.

Pou nou fini aktivite a, di yo konsa: *Gen kèk moun ki renmen fè lapriyè byen long ak anpil pawòl konplike, se pa yon bagay ki mal, men sa pa vle di ke Bondye pral tande moun sa ak plis atansyon. Bondye koute tout moun ki lapriyè avèk yon kè sensè epi ki vle fè li plezi.*

Lè nou pase tan nan lapriyè, nou kapab konnen Bondye pi plis epi pwoche pi pre li

Sous pisans mwen ak fòs

Bay elèv yo sizo pou yo koupe paj 58 liv la epi double li pou yo fòme yon liv lapriyè.

Eksplike yo ke yo ta dwe ekri chak jou demann yo fè nan lapriyè ak repons yo resevwa. Mete aksan ke lapriyè se pa prezante lis nou demann nou bay Bondye, men se pito pase yon tan nan kominyon ak li.

Ankouraje elèv ou yo mete liv lapriyè yo a nan Bib la epi sèvi ak li pandan tan devosyonèl la.

POU FINI

Mande pou de volontè lapriyè pou demann ke manm gwoup yo te fè a.

Mete fen pandan w'ap remèsye Bondye paske li te banou lapriyè kòm sous ki gen pisans ak fòs.

Envite yo nan klas semèn pwochèn nan, epi pa bliye kontakte timoun ki malad ak tout moun ki te absan pou lòt rezon yo.

Leson 16
Jijman Jezi A

Baz biblik: Matye 27: 11-26; Mak 14: 53-63; Lik 23: 4-12; Jan 18:12; 19:16.

Objektif leson an: Se pou jèn timoun yo kanpe fèm nan lafwa yo, malgre pèsekisyon.

Vèsèpou aprann: *"Mwen se rezirèksyon an ak lavi a; Moun ki mete konfyans yo nan mwen, menm si li te mouri, l'ap viv. Tout moun ki vivan epi mete konfyans yo nan mwen, yo p'ap janm mouri."* (Jan 11: 25-26).

PREPARE W POU W ANSEYE!

Youn nan karakteristik pi fò nan jèn timoun yo se ke yo trè pèseveran. Lè yo kwè nan yon bagay, oswa pran yon desizyon, yo defann li ak tout fòs yo. Leson jodi a pral fè yo konnen pèseverans Jezi, limenm ki te rete fèm menm nan mitan pèsekisyon ki pi terib la.

Istwa jijman malonèt Jezi a ap ede yo konprann ke, menm si yo ta fè fas ak opozisyon avèk danje, si yo rete fèm nan konfyans yo nan Bondye, li pral ede yo soti venkè.

Pwofite pèseverans elèv ou yo pou ankouraje yo defann lafwa yo ak lanmou ak bon konprann devan moun k'ap kesyone yo.

KÒMANTÈ BIBLIK

Jan 18:12; 19:16. Nan yon moman konsa, yo te arete Jezi epi mennen li devan Ana, Kayif, Pilat, ak Ewòd, epi kondannen l' amò.

Petèt yo te mennen li devan Ana pandan lannwit. Sa a te vyole lwa relijye jwif la, epi sa te montre ijans ki te genyen pou prèt jwif yo ak lidè farizyen yo kondannen li.

Malgre Jezi te inosan, Sanedren an te itilize manti pou yo te akize li fè l sibi yon jijman ilegal. Yo akize l de moun ki t'ap pale mal de Bondye paske li te di se Pitit Bondye a.

Dapre lalwa Women yo, pale mal se pa pinisyon pèn de mò. Sepandan, lidè yo nan tanp lan te akize l tou de trayizon, ki jistifye ke li te dwe mouri kloure sou kwa.

Lè Jezi te kanpe devan Pilat, gouvènè a te montre yon degre respè pou li, li te konvenki ke Jezi te inosan. Ankò e ankò li te di moun yo ke li pa t' jwenn okenn rezon pou yo pini li. Kòm li te vle satisfè foul la ki te vle wè Jezi mouri, li te bay lòd pou yo bat li byen bat. Petèt li te panse ke apre pinisyon sa a yo ta kapab lage l'. Men, se pa t' konsa sa te ye. Malgre yo te wè mal tretman ak soufrans Jezi, pèp la ak lidè jwif yo pa t' satisfè jiskaske yo wè li kloure sou bwa kalvè a.

Tout tantativ Pilat yo te initil. Lè chèf prèt yo te akize l' kòm moun ki te kont Seza a, kòm li pè pou li pa t' pèdi pozisyon li, sa te fè li te rmèt Jezi bay foul la ki te fache anpil anpil.

DEVLOPMAN LESON AN

Ki moun Pilat te ye?

San di non pèsonaj la, li biyografi sa a pou elèv ou yo:

Nonm sa a te gouvènè Women nan pwovens peyi Jide (26-36 A.K). Li popilè anpil pou entèvansyon li nan jijman ak ekzekisyon Jezi Kris la.

Kòm gouvènè nan peyi Jide, li te gen otorite absoli sou tout sitwayen ki pa t' women. Men, nan anpil ka, sitou sa yo ki gen rapò ak relijyon, Sanedren an te konn jije yo, ki te konsèy ak tribinal siprèm jwif yo. Apre tribinal sa a deside ke Jezi te koupab de pale mal sou Bondye, li te voye l' nan tribinal Women an, paske li pa t' kapab bay yon santans de mò.

Lè gouvènè sa a te refize kondane li amò, prèt jwif yo te envante lòt akizasyon ki kont Jezi. Lè sa a, gouvènè a kesyone l poukont li. Li te tèlman sezi pou diyite ak franchiz li, li t'ap eseye sove l (Jan 18: 38-39; 19: 12-15), men pou krentif li te genyen kont yon soulèvman jwif finalmanli te aksepte demand pèp la. Se poutèt sa, Jezi te kloure sou kwa.

Mande yo: *Kijan pèsonaj sa a rele?* Koute repons yo epi felisite sa yo ki bay repons kòrèk la. Di yo ke nan istwa a jodi a yo pral etidye jijman yo te fè kont Jezi devan gouvènè Women sa a.

Pèsekisyon

Ekri sou tablo a mo "pèsekisyon" ak definisyon li. Mande klas ou a pou yo bay kèk egzanp de pèsekisyon kretyen pase atravè mond lan (pa egzanp nan kèk peyi kretyen yo pa ka rasanble, epi si yo fè li y'ap mete yo nan prizon. Nan kèk zòn riral yo te mete kretyen yo deyò nan kominote yo).

Eksplike yo ke byenke se pa nou tout ki fè eksperyans ak degre pèsekisyon sa yo, nou fè fas ak kritik, fawouch ak abi nan men moun ki pa konprann lafwa nou. Di yo ke nan istwa jodi a yo pral aprann de yon nonm ki te andire pèsekisyon epi li te rete fèm jouska lafen.

ISTWA BIBLIK

Distribye liv elèv yo, epi fè yo louvri yo nan paj 60.

Chwazi plizyè elèv pou fè ti pyès teyat yo sijere a. Yo chak pral reprezante yon pèsonaj, imite vwa li kòm si se te menm moun sa a vre. Si li gen rad oswa rad payas, itilize yo, epi òganize yon reprezantasyon anvan sa.

Pandan elèv ou yo ap li oubyen moute pyès la, mande yo pou yo swiv sou ki jan foul moun yo t'ap pèsekite Jezi.

Apre sa a, mande yo: *Ki jan Jezi te reponn devan akizasyon yo? Kijan ou panse li te santi l' pandan tout bagay sa yo t'ap pase?*

AKTIVITE YO

Yon istwa lavi reyèl

Fè elèv ou yo chita sou fòm yon sèk epi rakonte yo istwa sa a.

Li Ying te jèn ti fi lè li te deside travay nan fè sèvis pou Bondye nan legliz la. Depi lè li te aksepte Kris nan kè l, li te konnen ke wout la pa ta dwe fasil, espesyalman paske li te viv nan peyi Lachin, yon peyi kote Krisyanis te entèdi. Lè li te antre nan Inivèsite, Li Ying te deside etidye jounalis. Apre anpil ane ap etidye, li te gradye epi kòmanse travay. Sepandan, li te konnen ke li te dwe sèvi ak talan li yo nan travay Bondye. Se poutèt sa, byenke otorite yo te entèdi sa, li te deside pibliye yon magazin kretyen.

Yon ti tan apre lè li te kòmanse enprime ak distribiye magazin nan, yo te arete Li Ying paske li te vyole lalwa peyi la Chin nan, kounye a li deja genyen 15 ane nan prizon. Yon pati nan pinisyon li a se te rete an silans konplètman. Li pa t' ka di konpayèl ki te bò kote li nan prizon an ni yon mo. Anplis de sa, li te dwe travay 16 èdtan pa jou, pandan li t'ap fè atizana ke yo te konn vann nan mache touris yo.

Envite elèv ou yo reflechi sou istwa sa a, epi ede yo konprann ke pèsekisyon kretyen se pi grav epi rive pi souvan ke tout sa yo ta kapab imajine yo (si yo vle gen plis enfòmasyon sou sa a ak lòt istwa sou soufrans kretyen yo, se pou yo vizite paj www.persecution.com oswa www.persecución-cristiana.com —tou le de sit elektwonik sa yo se pou òganizasyon kretyen "Vwa mati yo").

Lèt pou Li Ying

Bay yo fèy papye ak kreyon pou yo ekri yon bagay yo ta renmen di Li Ying. Lè fini, mete tout kat yo nan yon kobèy oswa sou tab la, fè yon sèk pou lapriyè pou sè sa a ki ap soufri paske li te kwè nan Kris la.

Mande yo pou yo sonje Li Ying nan priyè yo chak jou, ak tout milye de kretyen k'ap soufri tankou l chak jou pou lafwa yo nan Kris la.

POU FINI

Repete tèks pou memorize a plizyè fwa epi fini ak yon adorasyon. Fè yo sonje ke nan pwochen leson an yo pral etidye sou lanmò Jezi, epi ankouraje yo pou yo vini a lè.

Lanmò Jezi A

Baz biblik: Matye 27: 32-66.

Objektif leson an: Se pou jèn timoun yo konprann ke Jezi te mouri pou yo.

Vèsèpou aprann: *"Mwen se rezirèksyon an ak lavi a; Moun ki mete konfyans yo nan mwen, menm si li te mouri, l'ap viv. Tout moun ki vivan epi mete konfyans yo nan mwen, yo p'ap janm mouri."* (Jan 11: 25-26).

PREPARE W POU W ANSEYE!

An jeneral, jèn timoun yo rekonèt lè yo fè yon move bagay. Timoun ki grandi nan kay kretyen yo konnen yo ta dwe mande padon chak fwa yo dezobeyi Bondye. Lòt kote, timoun sa yo ki leve nan fanmi ki pa kretyen yo konnen ki diferans ki genyen ant byen ak mal, epi konnen ke konsyans lan sou wout yo lè yo pran chemen pou fè sa ki mal.

Anplis de sa, tout timoun yo konnen ke, pi bonè oswa pita, dezobeyisans ak movèz kondwit gen konsekans, e yo deja fè eksperyans ak sa. Pa egzanp, yo konnen yo pral resevwa pinisyon si yo fè ti frè yo mechanste oswa fè mal leve ak yon granmoun.

Tout moun dwe konprann ke pa mwayen lanmò Jezi a, yo ka resevwa padon pou peche yo. Leson sa a pral ede yo konprann ke soufrans ak lanmò Jezi Kris la se pri sou jan Bondye bannou lavi ki pap' janm fini an.

KÒMANTÈ BIBLIK

Matye 27:32-66. Pèsekisyon Jezi a pa t' fini ak move jijman. Sou wout kalvè a, lidè jwif yo t'ap mache bò kote Jezi, pase li nan rizib epi ba li defi pandan yo t'ap di li si li gen pouvwa vre se pou li demoutre sa, pou sove tèt li. Kalòt yo ak kout fwèt yo te fè l febli jiskaske li pa t' ka sipòte pèz kwa a. Lè sa a, yo te bay yon nonm peyi Sirèn lòd pou ede Sovè a pote bwa lou a. Istoryen yo di ke kwa a te peze anviwon 34 ak 56 kg. (75 125 liv).

Jezi te santi Papa l abandone li. Peche mete moun dozado ak Bondye, epi nan okazyon tris sa a, Jezi te pote peche tout mond lan.

Sèlman medam yo ki te rete fidèlman bò kote Jezi lè yo te akonpanye li rive jous nan pye la kwa a, pandan tan agoni li a.

Jozèf ki soti nan lavil Arimate te montre gwo kouraj li devan Pilat, li te mande kò Jezi a pou yo te antere l. Jozèf ak Nikodèm te pran kò epi vlope l nan yon bann twal fin avèk espès awomatik, yo mete l nan yon kavo ki te nan yon jaden.

Lidè jwif yo te eseye fè Jezi santi li tankou pi move nan kriminèl yo, pandan yo te fè yon jijman santans lanmò, ki te fèt sèlman pou moun ki pi terib yo. Sepandan, Jozèf nan lavil Arimate ak Nikodèm te onore Mèt la, yo te mete kò li nan yon kavo tou nèf epi vlope l nan yon dra byen santi bon ranpli a espès awomatik ki te tèlman koute chè nan epòk la.

Nan moman Jezi te mouri a, rido ki te nan tanp lan chire fè de bò, pou te mete nou an kontak dirèk ak Bondye. Koulye a, nou ka adore Bondye nenpòt kote, nenpòt lè. Lanmò Jezi a kreye yon pon pou retabli relasyon ant nou ak Bondye epi bannou lavi ki pap' janm fini an.

DEVLOPMAN LESON AN

Di elèv ou yo byenveni, epi kòmanse pandan w'ap chante kèk yi chan lwanj. Fè yon ti revizyon kout sou leson pase a anvan ou kòmanse etid la jodi a, sitou si gen nouvo elèv ki vini.

Aktivite pou memorizasyon

Kòm revizyon tèks pou memorize, mande manm klas yo chèche mo ki kache yo nan kas tèt la nan paj 66 liv elèv yo.

Apre sa a, repete vèsè a ansanm epi ede moun ki gen difikilte pou aprann li.

Poukisa Women yo te konn kloure kriminèl sou kwa?

Semèn pase a nou te wè kijan yo te pini Jezi ak santans pou l mouri sou kwa a. Sepandan, li posib pou elèv yo pa konprann sa sa vle di nan tout esans li.

Eksplike yo ke krisifiksyon te yon fòm nan ekzekisyon, ki fèt te genyen ladan li mare oswa kloure viktim nan sou yon kwa. Pèn de mò sa yo te komen depi nan sizyèm syèk avan Kris la(VI a.K) jous rive katriyèm syèk apre Kris (a.K), sitou pami peyi Pès yo, moun peyi Lejip, Women yo ak Katajèn yo. Women yo te itilize yo pou egzekite esklav yo ak kriminèl yo; yo pa t' janm aplike li pou pwòp sitwayen lakay yo.Lalwa women yo te espesifye ke yo te dwe bat viktim nan byen bat. Apre sa a, pou li te pote kwa a soti nan pwen kote yo te egzije l la pou rive nan plas kote yo t'apral fè egzekisyon li a.

Istwa jodi a pale nou de jou tris sa a lè yo te kloure Jezi sou yon kwa.

Ki sa ou ta sakrifye pou peche ou yo?

Mande elèv yo pou yo louvri liv yo nan paj 63. Sèvi ak aktivite sa a pou bay yon eksplikasyon tou kout sou sistèm sakrifis yo te konn bay nan Ansyen Testaman an.

Di yo konsa: : *Nan Ansyen Testaman an, moun yo te ofri sakrifis pou yo di Bondye mèsi oswa pou yo mande padon pou peche yo. Premye bèt ki te bay an sakrifis la se te pou lave peche Adan ak Èv. Malgre yo te konn ofri grenn jaden tou, sakrifis ki te pi komen an se te bèt yo.*

Pwofèt yo te avèti pèp la pandan yo t'ap di yo ke sakrifis yo a pap' sifi si yo pa renmen ak obeyi Bondye. Sakrifis nan Ansyen Testaman an te yon siy ki jan Jezi t'ap vin mouri.

Tèm klas la jodi a refere ak dènye sakrifis ki te ofri sou latè pou padonnen tout peche nou yo: lanmò Jezi a.

Bati yon lotèl

Pou aktivite sa a ou pral bezwen plizyè jèn wòch. Elèv yo dwe chita sou fòm yon sèk.Bay yo chak yon wòch. Mande yo pou yo sèvi ak wòch yo pou bati yon lotèl, se pou yo ranje yo youn sou lòt. Apre sa a, mete kèk ti moso bwa sou li.

Di yo konsa: *Nan tan lontan se konsa moun yo te konn bati lotèl tankou sa a pou yo ofri sakrifis pou Bondye. Ki sa nou ta ofri bay Bondye pou montre li ke nou regrèt pou tout move bagay nou te fè yo? (Kite yo reponn). Ki sa nou ta ofri li pandan n'ap di li mèsi paske li padonnen peche nou yo?*

Di yo ke nan istwa jodi a pral aprann ke nou pa bezwen ofri plis sakrifis paske Bondye bay yon lòt mwayen pou nou jwenn padon pou peche nou yo.

ISTWA BIBLIK

Fè yon frè nan kongregasyon an abiye ak yon gwo rad epi reprezante yon mesaje tankou nan tan Ansyen Testaman epi li dwe bay enfòmasyon sa yo:

Nouvèl dènye moman: Yo te kondane Jezi moun Nazarèt la a mò! Se Pilat ki te bay lòd la. Apre yo te fin bal' kalòt epi fwete li, tribinal Women an te deklare li koupab de trayizon, epi nan kèk èdtan yo pral touye li.

Kondane a ap gen pou pote kwa li, anviwon 50 kg. Jiska Gòlgota (kote ki rele Zo bwa Tèt la), kote li pral kloure sou kwa a.

Yon gwo foul moun rasanble tou pre plas la pou wè egzekisyon sa a. Si ou vle konnen plis bagay sou istwa sa a, li seksyon enfòmatif nou yo nan Matye 27: 32-66.

Remèsye vizitè a pou patisipasyon li. Apre sa a, mande pou yo chak fè lekti byen fò nan pasaj Matye a.

AKTIVITE YO

Poukisa Jezi te dwe mouri?

Louvri liv elèv yo nan paj 64 ak 65. Divize klas la an de oswa ti gwoup epi moutre yo pou yo ede youn lòt jwenn vèsè Biblik ki pale de pèdi. Apre sa a, pale sou enpòtans ki genyen nan lanmò Jezi ak sa li sinifye pou tout kretyen atravè lemond.

Plan sali a

Pou aktivite sa a ou bezwen senk kè an moso katon nan koulè sa yo: nwa, wouj, blan ak jòn.

Kole kè yo sou tablo a, nan lòd ki pral mansyone a, epi sèvi ak yo pou w eksplike jèn timoun yo plan sali a. Sonje ke bagay ki pi enpòtan se pou nou priye pou se Sentespri a ki touche kè elèv ou yo.

Kè nwa reprezante peche a ki nan nou epi separe nou de Bondye. Lè gen peche nan kè nou nou pa ka gen kominyon ak Bondye epi n'ap viv nan fènwa.

Kè wouj la reprezante san Kris la ki te koule sou kwa kalvè a pou bannou lavi ki pap' janm fini an. Atravè sakrifis Jezi a, peche nou yo te efase epi kominyon nou

52

ak Papa a te vin restore.

Kè blan reprezante netwayaj Jezikri fè nan lavi nou. Li retire tout bagay mal ki te deja nan nou epi li fè nou "nouvo".

Kè jòn nan reprezante lavi ki pap' janm fini an. Jezi te pwomèt nou ke nou gen pou n' ale viv avè l nan syèl la, kote lari yo fèt ak lò, epi gen yon "kalite gwo larivyè dlo pwòp klere tankou kristal ki bay lavi" (Rev. 21: 21B; 22: 1.).

Di elèv yo aksepte Kris la nan kè yo se desizyon ki pi enpòtan nan lavi yo. Mande si gen kèk ki vle pran desizyon sa a, epi kondwi yo nan lapriyè. Pa bliye ale vizite sa yo ki aksepte envitasyon an, epi ankouraje yo viv lavi kretyen an.

POU FINI

Felisite sa yo ki te resevwa Kris la epi di yo kounye a yo fè pati fanmi Bondye a.

Finalman, chante yon ti chan pou fè lwanj Bondye epi di li mèsi paske li te voye Pitit li a Jezi vin mouri pou nou.

Li enpòtan pou kenbe yon kontak chak semèn ak elèv ou yo, sitou sa yo jis fèk kòmanse klas la. Si sa posib, vizite yo oswa rele yo nan telefòn, epi pa bliye envite yo nan pwochen klas la pou yo etidye sou rezirèksyon Jezi a.

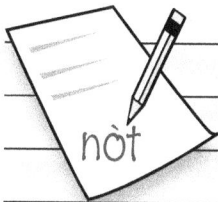

nòt

Leson 18

Jezi Vivan!

Baz biblik: Matye 28: 1-20.

Objektif leson an: Se pou elèv yo konnen ke Jezi te leve soti vivan nan lanmò.

Vèsèpou aprann: *"Mwen se rezirèksyon an ak lavi a; Moun ki mete konfyans yo nan mwen, menm si li te mouri, l'ap viv. Tout moun ki vivan epi mete konfyans yo nan mwen, yo p'ap janm mouri."* (Jan 11: 25-26).

PREPARE W POU W ANSEYE!

Li pwobab pou kèk nan elèv ou yo fè eksperyans lanmò yon fanmi oswa yon bon zanmi. Sepandan, pi fò nan yo konnen ke pèdi yon moun yo renmen se yon bagay ki fè mal.

Leson jodi a pa sèlman pale de soufrans fanm yo ak disip ki t'ap swiv Jezi yo, men tou yo te gen kè kontan lè yo te pran nouvèl ke Seyè a te venk lanmò epi li vivan. Yon karakteristik ki diferansye la fwa kretyen an se ke lidè nou an vivan, pandan ke lòt lidè yo nan lòt relijyon yo te mouri sa fv byen lontan. Bondye te leve Jezi soti vivan nan kavo a. Koulye a, li chita sou bò dwat Papa a, li tou prèt pou li ede kretyen yo viv ak kè kontan, viktorye ak espwa.

Ranpli elèv ou yo ak kè kontan lè yo konnen ke nou kwè nan yon Bondye k'ap viv, limenm ki pat' rete nan kavo a, men pito li te leve soti vivan nan lanmò a epi byento l'ap retounen pou pèp li a.

KÒMANTÈ BIBLIK

Matye 28:1-20. Byen bonè nan maten, anvan solèy la leve premye jou a nan semèn nan, istwa a te kòmanse ak yon nouvo chapit. Pou fanm yo ki t'ale nan kavo a, tout bagay te chanje. Lè yo te vin konnen ke Mèt la te vivan, soufrans pou lanmò Jezi a te vire an yon kè kontan ektraòdinè.

Zanj lan te bay nouvèl kè kontan ak espwa, pa sèlman pou fanm yo ak disip yo, men se pou nou tout ki kwè nan li kounye a.

Fanm sa yo te resevwa yon gwo rekonpans pou fidelite yo pandan Krisifiksyon Jezi a: yo te premye moun ki konn nouvèl la epi al anonse bon nouvèl la bay disip yo.

Sepandan, yo pa t' sèlman moun ki te pale sou rezirèksyon Jezi a. Sòlda yo te rapòte evènman an bay gwo chèf yo. Apre yon reyinyon rapid, Sanedren an bay lajan pou yo di ke disip yo te vòlè kò Jezi a pandan y'ap dòmi.

Pou sòlda women yo dòmi nan tan travay se te yon Krim de mò. Sepandan, lidè relijye yo te pwomèt yo ke yo t'ap defann yo devan ofisyèl yo nan gouvènman an si ta gen yon pwoblèm. An plis de sa yo t'ap ofri yo yon bon kantite lajan si rimè vòl kò Jezi a ta gaye.

Men, sa pa t' entimide disip li yo. A pati de moman sa a yo te anonse bon nouvèl rezirèksyon Sovè a.

DEVLOPMAN LESON AN

Resevwa elèv ou yo ak kè kontan, epi fè yo konnen ke nan klas jodi a ou pra l bay yo yon bòn nouvèl. Apre sa a lapriyè pou kòmanse klas la, mande pou kèk volontè fè yon ti rale so usa yo te aprann de Jezi nan leson pase a.

Tonbo yo oswa antèman yo?

Esplike elèv ou yo diferans ki genyen ant simityè nou konnen yo ak tonbo ki nan Ansyen Testaman an. Di yo ke abitid nan tan biblik la se te prepare kò moun ki mouri a ak remèd fèy aromat, tankou lami ak lalwa, pou konsèvasyon. Apre sa a, yo te doublé li nan yon twal epi yo mete li nan yon kavo fouye nan yon wòch oswa woche.

Kavo Jezi a te espesyal paske li te tou nèf epi li te nan yon jaden. Apre yo te fin mete kò Mèt la, yo sele antre a ak yon gwo wòch pou anpeche moun antre ladan l.

ISTWA BIBLIK

Distribye liv elèv yo, epi fè yo louvri li nan paj 68. Bay tan pou jèn timoun yo òganize an ekip epi chwazi pèsonaj nan istwa biblik la ke yo vle reprezante.

Si ou vle, mande yo pou yo fè teyat ak istwa a, oswa imite vwa pèsonaj la sèlman pou yo ka fè li plis reyèl. Si klas ou a gwo, divize li an de gwoup. Youn pral reprezante istwa biblik avan epi lòt la pral bay odyans lan. Apre sa a, yo pral chanje papye pou tout moun ka patisipe.

Si sa posib, jwenn rad oswa kostim payas pou maske. Si elèv yo santi prepare sifi, envite timoun piti soti nan lòt klas pou vin obsève pyès teyat la.

AKTIVITE YO

Tablo afichaj

Pou aktivite sa a ou pral bezwen katon, fèy blan, kreyon koulè, sizo, lakòl ak lòt materyèl pou dekore.

Mete tout materyèl yo sou yon tab pou elèv yo devlope yon miral sou istwa rezirèksyon an. Rete ap obsève pou w' ka bay konsèy oswa ede moun ki nan bezwen.

Yo ka fè desen endividyèl epi apre sa a kole yo nan yon sèl kat, oswa fè yon sèl desen kote ke pou tout moun patisipe. Pa bliye ekri tèks pou memorize a kòm tit nan miral la. Apre sa a, yo ka mete l' yon kote ki vizib.

Wòch mesaje yo

Pandan semèn nan jwenn yon ti wòch ki swa pou chak manm nan klas ou yo. Ou bezwen makè oswa kreyon koulè tou.

Remèt elèv yo materyèl yo epi mande yo pou yo ekri nan wòch yo a: JEZI VIVAN! Apre sa a, kite yo dekore li ak makè a. Di yo ke li pral sèvi yo kòm yon rapèl de viktwa Jezi sou lanmò epi sa li reprezante pou yo kòm kretyen.

Revizyon jeneral

Bay timoun yo yon boul oswa yon bagay ki mou pou yo pase l' de men an men, pandan y'ap koute yon melodi. Lè mizik la sispann, moun ki va gen objè a nan men l' dwe di yon bagay li te aprann pandan seri sa a nan leson an (pa egzanp non gouvènè women ki te jije Jezi a, bèt Jezi te moute pou li te antre nan lavil Jerizalèm, elatriye).

Kontinye jwèt la jiskaske tout moun patisipe omwen yon fwa.

POU FINI

Solicite a los que aprendieron el texto para meMande moun ki te aprann tèks pou memorize a pase devan epi resite l byen fò. Nou sijere pou w rekonpanse efò li a ak yon kado senp (pa egzanp yon kreyon oswa sirèt).

Fòme yon sèk epi mande twa volontè ki vle lapriyè. Premye a ta dwe priye pou demann yo prezante a. Dezyèm nan ap di Bondye mèsi pou ansèyman yo resevwa, epi twazyèm nan pou elèv ki pa t' ale nan klas la.

Di yo mèsi pou asistans yo pandan tout inite a. Si sa posib, fè kèk ti kat de rekonesans pou asistans ak patisipasyon pou sa yo ki te toujou vini nan klas la pandan tout semèn ki pase yo. Sa a ap ankouraje yo kontinye rete fidèl nan asistans lan.

Envite yo nan pwochen klas la pou yo kòmanse ak etid inite IV, "Bondye va ede w" epi fè ranvwa pandan n'ap chante yon chan pou fè lwanj Seyè a ki leve soti vivan.

nòt

BONDYE EDE W

Baz biblik: Jozye 10: 1-21; Jij 13: 1-25; 14: 1-20; 15: 1-17; 16: 4-31.

Vèsèpou aprann: *"Mete tout konfyans ou nan Seyè a, pa gade sous a ou konnen. Toujou chonje Seyè a nan tout sa w'ap fè, li menm la moutre w chemen pou ou pran." (Pwovèb 3: 5-6).*

OBJEKTIF INITE A

Inite sa a pral ede jèn timoun yo:

❖ Rekonèt otorite Bondye a, epi mete konfyans yo nan pwoteksyon l, menm si yo pa konprann sa k'ap pase bò kote yo.

❖ Deside swiv Bondye pou evite peche ak konsekans li yo.

LESON INITE A

Leson 19: Bondye gen kontwòl

Leson 20: Yon bon kòmansman pou Samson

Leson 21: Yon nonm trè fò

Leson 22: Yon gwo pèt

POUKISA JEN TIMOUN YO BEZWEN ANSEYMAN INITE SA A?

Nan inite sa a elèv yo ap etidye sa yo te viv ak desizyon sa yo te pran de pèsonaj nan Ansyen Testaman an: Jozye ak Samson. Atravè devlopman leson sa yo, elèv yo pral konprann ke   Bondye limenm li souveren.

Fè parèt aklè souvrènte Bondye, mete aksan sou sa tèks pou memorize a (Pwovèb 3: 5-6) ak aktivite chak leson yo.

Lè nou vin konnen ki desizyon yo te pran, aksyon ak konsekans ki te fèt nan lavi pèsonaj sa yo, elèv yo pral aprann ke Bondye gen kontwòl tout sitiyasyon yo. Sepandan, li pèmèt nou pran desizyon yo ak libète, menm si apre nou jwi oswa soufri konsekans yo.

Lè jèn timoun yo fè fas ak moman difisil yo ak soufrans, li gen anpil chans pou yo mande poukisa bagay sa yo. Petèt Bondye pa revele yo repons lan, men yo pral sonje ke li te pwomèt li t'ap ede yo reziste ak pote viktwa si nou konfye nou li.

Leson 19
Bondye Gen Kontwòl

Baz biblik: Jozye 10: 1-21.

Objektif leson an: Se pou elèv yo konprann ke Bondye souveren.

Vèsèpou aprann: *"Mete tout konfyans ou nan Seyè a, pa gade sous a ou konnen. Toujou chonje Seyè a nan tout sa w'ap fè, li menm la moutre w chemen pou ou pran."* (Pwovèb 3: 5-6).

PREPARE W POU W ANSEYE!

Jèn timoun yo ap kite kalm ak estabilite dènye anfans yo pou yo antre nan yon etap chanjman rapid nan tout sans nan lavi yo. Li posib pou tranzisyon s a dezoryante yo, konfonn e menm lakòz doulè.

Yo bezwen yon lank solid nan lavi yo. Yo dwe aprann ke byenke sitiyasyon an kapab difisil ak anmè, Bondye souveren epi pisan. Li enpòtan tou pou elèv yo konprann ke Bondye konn vini nan lavi nou pou mete lòd. Pètèt li fè sa an silans, prèske san yo pa remake sa, oswa pa manifestasyon mirak nan pouvwa li. Nan fason ke se, Bondye ki gen kontwòl tout moun, menm fòs ki plis pisan nan la nati yo obeyi li.

Kòm Seyè a souveren nan linivè a, Bondye merite fidelite nou, renmen ak obeyisans.

KÒMANTÈ BIBLIK

Jozye 10:1-21. Moun pèp Izrayèl yo te gen yon prezans militè enpòtan nan Kanaran. Yo te kraze lavil Jeriko, lavil Ayi ak lòt pèp ki te nan vwazinaj yo. Moun lavil Gabawon yo te rive twonpe Jozye pou yo te siyen yon trete pou lapè (Jozye 9). Lè lòt nasyon yo te vin konn sa, yo te mete tèt yo ansanm pou yo pini lavil Gabawon.

Malgre moun Gabawon yo te twonpe Jozye, li te konpli pwomès li epi li te ede yo. Lame a Izraelyen an, ki te relativman nouvo, te dwe goumen kont yon lame ki te soti nan senk gwo vil yon sèl kou: lavil Jerizalèm, lavil Ebwon, lavil Jamout, lavil Lakis ak lavil Eglon an. Moun pèp Izrayèl yo te espere pran lavil yo youn pa youn, menm jan yo te fè ak Jeriko ak lavil Ayi a, men plan an pa t' fonksyone.

Malgre plan imen yo te echwe, Bondye te pwomèt Jozye laviktwa. Apre sa a, li te montre pouvwa li sou lame lènmi an, lè li te mete konfizyon nan mitan yo lè Jozye te atake yo. An plis de sa, li te montre pouvwa li sou lanati, li te voye yon tanpèt lagrèl ki te detwi lame lènmi an. Li te demontre pouvwa li sou tan an lè li te reponn lapriyè Jozye te fè a epi bloke lalin nan ak solèy la. Finalman, li te montre pouvwa li sou lòt dye yo, pandan li fè pèp li a genyen batay la sou lame nasyon payen yo.

DEVLOPMAN LESON AN

Bondye te fè li

Kòmanse klas la pandan w'ap mande elèv ou yo: *Eske nou sonje kèk tan nan lavi nou lè nou te vle yon mirak fèt?* Kite pou volontè yo reponn, oswa poze kesyon an dirèkteman pa non. Mete aksan pou montre ke mirak demontre ke Bondye gen kontwòl tout sitiyasyon.

Mande jèn timoun yo pou yo louvri liv elèv yo, paj 69 epi divize klas la an ti gwoup pou yo travay nan bouyon mo yo. Rasanble elèv ou yo epi konpare mo yo te jwenn yo. Mo sa yo se: LAZA, KAMEL, ENVIZIB, ELI, WOUJ, GERI, PWASON YO, BONDYE, JOUDEN.

Fè yo sonje ke Bondye souveren; poutèt sa, li gen pouvwa pou l fè mirak. Fè mirak se yon fason Bondye montre souvrènte l' sou lanati ak lavi moun. Si ou gen tan, revize mirak Bondye te fè nan chak istwa ki reprezante nan bouyon mo yo. Sou ki aspè Bondye montre souverènte li?

ISTWA BIBLIK

Senk vil kont yon Bondye souveren

Li ansanm pasaj la ki nan Jozye 10: 1-21. Mande yo, an mezi y'ap li, idantifye diferan fòm kote Bondye te montre souvrènte li nan chak sitiyasyon. Louvri yon konvèsasyon sou tèm sa a, ou ka fè li ak kesyon sa yo:

Ki jan Bondye te montre li gen kontwòl sitiyasyon an sa a? (v. 8).

Bondye te di Jozye ke lènmi an pap ka kraze Izrayèl. An plis li te konfonn lame lènmi an lè li te voye yon tanpèt lagrèl pou atake yo. Sa a te favorize triyonf Jozye ak Izrayèl.

Poukisa Bondye te ankouraje Jozye anvan li goumen kont lènmi an?

Lame Izraelyen an pat' konpare li ak lame senk vil lènmi yo. Bondye te vle asire Jozye ke li t'ap akonpaye li, epi lame ebre a ta genyen pou li triyonfe nan batay la avèk èd Nonm Tout pouvwa a.

Bondye, èd nou nan tan pwoblèm yo

Jozye ak pèp Izrayèl la yo te rekonèt ke Bondye te souveren. Rekonesans sa a make diferans lan nan tan yo te dwe fè fas ak lènmi yo.

Li enpòtan ke ou konprann ke souvèrènte Bondye a pa limite pou mank de konpreyansyon lòm.

Li Jozye 10:19 epi reflechi sou viktwa a ke Bondye te bay moun pèp Izrayèl yo, byenke te fè fas ak yon lame ki te gen anpil moun. Ni gwosè lame a, ni pisans zam yo, ni tan yo pat' limite Bondye.

Divize klas la an ti gwoup pou reponn kesyon yo ki nan liv elèv yo, nan paj 71.

Àpre sa a, pale sou repons yo.
1. *Poukisa Jozye te ede moun lavil Gabawon yo?*

Fòs wa Amoreyen yo te mete ansanm ta atake lavil Gabawon. Moun pèp Izrayèl yo te fè yon kontra avèk Gibeyonit yo. Malgre yo te fè manti lè yo t'ap siyen kontra a, Jozye te santi li te dwe fè pati pa li a epi ede yo nan batay la.
2. *Poukisa Bondye te voye lagrèl?*

Li te itilize souvrènte l' sou lanati pou ede pèp li a nan moman yo te nan bezwen.
3. Bondye pa toujou sèvi ak mirak pou l akonpli plan li yo. *Ki sa nou panse de sa?*

Bondye nou an mèveye

Divize klas la an de oswa ti gwoup pou yo travay aktivite ki nan liv elèv yo, paj 71. Chak gwoup dwe chwazi yon sekretè pou ekri repons yo.

Ki sa sa vle di souvèrènte?

Bondye gen dwa legal pou li gouvène tout linivè a ak tout bagay ki egziste oswa

sa li ta renmen ajoute, nan fason li ta wè li bon, san limitasyon enpoze pa sikonstans oswa desizyon imen.

Ki jan souvèrènte Bondye a ede nou?

Bondye gen kontwòl lemond antye, ki gen tout mounn ladan li. Pa gen pwoblèm pou jan sikonstans yo ka difisil, Bondye gen tout bagay anba pouvwa li.

Pafwa yo konn rele wa yo ak renn yo "souveren" paske yo gen kontwòl peyi yo. Pliske Bondye souveren, ki jan nou dwe relasyone nou avè l? Nou respekte l jan li merite l la, onore non l, suiv ansèyman l yo, rete obeyisan, gen reverans lè nou nan tanp lan, ak lè nou pran tan pou nou adore ak di Bondye mèsi.

POU FINI

Kijan ou santi ou?

Bay tan pou elèv ou yo louvri liv elèv yo, paj 72, epi obsève ekspresyon ki nan figi pèsonaj yo. Mande yo pou yo fè yon wonn otou santiman yo genyen lè yo panse ak souvèrènte Bondye. (Repons ki posib: kè kontan, jennen, tris, sezi, eksite, fò, konfonn, pè, fyè).

Kite kèk volontè rakonte epi eksplike repons yo.

Li enpòtan pou w fè yon konnen ke souvèrènte san lanmou ka kriyèl epi anmè. Gen yon pwovèb vye granmoun ki di: ". Pouvwa konwonpi epi pouvwa absoli a konwonpi absoliman" Sepandan, nou pa ta dwe pè Bondye. Malgre li souveren ak pisan, li se lanmou tou.

Bondye souveren nan linivè a envite nou renmen l ak swiv Li.

Meditasyon pèsonèl

Sa a se yon bon moman pou gwoup la reflechi sou kèk aspè pèsonèl ki gen rapò ak souvèrènte Bondye nan lavi yo.

Mwen pèmèt Bondye kontwole lavi mwen, oswa mwen eseye fè l' poukont mwen?

Eske mwen enkyete m' pou sitiyasyon mwen mwen konnen byen ke Bondye gen anba kontwòl li? Poukisa?

Ankouraje yo kite tout laperèz ak tout dout nan men Bondye.

Revize tèks pou memorize a epi, alafen, mande nenpòt manm nan klas la pou mete fen pa lapriyè. Pa bliye envite yo nan pwochen klas la.

Yon Bon Kòmansman Pou Samson

Baz biblik: Jij 13:1-25.

Objektif leson an: Se pou elèv yo konprann kisa sa vle di viv nan sentete.

Vèsèpou aprann: *"Mete tout konfyans ou nan Seyè a, pa gade sous a ou konnen. Toujou chonje Seyè a nan tout sa w'ap fè, li menm la moutre w chemen pou ou pran."* *(Pwovèb 3:5-6).*

PREPARE W POU W ANSEYE!

Kòm nou konnen, mond sa a ke n'ap viv ladan l lan fin pèdi ak peche. Televizyon, radyo ak lòt mwayen kominikasyon yo pibliye aksyon ak jès imoral. Menm jan an tou, jèn timoun yo santi presyon nan men zanmi yo pou fè sa ki mal.

Nou asire nou ke yo te gentan wè pèsonaj yo renmen yo -menm espòtis popilè yo te arete yo paske yo te jwenn yo ap kondi, konsonmen oswa posede dwòg oswa fè zak imoral. Lè nou obsève konpòtman sa yo, anpil jèn timoun rive konside li kòm yon bagay ki akseptab.

Sepandan, Bondye mande nou pou nou genyen yon estil de vi diferan: Sentete. Se vrè ke se pa anpil moun k'ap viv nan sentete, men jèn timoun yo dwe konprann kisa Bondye mande: Se pou pitit li yo pa konfòme yo ak koutim mond sa a, men se pou yo viv nan sentete.

Bondye te bay Samson yon misyon espesyal pou li te ede pèp li a. Men sa te bay yon seri de kondisyon pou li te akonpli.

Jèn timoun ki kretyen yo tou gen responsablite pou yo viv dapre òdonans Senyè a. Epi, konsa kòm Bondye te avèk Samson, li te pwomèt nou l'ap avèk nou, ede nou viv nan sentete.

KÒMANTÈ BIBLIK

Jij 13:1-25. Filisti yon vilaj gèrye ki te etabli nan plenn kotyè nan Palestin, kite soti nan senk gwo vil prensipal yo pou y'al ataque izrayelit yo ak moun Kanaran yo. Yo te plis pisan pase lòt pèp yo akòz de cha degè yo, nepe yo ak frenn an fè yo te genyen.

Yon jou, yon zanj Bondye parèt devan manman Samson epi li te di li ke li pral genyen yon pitit se yon Nazirit li va ye. Kòm yon siy pwomès Bondye, yo pa ta dwe koupe cheve l, li pa t' kapab bwè diven, ni manje fwi nan pye rezen, ni manyen kadav. Plan Bondye a pou Samson se te pèp Izrayèl la anba atak Filisti yo.

1 Pyè 1:15. Bondye vle itilize pitit li yo pou sèvis; sepandan, li tabli règ pou kondwit ke nou dwe swiv. Li mande obeyisans ak sentete. Sa pa vle di nou ta dwe sen tankou li, nou se èt imen, men nou dwe gen karaktè li, ki sen, paske nou te fèt ak imaj li. Menm jan yon vè dlo ki soti nan oseyan gen menm pwopriyete yo ak oseyan, se konsa tou nou menm ki moun nou dwe genyen bonte ak sentete Bondye.

Fason nou viv ak konvèsasyon nou dwe reflete sentete sa a. Sa ki se nan kè a manifeste poukont li nan tout aspè nan lavi a. Nan Ansyen Testaman an, sentete gen ladan l rit ak seremoni, men nan Nouvo Testaman an, sentete a se yon pati entegral nan lavi chak jou. Bondye rele nou pou nou viv apa li epi viv yon lavi pwòp ki reflete chanjman ke li te fè nan nou an.

DEVLOPMAN LESON AN

Ki moun Samson te ye?

Nan yon tablo oswa yon gwo fèy papye ekri, kòm tit: "Samson". Apre sa a, mande elèv ou yo pou yo di tout sa yo konnen de nonm sa a: non paran l', kote li fèt, okipasyon, karakteristik, kote li te rete, si li te marye oswa selibatè, elatriye

Ekri enfòmasyon yo ba ou yo sou tablo a. Si sa posib, bay yo diksyonè biblik, ansiklopedi oswa komantè biblik, epi ankouraje yo dekouvri plis bagay sou Samson.

Revizyon

Li enpòtan pou w' tcheke si elèv ou yo konprann sa ki souverènte Bondye a nan lavi nou. Kalite kesyon pou ede yo ranfòse aprantisaj la, pa egzanp: *Ki sitiyasyon ou te viv nan semèn nan avèk mwens preokipasyon paske ou te mete konfyans ou nan Bondye?*

Ki sa ou panse?

Bay tan pou elèv ou yo li youn apre lòt deklarasyon yo ki nan liv travay la, paj 73. Apre sa, li yo tout ansanm swiv enstriksyon sa yo:

- Si nou dakò ak deklarasyon ki koresponn lan, leve kanpe pou nou li l.
- Si nou pa dakò, li l chita.

Pran nòt pou w konnen konbyen ki dakò ak pa dakò, men evite fè kòmantè. Nan fen leson an repete aktivite a ak wè si yo ka chanje atitid yo.

Deklarasyon yo:

1) Kòm kretyen, mwen lib pou m fè sa m vle.
2) Kòm yon kretyen, mwen ta dwe mande padon si m' fè peche?
3) Fason m'ap viv pa regade Bondye.
4) Bib la gen kòmandman ki tèlman difisil ke moun paka akonpli.
5) Atravè Sentespri a, Bondye bannou pouvwa pou nou viv nan sentete.
6) Bondye vle pou nou viv nan sentete.

ISTWA BIBLIK

Samson ak Jan Batis

Sèvi ak aktivite sa a pou w konpare lavi de nazirit sa yo: Samson, Ansyen Testaman, ak Jan Batis, Nouvo Testaman.

Ansyen Testaman: Pèp yo ki te nan alantou pèp Izrayèl yo te konn adore fo dye. Anpil timoun pèp Izrayèl la, lè yo t'ap grandi, yo te vle imite yo. Yo te fè imaj, mete yo nan yad yo, epi yo bese tèt yo adore yo. Kòm moun yo te vire do bay Bondye, li te pèmèt yo gen pwoblèm. Nan zòn nan bò lanmè a se la pèp Filisti yo t'ap viv, moun sa yo ki te mechan epi fò. Pandan 40 ane yo domine tribi pèp Izrayèl yo ki te rete tou pre yo a. Moun Filisti yo te konn adore dye Dagon. Estati sa a ki te gen fas ak men moun, men kò pwason. Moun Filisti yo te bati yon gwo tanp pou Dagon nan kapital li a.

Sepandan, se pa tout pèp Izrayèl yo ki te konn adore fo dye. Gen kèk ki te renmen epi sèvi Bondye. Pami yo te gen Manoa ak madanm li, yon koup granmoun aje ki pa t' gen timoun.

Yon jou, yon zanj te di madanm Manoak konsa: "Ou pa janm te gen pitit, men ou pral vin ansent, w'a fè yon pitit gason. Se poutèt sa, koulye a pa janm bwè diven, ni ankenn alkòl, epi pa manje manje enpi, ou pral fè yon pitit gason. Pa pase razwa nan tèt li paske timoun sa a va yon nazirit pou Bondye depi li te fèt, epi li pral kòmanse delivre pèp Izrayèl la anba men moun Filisti yo ".

Lè li te di Manoa sa a, li te priye epi li di: "Seyè mwen, mwen priye w pou sèvitè Bondye a ou te voye a retounen vin kote nou epi anseye nou sa nou dwe fè ak timoun nan lè li va fèt".

Pandan madanm lan te nan jaden an, zanj lan te retounen, konsa kouri pou l'al chèche mari li. Manoa di zanj lan: "Lè pawòl ou yo akonpli, kijan timoun nan dwe viv epi kisa nou dwe fè avèk li? "

Zanj lan te reponn: "Fanm lan va evite tout sa mwen te di l' yo".

Apre sa a, Manoa ak madanm li te ofri yon sakrifis bay Bondye. Lè flanm dife sou lotèl la moute nan syèl, Manoa ak madanm li wè zanj Jewova ki te moute nan flanm dife a.

Apre yon ti tan, madanm Manoa te fè yon pitit gason, li rele l Samson. Paran li yo fè l leve kòm nazirit pou pwomès la. Yo pa t' janm koupe cheve nan tèt li ; yo pa t' janm kite li manje enpi ni bwè okenn kalite diven; Li pa t' te kapab manyen kadav. Sa a yo se kèk nan restriksyon yo ke nazirit we respekte. Samson te grandi fò epi Bondye te beni l' (Jij 13: 3-24).

Nòt enpòtan, "Samson te dwe yon nazirit. Nazirit la se se te moun sa a ke, pa mwayen yon pwomès, li mete tèt li apa pou Bondye. Paran Samson yo te fè pwomès pou li. Pa fwa pwomès sa yo konn pou yon bout tan, men nan ka Samson an se te pou tout lavi "(La Bib viv chak jou).

Nouvo Testaman: Nouvo Testaman an tou pale nou de yon lòt moun ki te anba pwomès pou li te vin nazirit.

Zakari te kite lakay li pou ale nan mòn yo al fè sèvis nan tanp lan pou Seyè a kòm yon prèt. Kòm te gen anpil prèt, li tounen vin ministre.

Zakari ak Elizabeth madanm li te renmen epi sèvi Bondye, epi tann Kris la vini. Yo pa te gen okenn pitit.

Zakari te konn pran chabon dife tou limen de fwa nan yon jou pou li te ale ofri lansan lotèl la pou Bondye. Yon bon jou, pandan l'ap antre nan sanktyè a pou l' pfri lansan bay Bondye, Zakari te wè yon zanj epi li te pè.

Zanj lan te di li konsa: "Nou pa bezwen pè, paske oriyè ou yo egzose epi Elizabèt, madanm ou, pral ba ou yon pitit gason, li va rele l' Jan. Ou pral gen jwa ak kè kontan, epi anpil moun pral kontan pou nesans li; l'ap vin yon grannèg devan Bondye. Li pa bwè diven non, ni ankenn alkòl, epi li dwe ranpli ak Sentespri a, depi nan vant manman l'. Li pral fv anpil pitit Izrayèl retounen vin jwen Seyè a Bondye yo a. Apre sa a, li va mache devan l' nan Lespri Bondye a ak pouvwa Eli a, n yo, pou te prepare yon pèp ki prè pou Seyè a". Zakari te wè sa a kòm yon bagay ki te etonan sa zanj lan di a, se konsa li te mande: "Ki jan pou m' konnen sa a? Paske mwen menm fin vye granmoun epi madanm mwen fin nan laj avanse ".

Zanj lan reponn li: "Mwen se Gabriyèl, mwen kanpe devan Bondye; epi li te voye mwen pou m pale ak ou epi ba ou bon nouvèl sa a. Epi depi kounye a ou va rete san pale jouskaske jou sa a va rive, paske ou pa kwè pawòl mwen yo ki gen pou rive nan tan yo. "

Moun yo ki nan lakou tanp lan t'ap mande poukisa Zakari te mize nan sanktyè a konsa. Lè li te resi soti anfen li pa t' kapab pale. Li te ka fè sin sèlman pou li kominike. Lè sa a, yo te konprann ke "li te wè yon vizyon nan tanp lan." Nan ranpli ministè li a, li te ale lakay li. Apre sa, Elizabèt, madanm li vin ansent, li fè yon pitit gason.

Dapre koutim jwif la, papa a te konn bay timoun nan non apre ywit jou apre li fin fèt. Jou sa a fanmi yo ak zanmi yo te reyini, tann timoun lan pote non papa l.

Lè Elizabèt te anonse ke ti bebe a te rele Jan, tout moun te gade Zakari pou yo te wè ki reyaksyon l. Men, li te ekri sou yon ti tablo: "Jan se non li." Lè sa a, li te vin ka pale epi li te fè lwanj Bondye. Apre sa, li pwofetize ke pitit gason l' ta ale devan Seyè a prepare wout la. Jan ta pral anseye moun pou yo kapab sove si yo repanti de peche yo.

Jan te grandi gwo epi fò. Lè li te gen 30 lane, li te kite lakay li epi kòmanse preche bò rivyè Jouden an. Moun ki soti nan tout lòt peyi te vin tande l, epi li te batize moun ki repanti nan peche yo. Yon jou Jan te gen privilèj pou li te batize Jezi. Kòm li t'ap batize moun, yo te rele li Jan Batis (Lik la 1: 13-24, 57-66).

Menm bagay oswa diferan?

Konpare, ansanm ak elèv ou yo lavi Samson ak pa Jan Batis la. Divize tablo a an de kolòn. Nan youn ekri resanblans yo epi nan lòt la ekri diferans yo. Gade egzanp yo:

Resanblans yo: Paran li yo pa te gen okenn pitit; nesans tou de te espesyal; Bondye te mete yo apa pou yon misyon espesyal; yo te vin nazirit, elatriye.

Diferans yo: Yo t'ap viv nan peryòd diferan; Juan te fè fas ak opozisyon lidè yo relijye yo; Samson te fè fas opozisyon Filisti yo. Samson sove moun yo soti nan opresyon moun Filisti yo; Jan t'ap mache prese sou repantans.

Annou reflechi

Prepare alavans yon afich ki gen imaj yon moun ki reprezante yon "sen" oswa gen yon kouwòn sou tèt li. Mande gwoup la: *Poukisa nou di ke moun sa a sen?* Koute repons yo epi ekri yo sou tablo a.

Anjeneral jèn timoun yo panse ke sentete a se yon bagay ke moun pap ka rive reyalize oswa se sèlman pou granmoun aje yo.

Li enpòtan pou n' konnen ke, lavi ki apa pou Bondye ale pi lwen pase yon pozisyon oswa kondwit yon moun ka afiche nan tanp lan. Nou ka pretann ke nou se moun k'ap sèvi Bondye pandan ke nou nan tanp lan oswa devan lòt moun, men nou dwe demontre lavi ki apa pou Bondye a nan lavi nou chak jou, nan fason n'ap sèvi ak moun.

Mete aksan ke egoyis, malonètete, enjistis, manti, dezobeyisans, jalouzi, ipokrizi, move kòmantè yo, endiferans devan lòt moun ki nan soufrans, abi, blag, mo ki gen doub sans, elatriye., sa a yo se pa karakteristik yon moun k'ap viv nan sentete.

Mande yo: *Èske li posib pou yon ti fi oswa yon ti gason nan laj li nan plen ventyèm syèk la viv yon lavi de sentete? Ki jan w ka viv dapre sa Bondye vle pou nou?*

Li ansanm 1 Pyè 1:15. Fè yo sonje ke lavi ki apa pou Bondye a gen ladan li: Pataje sa nou genyen ak lòt moun; gen konpasyon nan bezwen lòt moun; obeyi Bondye ak paran nou yo; se pou nou onèt nan itilize tan ak lajan; Toujou pale verite a; evite tripotay; respekte moun epi sèvi byen ak lòt moun. Ankouraje yo chèche zanmi ki pou sipòte yo nan li Bib la chak jou, patisipe nan tan adorasyon kòm fanmi oswa nan tanp lan.

Sa ki pi difisil la

Divize klas la an ti gwoup. Mande yo, pandan y'ap sèvi avèk aktivite liv elèv yo, paj 76, fè yon lis de plan kote se pi difisil pou soumèt ou anba volonte Bondye, swa pa presyon kanmarad oswa paske konpòtman sa a komen nan gwoup oswa kominote kote y'ap viv la. Ankouraje yo mande èd Bondye pou yo ka viv nan sentete epi reziste anba tantasyon.

POU FINI

Fini klas la pandan w'ap fè yon lòt lekti sou deklarasyon yo ki nan liv elèv yo, paj 73 epi wè si yo chanje fason yo te konn panse. Apre sa a, lapriyè pou yo chak epi mande Senyè a pou li ede yo viv dapre sa pawòl sa yo ki nan 1 Pyè 1:15.

Repete tèks pou memorize a ansanm.

Leson 21
Yon Nonm Ki Gen Anpil Fòs

Baz biblik: Jij 14:1-20; 15:1-17.

Objektif leson an: Se pou elèv yo konprann ke relasyon yo ak Bondye se yon obligasyon.

Vèsèpou aprann: *"Mete tout konfyans ou nan Seyè a, pa gade sous a ou konnen. Toujou chonje Seyè a nan tout sa w'ap fè, li menm la moutre w chemen pou ou pran." (Pwovèb 3:5-6).*

PREPARE W POU W ANSEYE!

Lè jèn timoun yo fè fas a yon zanmitay chanjan, souvan fwa y opa deside konsève li paske li pa vo lapèn. Y'ap aprann ke etabli epi kiltive yon bon zanmitay mande anpil efò. Si sèlman yon sèl moun k'ap bay, san li pa resevwa anyen nan men lòt la, relasyon sa a pap' dire lontan.

Egzanp sa a pral ede yo konprann yo relasyon ki genyen ant Bondye ak pèp li a dwe resipwòk. Bondye ap tann obeyisans ak fidelite nan men pèp li a, kòm repons lanmou otantik li montre nou. Pou kenbe relasyon an, tou de pati yo ta dwe travay pou objektif sa a.

Bondye te siyen yon kontra avèk Samson. Epi menm si li pa t' toujou konpòte li kòrèkteman, Bondye te akonpli pati kontra pa l la epi travay atravè yon Samson kip a t' kòrèk pou reyalize plan l yo.

Ou pral ankouraje jèn yo pandan w'ap fè yo konnen ke yo pa bezwen bon nèt pou yo rive genyen yon relasyon ak Bondye. Sepandan, yo dwe respekte kondisyon Bondye yo pou yo ka konsève li.

KÒMANTÈ BIBLIK

Jij 14:1-20; 15:1-20. De chapit sa yo sou lavi Samson yo konplike anpil, yon konbinezon de komedyen ak trajedi. Samson te montre imilite ak lògèy an menm tan. Li te fè tèt di, men rekonèt ke fòs li te soti nan Bondye. Nan Samson nou wè yon fòs enkwayab, men li te manke disiplin epi li te kite emosyon yo domine li. Bagay ki pi enpòtan nan istwa sa a se ke li montre fidelite ak dispozisyon Bondye pou l' sèvi ak yon sèvitè enpafè pou li reyalize plan l' yo.

Depi nan konmansman an nou wè Samson nan fè tèt di pandan li t'ap aji kont volonte paran l yo. Li te chwazi madanm li, yon dwa ki te rezève pou paran li yo sèlman, nan moun Filisti yo, pa moun pèp Izrayèl la. Sepandan, Bondye te itilize tèt di Samson an pou ankouraje Izrayelit yo, sa yo ki te sanble satisfè ak opresyon Filisti yo.

Pi devan nan istwa a, nou wè ke Samson vyole kontra pou l pa t' kontamine li. Lè l te bwè siwo myèl nan kadav yon lyon, li te marye ak yon fanm filisti epi pwovoke konpetisyon nan pèdi tan, li te montre li pa t' gen matirite. Sa a te mennen sèvi ak emosyon li san kontwòl ak fòs enkwayab sa Bondye te ba li a.

Malgre mank de disiplin li, Samson pa t' janm bliye sous fòs li a, epi Bondye pa janm abandone '.

Jèn timoun yo bezwen aprann ke Bondye fidèl menm lè nou menm nou ta fè fayit. Yo dwe konnen tou ke yo gen responsablite pou yo pran swen relasyon yo ak Bondye epi viv nan obeyisans ak renmen pou li.

DEVLOPMAN LESON AN

Responsab yo

Distribye liv elèv yo epi ekri kesyon sa a yo sou tablo a:

Èske ou responsab? Ki privilèj ou ta resevwa jwenn nan men paran ou yo oswa granmoun aje yo?

Koute repons yo, epi fè yo ranpli akwostich yo sijere nan liv travay la. La a nou sijere kèk repons ki ka ede moun ki gen difikilte pou fè aktivite a.

Reponn ak jantiyès lè yo poze m' yon kesyon.

Etidye depi davans pou egzamen.

Salye granmoun aje yo.

Bay atansyon mwen sou enstriksyon paran m' yo ak pwofesè yo.

Mete zafè m' yo nan lòd (rad, liv, diskèt yo).

Refize antre tèt mwen nan move zak.

Retire fatra a san yo pa bezwen repete m' li.

Pran swen bèt kay mwen.

63

Bale kizin nan oswa lakou a.

Li enstriksyon yo ak anpil atansyon lè m'ap fè devwa.

Pran swen ti frèm ak sèm yo lè paran mwen yo fatige.

ISTWA BIBLIK

Se pou elèv ou yo chita an sèk. Lè sa a, mande: *Kisa ki ka rive lè relasyon ant paran yo ak timoun yo kraze?*

Li pral mal fonksyone si paran yo febli oswa si timoun yo pa fè travay pa yo a. Pou tout relasyon ka gen tèt ansanm, sa mande efò ak travay.

Nan tan biblik, Bondye te vle gen yon relasyon nan tèt ansanm ak pèp li a. Malerezman, moun pèp Izrayèl yo te vire do bay Bondye epi tonbe nan men moun Filisti yo. Lè sa a, Bondye te chwazi Samson pou fè yo reyaji epi fè yo wè ke li te siperyè pase lòt dye payen lòt pèp yo te konn adore yo. Kontra nazirite a te fè pati relasyon espesyal ant Bondye ak Samson. Si li te enstriksyon Bondye yo, li t'ap ba l fòs ki nesesè pou fè fas ak moun Filisti yo.

Men, yon bagay tris te rive Samson ki pa t' kenbe pwomès pa l' la ak Bondye.

Fè lekti leson an epi fè yon deba sou sa ki te pase pèsonaj sa a.

Chemen revanj lan

Sèvi avèk aktivite nan liv elèvyo, pandan w'ap fè yon deba sou reyaksyon Samson yo. Ankouraje chak elèv pou yo patisipe pandan y'ap reponn kesyon sa yo:

1. *Ki premye erè Samson te fè?*
   Li te chwazi yon madanm Filisti inyore konsèy paran l yo (Jij 14: 2).

2. *Poukisa ou panse paran Samson yo pa t' vle li marye ak fanm Filisti yo?*
   Moun Filisti yo te konn sèvi zidòl; yo te konn adore estati Dagon an. Paran Samson yo te vle l' marye ak yon fanm nan pèp Izrayèl la ki ta adore sèl vrè Dye a (14: 3).

3. *Ki jan Samson te montre gwo fòs li a?*
   Lè li te touye yon lyon ak pwòp men li (14: 5-6).

4. *Ki kote Samson te jwenn lide divinò a?*
   Lè li te wè myèl la ak kasav siwo ki te nan kadav lyon mouri a (14: 8-9).

5. *Ki Samson te fè pou li te peye moun ki te reponn li adivinans li a?*
   Li te touye 30 Filisti, li pran rad sou yo, li te bay 30 moun ki te reponn li adivinans lan (14: 10-19).

6. *Poukisa Samson te kenbe rena yo epi mare yon ti dife nan dèyè yo chak?*
   Li te vle fè revanj paske bòpè li a te pran madanmm Samson an bay yon pi bon zanmi Samson (14: 20-15: 5).

7. *Ki sa Filisti yo te fè lè Samson te boule rekòt yo?*
   Yo touye madanm Samson an ak papa fi a. Yon move aksyon Mennen konsekans ki grav (15: 6).

8. *Kisa Samson Filisti yo k' te vle mete men sou li?*
   Li touye mil moun ak zo machwè yon manman bourik (15: 11-16).

9. *Ki sa Bondye te fè Samson apre li te fin detwi Filisti yo?*
   Kòm Samson te fatige epi swaf, Bondye louvri yon sous dlo konsa, li te rafrechi epi reprann fòs (15: 18-20).

10. *Kisa istwa sa a moutre nou sou relasyon Bondye avèk Samson?*
    Kèk fwa Samson te fè tèt di epi rebèl. Li te konnen ki kote fòs li a te soti; li te konnen objektif Bondye gen pou lavi li. Epi, li te prè pou l' sèvi ak fòs li kont moun Filisti yo. Pandan tan sa a, Bondye pa t' janm abandone l' li te pran pasyan avèl.

Fòs yo ak feblès yo

Èske se te bon kalite li yo oswa feblès li yo ki te mete Samson nan pwoblèm yo? Diskite sou rezilta desizyon ke Samson te pran yo. Raple jèn timoun yo ke move desizyon yo toujou bay move rezilta. Sepandan, Bondye te akonpli pati pa l' la nan relasyon li ak Samson, li te ba l' fòs lè li te nan bezwen.

Mande yo pou yo sèvi ak aktivite ki nan liv elèv yo pou reyalize yon lis karakteristik Samson kòm moun.

Apre sa a, ba yo tan pou yo ekri ki jan yo imajine yo kijan istwa sa a t'ap ye si Samson te pran bon desizyon (paj 79 nan liv elèv yo).

POU FINI

Bay tan pou tout moun reponn de kesyon yo endividyèlman sou dènye aktivite ki nan liv elèv yo, paj 80. Lè sa a, li Filipyen 4:13 ansanm, epi fòse yo pran bon desizyon pandan semèn nan.

Pa bliye pase yon tan nan lapriyè anvan ou voye yo ale, epi envite yo nan pwochen klas la pou yo yo etidye dènye leson ki nan inite sa a.

Yon Gwo Pèt

Baz biblik: Jij 16:4-31.

Objektif leson an: Se pou ede elèv yo konprann ke pran desizyon tèt chaje toujou pote move konsekans.

Vèsèpou aprann: *"Mete tout konfyans ou nan Seyè a, pa gade sous a ou konnen. Toujou chonje Seyè a nan tout sa w'ap fè, li menm la moutre w chemen pou ou pran." (Pwovèb 3:5-6).*

PREPARE W POU W ANSEYE!

Li bon pou ke jèn timoun yo konnen ke desizyon y'ap pran yo toujou pote konsekans, epi kèk nan yo pral fè enpak sou lavi yo. Istwa Samson an te kòmanse ak gwo pwomès, men li te fini an trajedi. Move desizyon li yo te gen efè negatif. Li te bliye sa ki te objektif la nan lavi li epi pèdi konsantman, li pa t' veye sou aksyon li yo.

Jèn timoun yo dwe reflechi sou desizyon y'ap pran yo, espesyalman lè y'ap chwazi zanmi.

Atravè istwa Samson an y'ap aprann ke lè desizyon yo pa sijè a volonte Bondye, sa toujou pwodwi konsekans ki fè mal. Fè yo sonje ke li vle kenbe yo lwen move desizyon yo, epi l'ap fidèl pou li ede yo si yo chèche bon konprann Bondye a.

KÒMANTÈ BIBLIK

Jij 16:4-31. Istwa Samson an ak Dalila trajik, paske li te anpeche bèl plan Bondye te gen pou lavi l'. Vye desizyon tèt pa dwat sa a yo detounen li, se rezon ki fè li te fini avèg epi kòm esklav moun Filisti yo. Istwa li montre nou ki jan nou kapab detwi yon bon relasyon ak Bondye byen vit.

Samson te dwe pase lwen Dalila. Bib la pa di ke li te yon fanm peyi Filisti, men li te gen gwo rapò ak pèp sa a, epi lidè peye l' pou li te ka dekouvri sekrè fòs Samson an. Apre plizyè fo repons, anfen li te bay li akòz de pèsistans li epi revele sekrè li a.

Kòm rezilta desizyon sa a, Samson te pèdi cheve l' la, fòs, vizyon ak libète. Men, istwa a pa fini la. Filisti yo pa t' panse de fidelite Bondye. Pandan Samson t'ap pile grenn nan prizon an, cheve nan tèt li a te grandi ankò.

Nan selebrasyon lonè pou estati Dagon an, Filisti yo te menen Samson tou pou pase l' nan rizib. Men, lè li te priye pou fòs, Bondye te reponn li. Ebyen, li te kraze de gwo poto tanp lan, konsa estrikti a tout antye tonbe plat atè, li te touye tèt li ak plizyè mil Filisti.

Istwa Samson an montre ke pran desizyon san bon konprann mennen destriksyon, men tou, montre Bondye rete fidèl, malgre feblès lòm.

DEVLOPMAN LESON AN

Fas ak presyon yo

Mande elèv yo: *Èske nou konn santi presyon pou nou fè yon bagay ki p a kòrèk?* Mansyone nenpòt egzanp, epi kite youn nan elèv yo pale de yon sitiyasyon an patikilye. Di yo ke presyon kanmarad yo fò anpil nan etap sa a nan lavi yo. Nan leson sa a Jodi a yo pral aprann sou yon nonm ki sede presyon yo epi li te soufri konsekans terib.

Montre figi kèk pèsonaj ki soti nan mond atistik la oswa espòtif la ke elèv yo konnen. *Kouman ou ta wè yo san cheve? Li ta afekte vwa yo oswa teknik yo nan espò a?* Koute kòmantè elèv ou yo, epi lè sa a prezante pèsonaj ki nan leson sa a, ki te pèdi cheve nan tèt li paske li te enpwesyone pa yon move moun.

ISTWA BIBLIK

Tou depann de kantite elèv ki nan klas ou a, òganize yo pou yo ka reprezante dram yo sijere nan liv elèv la, paj 81 ak 82. Yon lòt opsyon se chwazi kèk elèv pou li pasaj la ki nan Jij 16: 4-31 sou fòm dram, anchaje chak moun yon pèsonaj. Tou de metòd yo mande pratik davans pou li ka dinamik epi ki enteresan pou lòt moun.

Desizyon yo

Divize klas la an ti gwoup, an koup, oswa bay chak moun yon kesyon, epi mande yo pou yo travay nan aktivite ki sijere nan liv elèv yo, paj 83. Bay tan sifi pou yo reponn kesyon yo. Lè tan fini, fè yo fè echanj repons yo.

1. *Ki lè echèk Samson an te kòmanse?*
   Lè li te fè Dalila konfyans.
2. *Kisa Samson te ka fè pou evite echèk li a?*
   Evite Dalila.   Mande èd, bon konprann ak fòs Bondye.
3. *Kisa ki te pase Samson lè l te bay Dalila sekrè a?*
   Li te kraze pwomès li te fè ak Bondye a, li te pèdi fòs li yo epi moun Filisti yo te kaptire l.
4. *Ki te fè ou te montre Samson mwen pa t 'dwe fè konfyans sou Dalila?*
   Ensistans la nan kesyon li yo epi pafwa te deja enfòme theists yo filis- sous la nan fòs li.
5. *Ki sa ou panse Bondye te vle pou lavi Samson?*
   Se pou li te obeyi lwa li yo epi sèvi ak fòs li te ba li a.
6. *Selon opinyon pa ou, poukisa lavi Samson te fini nan fason sa?*

Move Desizyon = konsekans grav

Ekri fraz sa yo nan ti kat, epi bay chak elèv ou yo youn. Yo pral bezwen tounen fas yo pou yo li ti kat yo. Kèk nan yo dwe li desizyon yo epi lòt moun konsekans yo. Apre yo fin li chak "konsekans", pran yon ti tan pou w diskite sou pwoblèm nan. Sa a se yon bon opòtinite pou mete aksan sou valè kretyen yo nan lavi elèv ou yo.

Desizyon	Konsekans
Chwazi move konpay.	*Mwen pral gen pwoblèm.*
Pran poul nan egzamen.	*Mwen pa pral aprann.*
Rete ak yon bagay etranj.	*Moun pap' kwè nan mwen.*
Fè sèks anvan maryaj.	*Gwosès prekòs.*
Fè moun fache.	*Li pral lakòz batay.*

Ou kapab ajoute plis kat, tou depann de kantite elèv ou genyen.

Memorizasyon

Li pwobab pou anpil nan elèv ou yo memorize kèk nan vèsè yo. Nou sijere w rekonpanse yo ak kèk dous oswa lòt kado senbolik kòm ankourajman. Nan fason sa a se pou w rekonèt efò chak elèv.

POU FINI

Rasanble elèv ou yo pandan w'ap fè yon sèk. Se pou nou priye mande Bondye fòs pou fè fas ak presyon negatif zanmitay yo, se konsa yo va toujou pran desizyon ki kòrèk.

Fè yon ti revizyon tou brèf de sa yo te aprann pandan kat leson sa yo, epi ankouraje yo vini nan pwochen klas la pou kòmanse yon etid sou yon nouvo inite.

KREYASYON AN

Baz biblik yo: Jenèz 1: 1-28; 1: 26-30; 2:15, 16-17; 3: 1-24; 8:22; Jòb 38: 1-11; Sòm 8: 1-5; 8: 3-9; 95: 3-5; 102: 25-27; Ezayi 48: 12-13; Jeremi 10: 11-13; Women 3:23; 5: 8, 18-19.

Vèsèpou aprann: "Wi, se ou ki fòme tout pati nan kò m; se ou ki ranje yo byen ranje nan vant manman m. M'ap fè lwanj ou, paske ou pa manke fè bèl bagay; mwen konn sa byen ." (Sòm 139: 13-14).

OBJEKTIF INITE A

Inite sa a pral ede jèn timoun yo:

❖ Aprann sou Bondye kreyatè a epi dekouvri ke nou te kreye avèk "pòtrè epi sanble avè l'".

❖ Rekonèt enpak peche a nan relasyon nou ak Bondye.

❖ Aksepte responsablite ke Bondye te ban nou pou n pran swen kreyasyon li a.

LESON INITE A

Leson 23: Gran Kreyatè nou an

Leson 24: Se pa yon kout chans

Leson 25: Nou espesyal

Leson 26: Pyèj peche a

Leson 27: Bondye te ban nou yon misyon

POUKISA JEN TIMOUN YO BEZWEN ANSEYMAN INITE SA A?

Ansèyman inite sa a pral ede elèv ou yo konnen orijin yo ak poukisa yo te kreye. Nan dènye tan sa yo, se lè kote gen anpil teyori evolisyon ak orijin espès yo ki vin plis popilè chak jou, yo pral reyafime sa yo byen konnen deja, ke Bondye se Kreyatè linivè a epi sèl moun ki gen pouvwa pou bay tout èt vivan souf.

Atravè ansèyman sa yo, yo pral aprann ki diferans ki genyen ant teyori evolisyonè ak prensip biblik sou kreyasyon linivè a.

Li enpòtan pou ke elèv yo gen konesans ase pou yo defann kwayans yo epi kenbe reziste kont ansèyman evolisyonè yo ke y'ap resevwa nan lekòl la. Ede yo konprann ke Bondye kòm kreyatè epi pwotektè linivè a, merite obeyisans nou, rekonesans ak renmen.

Leson 23
Gran Kreyatè Nou An

Baz biblik: Jenèz 1: 1-28; 8:22.

Objektif leson an: Elèv yo ap gen sètitid la ke Bondye se kreyatè a ak Sustainer nan linivè la.

Vèsèpou aprann: *"Wi, se ou ki fòme tout pati nan kò m; se ou ki ranje yo byen ranje nan vant manman m. M'ap fè lwanj ou, paske ou pa manke fè bèl bagay; mwen konn sa byen."* (Sòm 139: 13-14).

PREPARE W POU W ANSEYE!

Pwobableman pi fò nan elèv ou yo te deja tande istwa kreyasyon an depi lè yo te piti. Sepandan, nan okazyon sa a yo pral etidye li sou yon lòt fòm. Kòm yo deja konnen nan ki lòd Bondye te kreye syèl la, tè a, zetwal yo, bèt ak moun, kounye a yo dwe aprann ki sa li vle di fè pati kreyasyon mèveye Bondye a.

Nan liv jewografi yo a, byoloji ak istwa yo, yo te aprann enfòmasyon sou konpòtman bèt yo, frakas volkan an ak konpleksite atòm nan. Fwa sa a, yo pral aprann konnen Kreyatè tout mèvèy sa yo.

Se lapriyè nou ke, pa mwayen leson sa a yo, elèv ou yo aprann pran swen kreyasyon an, onore Kreyatè a epi konprann ke Bondye te kreye yo ak imaj li epi resanblans li.

KÒMANTÈ BIBLIK

Jenèz 1: 1-28; 8:22. Lè nou li istwa kreyasyon an, nou reyalize majeste ak pouvwa Bondye a sou tout sa ki egziste. Bib la pa pwouve egzistans Bondye; li jis di ke li egziste (Jenèz 1: 1). Nan mitan dezòd ak vid, Bondye nan souverènte li, li te trasfòme yon plas vid an mond mèveye ke nou konnen epi n'ap jwi kounye a. Li te kreye mond lan ak tout sa ki egziste. Sa vle di, kòm kreyatè, tout bagay se pou li.

Istwa kreyasyon an pi plis pase yon lis de sa Bondye te fè. Li pale nou de nati Bondye menm. Lè nou li fraz "Se pou limyè parèt", nou reyalize pouvwa ak otorite Bondye sou evènman ak lanati.

Lòd kreyasyon an revele nou yon Bondye ki gen bon konprann epi ki konn pran swen. Yon egzanp sou sa a se lè nou wè kijan li te kreye dlo a anvan pwason yo, syèl la anvan zwazo yo, li te fòme tè a anvan li te kreye plant yo ak bèt yo.

Bagay ki pi enpòtan se ke li pa sèlman Kreyatè a, men tou, Pwotektè tout sa ki egziste. Se akoz de men li ki fè lanmè a pa debòde epi rivyè yo swiv kous natirèl yo. Sepandan, noumenm lòm nou souvan bliye plas nou tankou kreyati, epi nou pran wòl chèf absoli, samblan menm kreye nouvo fòm de vi ak syans. Men, Bondye te kreye nou pou fè lwanj li epi viv nan kominyon avè l.

DEVLOPMAN LESON AN

Men kreyatif yo

Pou aktivite sa a ou pral bezwen yon ti pat pou fè modèl (farin) oswa labou atizana, ti baton an bwa ak nap plastik.

Anvan elèv ou yo rive, pwoteje tab la ak nap oswa sachè plastik, epi distribye materyèl travay yo. Eksplike klas la ke aktivite a se nan lide pou fè yo sèvi ak men yo epi imajinasyon yo pou kreye kèk eleman nan lanati (egzanp, yon pye bwa, yon vòlkan, yon flè, yon bèt, elatriye).

Lè sa a, se pou chak montre travay yo te fè. Eksplike yo ke menm jan ak yon moso tè, san fòm, yo te kreye yon figi, Bondye te kreye linivè a lè li pa t' gen onkenn fòm epi fènwa. Pandan etid inite sa a yo pral etidye sou Bondye, Kreyatè linivè a.

Ala yon lavi!

Mande pou de volontè distribye liv elèv yo. Apre sa a, mande klas la pou yo louvri li nan paj 85.

Li kesyon yo awotvwa pou gwoup la ka reponn yo, epi ekri repons yo sou tablo a. Apre sa a, diskite sou enpòtans pye bwa yo genyen nan lanati.

Eksplike ke pye bwa yo pwodwi oksijèn. Anplis de sa, bwa li yo itilize pou fè kay, mèb, kreyon, papye, elatriye.

Swiv endikasyon yo

Fè elèv yo gade nan paj 86. Di yo, gade ilistrasyon an ak anpil atansyon, idantifye preferans yo ak aktivite timoun yo ke yo pi renmen an, epi fè yon lis sou tablo a.

Apre sa a, mande yo: *Ou panse nou kapab konnen pèsonalite nan timoun nan atravè aktivite li pi renmen yo?*

Baze sou lis la, detèmine kèk nan karakteristik timoun nan ak pèsonalite li. Pa egzanp, ilistrasyon an montre ke enterese nan mizik. Aktivite sa a mande pasyans pou aprann jwe yon nouvo enstriman epi detèminasyon pou pratike kontinyèlman. Li te montre ke li renmen espò tou. Aktivite sa a egzije efò fizik ak disiplin.

Pou fini aktivite a, di yo: *Atravè aktivite yo ke timoun sa a pi renmen an, nou ka konnen yon pati nan pèsonalite l. Jodi a nou pral etidye kreyasyon an epi nou pral aprann ki sa yo di nou sou pèsonalite Bondye.*

ISTWA BIBLIK

Chwazi nenpòt nan metòd sa a yo pou w rakonte istwa biblik la: Rakonte istwa a kreyasyon ak pwòp mo pa ou; kite elèv ou yo li l nan Bib la oswa itilize videyo ki pale de istwa a.

Toujou sonje gen Bib la yon kote ki vizib, konsa elèv yo va konnen ke se yon istwa ki nan pawòl Bondye a.

Li pwobab pou anpil nan elèv ou yo konn kèk detay sou istwa sa a. Se poutèt sa, nou sijere ou fè yo patisipe aktivman pandan w'ap rakonte istwa a.

AKTIVITE YO

Se sèlman Bondye...

Distribiye fèy papye ak kreyon koulè. Mande elèv yo pou yo ekri kòm tit "Se sèlman Bondye ki te kapab fè..." Apre sa a, moutre yo pou yo fè yon ilistrasyon ak sa a.

Tout moun dwe pase devan epi montre travay li a ki fini, lè li di: "Se sèlman Bondye ki te kapab fè... (Volkan, rivyè, nèj, elatriye)".

Mete tout travay yo yon kote ki vizib pou fòme yon miral pou kreyasyon an, se li ki pral anrichi chak leson inite a.

Jwenn repons yo nan kesyon ou

Divize klas la an de. Apre sa a, fè yo jwenn vèsè yo sijere nan konkòdans ki nan paj 87 nan liv elèv yo.

Lè sa a, fè yo ekri nan pati ki pi ba nan referans biblik yo ki koresponn ak chak fraz.

1) Bondye te kreye mond lan (Mak 13:19).
2) Tout sa Bondye te kreye yo se bon bagay (1 Timote 4: 4).
3) Bondye te kreye ak pwòp imaj li (Jenèz 1:27).
4) Sou setyèm jou a, Bondye te repoze de tout zèv li yo (Jenèz 2: 3).
5) Ou dwe sonje Kreyatè w la pandan w' jèn (Eklezyas 12: 1).
6) Depi nan kreyasyon mond lan Bondye te manifeste byen klè (Women 1:20).

Ki sa kreyasyon an anseye w' sou...?

Yon fwa ankò, divize klas la an de pou yo reponn kesyon yo ki nan paj 88 nan liv la. Di yo pou yo dyaloge sou sa yo te aprann sou Bondye nan istwa kreyasyon an.

Apre sa a, chak koup ap gen pou di repons yo a devan lòt timoun yo.

POU FINI

Fè elèv yo gade nan Bib yo pou yo li Sòm 139: 13-14 byen fò. Esplike yo ke sa a se tèks pou yo memorize pou inite a, epi di yo: *Bondye te kreye lemonn antye epi kreye èt imen yo. Sepandan, pafwa nou bliye jan de bèl kò sa a Bondye te ban nou an. Vèsè sa a pral fè nou sonje enpòtans sa genyen lè nou vin konnen se Bondye ki te kreye nou pou n fè lwanj li.*

Revize tèks pou memorize de fwa. Apre sa a, priye pou di yo orevwa epi remèsye Bondye pou bèl kreyasyon epi paske li pèmèt nou konnen li atravè kreyasyon sa a.

Leson 24

Se Pa Yon Kout Chans

Baz biblik: Jenèz 1: 1, 27; Jòb 38: 1-11; Sòm 95: 3-5; 102: 25-27; Ezayi 48: 12-13; Jeremi 10: 11-13.

Objektif leson an: Se pou elèv yo konprann ke orijin lavi ak linivè a soti nan Bondye, Kreyatè a.

Vèsèpou aprann: *Wi, se ou ki fòme tout pati nan kò m; se ou ki ranje yo byen ranje nan vant manman m. M'ap fè lwanj ou, paske ou pa manke fè bèl bagay; mwen konn sa byen."* (Sòm 139: 13-14).

PREPARE W POU W ANSEYE!

Syans ak lafwa se pa de mo ki souvan gen rapò. Olye de sa, sosyete a pran abitid separe yo. Anpil pwofesè sèvi avèk teyori evolisyon espès la epi refite kwayans relijye ki nan elèv yo.

Jèn timoun yo bezwen rete fèm nan verite ke Bondye se Kreyatè a, pandan y'ap konprann ke lasyans lan efikas pou konprann mond fizik lan. Sa vle di ke, lasyans te egziste apre kreyasyon an, men eksplike orijin kreyasyon an mande lafwa.

Nan faz sa a nan lavi yo kòm timoun lekòl, elèv yo kòmanse etidye orijin chak espès ak kèk lòt teyori de evolisyon. Yo kenbe ke tout bagay te kreye pa yon eksplozyon espasyal, oswa ke èt vivan yo se te bakteri ki te sibi yon transfòmasyon, konsa yo vin yon òganis konplèks. Se poutèt sa a li enpòtan pou yo aprann sa Pawòl la di sou sa a, epi konnen ke Bondye se sèl kreyatè a, mèt epi Seyè tout sa ki egziste.

Mande èd Sentespri a pou ke, nan leson sa a, jèn timoun yo konnen ki jan pou yo defann kwayans yo epi kanpe fèm nan verite a nan pawòl Bondye a.

KÒMANTÈ BIBLIK

Jenèz 1: 1. Nan Bib la nou jwenn evidans ke Bondye se kreyatè a. Premye vèsè nan Bib la di: "Nan konmansman, Bondye te kreye." Sa vle di ke Bondye te egziste avan tout bagay.

Jòb 38: 1-11. Nan konvèsasyon sa a, Bondye te pale ak Jòb sou mistè ak sekrè kreyasyon an. Deskripsyon ke Bondye fè ak mond lan tèlman konplèks epi mèveye sa fè ke gen moun ki pa ka konprann li ni kontwole li. Bondye se achitèk mond lan epi se limenm sèl ki merite adorasyon nou ak sèvis nou.

Sòm 95: 3-5; 102: 25-27. Vèsè sa yo dekri Bondye kòm kreyatè. Lóm te kreye pou adore Bondye epi fè lwanj li pou kontwòl li genyen sou mond lan.

Ezayi 48: 12-13. Ezayi rekonèt Bondye kòm Kreyatè a, sèl Bondye vrè a. Se potèt sa a, li merite pou nou gen konfyans nan li, epi moun yo dwe kwè nan li kòm sèl souveren.

Jeremi 10:11-13. Jeremi bay ebre ki te anegzil yo yon mesaj. Advètans li a te gen ladan l santans kont zidòl yo, men se te yon afimasyon ke Bondye se Kreyatè mond lan.

DEVLOPMAN LESON AN

Idantifye objè yo

Antes de la clase, guarde 15 objetos diferentes Anvan klas la, sere 15 objè diferan nan yon sachè (pa egzanp, yon kiyè, yon pyès monnen, yon riban, yon fèy, koton, elatriye). Fè yon lis atik de sa ou sere yo, epi chwazi kat patisipan pou aktivite sa a.

Mande pou yo kat la kite sal klas la. Apre sa a, rele yo youn pa youn.

Mande pou premye a manyen sachè a epi devine ki sa yo ye. Lè sa a, se pou l'ekri repons li yo sou yon fèy.

Dezyèm elèv la dwe souke sachè a, epi devine sa ki anndan li pa mwayen son li bay la, se pou li fè yon lis de objè sa a yo li tande a.

Rele twazyèm elèv la epi fè l' gade nan sachè a pou twa segond epi ekri nan yon fèy tout kalite objè li te wè yo.

Sere sachè a.

Lè sa a, mande katriyèm elèv la pou l pase devan epi di li konsa: : *Sa fè yon ti tan depi mwen te mete plizyè objè anndan sachè sa a epi mwen te fè yon lis de tout sa ki ladann yo. Koulye a, li lis sa a epi di m' ki objè ou panse sachè a gen ladan l.*

Konpare lis yo te fè yo, montre rès gwoup la objè yo ki te nan sachè a. Mete aksan ke kat patisipan yo te dekri objè yo menm, men yo chak te fè li yon lòt jan.

Eksplike yo ke gen moun ki tou itilize diferan mwayen pou yo konprann orijin mond nou an. Gen kèk ki itilize lasyans pou konprann pwen de vi fizik epi gen lòt moun ki baze yo sou prensip biblik. Nan istwa a jodi a pral aprann diferans ki genyen ant de opinyon sa yo.

Menm oswa diferan?

Distribye liv elèv yo, epi mande jèn timoun yo louvri yo nan paj 89. La a yo ta dwe li afimasyon biblik yo ak syantifik yo.

Divize yo an ti gwoup pou yo fè deba sou poukisa yo ta dwe oswa pa ta dwe kwè nan afimasyon sa a yo. Chak gwoup pral nonmen yon sekretè ki pou pran nòt pou chak konklizyon yo epi rakonte li pou rès klas la.

ISTWA BIBLIK

Rasanble epi di elèv yo: : *Bib la pale nou de kreyasyon an nan liv Jenèz. Sepandan, lòt pasaj biblik yo temwaye ke Bondye se kreyatè a tou. Jodi a ann al gade sa Bib la di nou de Bondye ak kreyasyon li a.*

Divize yo an twa gwoup, epi asire w ke chak gwoup gen yon Bib. Fè yo louvri liv elèv yo nan paj 90 epi, apre ou fin plase kesyon yo, fè yo chèche pasaj yo ak jwenn repons yo. Lè tout moun fini, mande pou yo fè kòmantè sou konklizyon yo bay sa ki fèk vini yo.

AKTIVITE YO

Tablo Kreyasyon an

Pou aktivite sa a ou pral bezwen katon, lakòl, sizo, makè, kreyon ak objè natirèl ke elèv ou yo te sanble (fèy, wòch, flè, ti branch, elatriye).

Endike yo pou sèvi ak materyèl yo pou kreye yon tablo sou kreyasyon an. Pandan y'ap travay, ankouraje yo fè lwanj Bondye pou kreyasyon mèveye li a.

Lè yo fini, mete tablo a nan pòt la pou paran ak fanmi yo wè.

Syans oswa relijyon?

Remake byen ilistrasyon ki nan paj 91 lan, epi idantifye ki fraz ki koresponn ak pwen de vi syantifik la.

Di elèv yo ke anpil moun eseye refite sa a verite biblik la di a ak teyori syantifik. Men, Bondye klè lè li deklare ke li te kreye syèl la ak latè ak tout sa ki egziste.

Di yo ke, lè yo fè fas ak ideyoloji sa yo, yo dwe kanpe fèm nan konesans ke yo genyen sou Bondye kòm sèl Seyè a ak chèf linivè a.

Èske ou ka eksplike...?

Mande jèn timoun yo si yo konnen kijan yon televizyon resevwa siyal epi transfòme li an imaj, ak son. Koute repons yo epi mande: *Ebyen, poukisa nou kontinye ap gade pwogram yo transmèt?*

Swiv egzanp yo sijere nan liv elèv yo epi ba yo tan pou yo ekri repons yo. Fini pandan w'ap eksplike yo ke gen kèk aspè nan kreyasyon an ke petèt nou pap janm konprann konplètman. Se sèlman Bondye ki konnen tout bagay, paske li se kreyatè linivè la. Men, sa pa anpeche nou mete konfyans nou pouvwa li ak souverènte li.

POU FINI

Priye epi di Bondye mèsi pou kreyasyon li ak benediksyon nou genyen paske nou fè pati kreyasyon li a. Chante kèk ti chante pou fè lwanj pou Bondye anvan nou separe, epi revize tèks pou memorize a.

Nou Espesyal

Baz biblik: Jenèz 1: 26-30; Sòm 8: 1-5.

Objektif leson an: Se pou jèn timoun yo reyalize onè, privilèj ak responsablite ki genyen nan sa lè Bondye te kreye nou selon imaj li epi sanble avè l'.

Vèsèpou aprann: *Wi, se ou ki fòme tout pati nan kò m; se ou ki ranje yo byen ranje nan vant manman m. M'ap fè lwanj ou, paske ou pa manke fè bèl bagay; mwen konn sa byen."* (Sòm 139: 13-14).

PREPARE W POU W ANSEYE!

Jèn timoun ap pase yon etap nan lavi yo kote pwoblèm lògèy la komen anpil. Nan kèk ka, lògèy la tèlman vin twòp li vin konvèti an awogans, pandan ke nan lòt moun yo, pa mank de lanmou pou pwòp tèt yo fè yo santi yo pa asire ak enferyè.

Lè elèv ou yo konprann ke Bondye te kreye yo selon imaj ak resanblans li, y'a konnen ke yo dwe bay tèt yo enpòtans paske yo fè pati bèl kreyasyon Bondye a.

Tip de bote ekteryè yo, egzijans sosyete a mande a ki trè fò, abi emosyonèl ak fizik, menm neglijans ka fè nou santi ke elèv yo enferyè e ke yo pa enpòtan nan mond lan. Poutèt sa a, pwofite ansèyman sa a pou w' fè yo konprann ke yo espesyal ak enpòtan nan zye Bondye, wa linivè a.

KÒMANTÈ BIBLIK

Jenèz 1:26-30. Bondye te kreye lòm selon imaj li. Sa pa vle di nou menm jan avè l nan kò fizik; se pito, li vle di ke nou sanble nan intelijans, emosyon, volonte, responsablite ak lespri.

Li te ba nou entèlijans pou nou konprann epi chwazi libreman; an plis de sa, nou ka aprann, renmen ak obeyi kreyatè nou an.

Anvan peche a, Adan ak Èv te ka jije san yo pa t' pè pou yo te twonpe yo. Afeksyon yo pa t' gen mal epi yo te gen libète konplèt, menm pou kominike avèk Bondye fas a fas.

Li enpòtan pou nou konprann ke Bondye bay lòm anpil valè, li mete l' pi wo pase tout rès kreyasyon an. Sepandan, genyen "imaj Bondye" mande yon gwo responsablite, san konte onè ak privilèj.

Sòm 8: 1-5. Sòm sa a ede nou konprann valè ke Bondye bay lòm. Menm si yo pa anyen an konparasyon ak bèl linivè a, Bondye ba nou yon plas donè nan kreyasyon an. Li raple nou ke l te fè ak merit nan zye li; se pou sa nou dwe ba li onè ak glwa pou toujou.

DEVLOPMAN LESON AN

Ti nonm an papye yo

Pou aktivite sa a ou pral bezwen journal oswa papye resikle, sizo ak makè koulè.

Deplase tab yo ak chèz yo, kite yon espas pou elèv yo travay atè a. Mande yo pou yo sèvi ak journal la pou yo fè pwòp imaj yo (pa egzanp, yo kapab kouche nan journal la epi mande yon kolèg pou trase deskripsyon yo epi apre sa a, dekore li ak makè koulè a).

Ba yo tan sifi pou yo fè aktivite a.

Lè sa a, mande yo: *Eske li te fasil oswa difisil pou n kreye yon imaj pwòp tèt nou ak materyèl nou te gen nan men nou yo? Eske imaj nou fè a reflete kèk bagay sou pèsonalite nou?*

Apre ou fin tande repons yo, di yo istwa jodi a pral pale sou kisa li vle di ke Bondye te fè nou selon pwòp imaj li epi sanble al li.

Non a malonèt!

Mande elèv yo pou yo pale sou kesyon ki nan paj 93 nan liv travay la, epi apre sa a ekri repons yo espas vid yo.

Mete aksan ke nou tout gen jou lè nou tris epi santi nou dekouraje; nou menm konn santi nou fache avèk pwòp tèt nou. Gen moun ki gen estim ba, sa vle di, yo panse yo pa gen okenn valè kòm moun. Nan leson jodi a nou pral aprann kisa sa vle di Bondye te fè nou selon imaj li ak poukisa sa fè nou gen anpil valè.

ISTWA BIBLIK

Elèv yo dwe chita an wonn epi di yo konsa: *Nan leson anvan yo nou te aprann sou Bondye ak kreyasyon li. Epitou nou te wè lanmou li, bote, ak lòd ki te parèt aklè nan majeste li nan kreyasyon an. Apre li te fin kreye syèl yo ak latè a, Bondye te fè plant ak animal, men travay li pa t' fini la a.*

Mande elèv ou yo pou yo chèche Jenèz 1: 26-30 epi li.

Lè sa a, mande: *Poukisa Bondye fè moun diferan de rès kreyasyon an?*

Ki sa Bondye panse de moun li te kreye yo? Poukisa nou menm lòm nou enpòtan pou Bondye?

Li pasaj etid la epi ekri repons yo sou tablo a. Lè w'ap pale sou enpòtans ke nou menm lòm nou genyen nan kreyasyon an, ensiste pou w di ke kèlkeswa defo nou chak genyen, Bondye gade nou ak lanmou epi konsidere nou kòm kreyasyon espesyal li.

AKTIVITE YO

Ki sa imaj Bondye a ye?

Fè elèv yo li paragraf ki nan paj 94 nan liv yo a. Eksplike yo ke imaj Bondye nan yon moun pa fizik. Bondye se Lespri, sa vle di, pa gen okenn fòm oswa gen yon kò tankou nou. Sepandan, li te ban nou pwòp nati espirityèl li. Bon jan kalite espirityèl sa a se sa ki fè moun inik, epi diferan de lòt kreyati. An plis de sa, li pèmèt nou gen kominikasyon ak kominyon ak Bondye.

Ba yo tan pou yo li twa kesyon yo ki nan pati anba paj la. Fè yo gade repons la nan paragraf la epi soulinye li.

Kalite mwen yo

Pou aktivite sa a ou pral bezwen fèy, kreyon ak tep.

Atravè sa a, jèn timoun yo pral rekonèt kalite lòt moun, epi, anmenm tan, konprann sa lòt moun panse de nou. Kole yon fèy nan do elèv yo, epi bay yo chak yon kreyon.

Tout moun dwe ekri kèk nan kalite li yo nan fèy ki nan do kanmarad li a (pa egzanp, senpatik, janti, itil, kè kontan, elatriye). Mete aksan ke kòmantè yo dwe pozitif. Fè atansyon pou yo pa ekri anyen ki ka fè moun fache.

Lè tout moun fin ekri yon bagay nan fèy lòt la, mete kèk nan kalite pa Bondye: gen kè sansib, renmen, jis, gen konpasyon, pasyan, elatriye.

Konpare lis karakteristik sa yo ak sa ki nan tablo a. Lè sa a, ankouraje yo pou yo eseye viv chak jou nan imaj ki fè yo sanble ak Bondye a. Felisite sa yo ki demontre yon konpòtman kretyen, epi ankouraje sa yo k'ap eseye fè efò yo. Raple w ke nan kalite ansèyman sa yo egzanp pwofesè a enpòtan anpil.

POU FINI

Ekri tèks pou memorize a sou tablo a (Sòm 139: 13-14), epi li li nou tout ansanm. Apre sa, mwen repete li, anmezi w'ap efase li mo pa mo, jouk tablo a rete vid epi yo di tèks la pa kè.

Mande de volontè pou yo fè priyè final la. Se pou premye a priye pou demand de priyè yo ak malad yo, epi dezyèm nan priye pou di Bondye mèsi paske li te kreye nou sanble avè l.

Di orevwa ak yon chante pou fè lwanj pou Bondye, epi sonje envite yo nan pwochen klas la pou yo kontinye etidye sou kreyasyon an.

nòt

Leson 26
Pyèj Peche A

Baz biblik: Jenèz 2: 16-17; 3: 1-24; Women 3:23; 5: 8, 18-19.

Objektif leson an: Se pou jèn timoun konprann ke peche fè yo ale lwen Bondye epi deside ranfòse relasyon yo ak Seyè a.

Vèsèpou aprann: *"Wi, se ou ki fòme tout pati nan kò m; se ou ki ranje yo byen ranje nan vant manman m. M'ap fè lwanj ou, paske ou pa manke fè bèl bagay; mwen konn sa byen."* (Sòm 139: 13-14).

PREPARE W POU W ANSEYE!

Li enpòtan pou ke elèv ou yo konprann ke nou tout fè fas ak divès kalite tantasyon. Kounye a ke jèn timoun yo kòmanse ap pran desizyon ki pi enpòtan yo, yo dwe vijilan pou yo pa tonbe nan pyèj peche.

Eksplike yo ke pafwa tantasyon an vini an soudin, pou fè nou kwè ke pa gen anyen ki mal nan sa. Sepandan, rezilta yo trajik epi toujou afekte lavi lòt moun.

Depi peche te fin antre mond lan, lòm vin panche sou dezobeyisans ak sa ki mal. Se sèlman atravè favè Bondye nou ka retabli relasyon nou ak li, jwenn padon pou peche nou yo.

KÒMANTÈ BIBLIK

Jenèz 2: 16-17; 3: 1-24. Si kreyasyon Bondye a bèl konsa, ki kote te mal soti? Pasaj sa yo reponn kesyon an. Vèsè yo montre nou aklè ke Bondye pa responsab mechanste mond lan. Li te bay Adan ak Èv yon bèl kado. Jaden Edenn se te yon kote ki agreyab pou yo viv, li ba yo libète pou yo deside. Yo te kapab manje tout fwi yo ki nan jaden an eksepte yon sèl nan yo. Men, sèpan an konnen ki jan pou li te tante yo. Fè apèl ak apati lòm, li te ofri Èv fwi a, li te reveye anvi genyen bon konprann ak povwa nan Èv.

Nan kòmansman lide a te sanble pa t' fè Èv plezi, men kòm koulèv la kontinye pale avè l, li te konvenki epi dezobeyi Bondye ak tout libète li. Depi nan moman sa a te gen yon chanjman dramatik nan istwa limanite. Peche a te separe lòm de Bondye. Laperèz, wont, tristès ak enkyetid te vin prezan nan lavi Adan ak Èv.

Feblès yon sèl moun lakòz dè milye ane nan doulè, dlo nan je, lagè ak soufrans. Bib la klè lè li di ke Bondye pa tolere peche, epi salè peche a se lanmò. Sepandan, Bondye pa kite pèp li a san esperans. Atravè Jezi, pechè a ka resevwa padon epi restore relasyon li ak Bondye.

DEVLOPMAN LESON AN

Ak ki pri?

Fè elèv ou yo chita an fòm de sèk, epi mande yo si yo kwè ke gen kèk bagay ki pi bon ke konnen oswa aprann. Ekri repons yo sou tablo a. Apre sa a, eksplike yo ke gen kèk moun ki te eseye dwòg, tabak, likè epi wè pònografi, men nan pwosesis la, domaj yo te fè tèt yo mal ak lòt moun.

Li pa bon pou nou eseye fè eksperyans ak sa ki mal, paske pri a kapab twò wo ak tout pwoblèm ki gen ladann ak doulè. Istwa biblik jodi a se yon bon egzanp.

Tantasyon

Ekri chak kesyon sa yo nan ti papye: *Ki sa tantasyon an ye? Kòman jèn timoun yo kapab pwovoke lòt moun tonbe nan tantasyon? Ki tantasyon ki pi mal pou yo? Ki kalite moun ki fè fas ak tantasyon?*

Double ti papye yo, epi mete yo chak nan yon blad. Gonfle blad yo, epi kwoke yo nan sal la.

Pèmèt elèv yo pete yon blad epi reponn kesyon ki anndan l lan. Apre ou fin tande repons yo, di yo istwa a jodi a se sou yon koup ki te fè fas ak tantasyon.

ISTWA BIBLIK

Mande gwoup ou a pou bay yon atansyon espesyal ak teknik ke tantatè a te itilize pou li te konvenk Èv epi fè li dezobeyi Bondye.

Bay de elèv pasaj ki nan Jenèz 2: 16-17 ak Jenèz 3: 1-19 pou yo li l awotvwa pandan ke lòt moun yo ap swiv ansanm. Finalman, li ansanm Jenèz 3: 22-24.

Nan limyè pasaj biblik sa yo, reflechi sou baz kesyon sa yo:

- Ki kado Bondye te bay Adan ak Èv?
- Ki teknik sèpan te itilize pou li te tante Èv?
- Ki sa ki te konvenk Èv dezobeyi?
- Ki sa rezilta dezobeyisans Adan ak Èv la te ye?

AKTIVITE YO

Poukisa li te tèlman mal pou manje yon fwi?

Mande jèn timoun yo: *Poukisa yo panse ke Bondye te tèlman fache sou Adan ak Èv? Li te tèlman mal pou manje yon fwi?* Kite yo reponn. Apre sa a, ensiste pou w moutre ke peche se pa t' paske yo te manje fwi a, men se te dezobeyi Bondye a. Peche a detwi kominyon lòm ak Bondye.

Mande yo: *Kisa nou aprann sou Bondye nan istwa sa a?*

Eksplike yo ke Bondye jis epi li pa tolere peche; pou sa li te mete Adan ak Èv deyò nan jaden an. Men, Bondye pa yon diktatè. Li ban nou dwa pou nou chwazi ak tout libète nou. Adan ak Èv te chwazi koute tantatè a, defye Bondye epi tonbe nan pyèj peche a.

Atansyon ak pyèj la!

Fè elèv yo louvri liv yo nan paj 96, epi jwenn wout atravè pi tantasyon an. Di yo li vèsè biblik yo pou yo ka konnen ak ki tantasyon Adan ak Èv te fè fas.

Pale sou peche Adan ak Èv te komèt lè yo te tonbe nan pyèj tantasyon an (pa egzanp: dezobeyisans, rebelyon, mefyans nan Bondye, elatriye).

Kisa ou kapab fè pou w pa tonbe nan tantasyon?

Divize klas la de pa de oswa an ti gwoup. Ba yo tan pou yo pale ant yo menm sou repons ki ka bon pou kesyon sa a. Apre sa a, yo kapab ekri konklizyon yo nan espas yo moutre nan paj 97 la.

Kijan Bondye ede nou lè n' anba tantasyon?

Anpil moun gen move konsèp sou fason Bondye fè entèvansyon li lè yon kretyen ap fè fas ak tantasyon. Atravè aktivite sa a, anseye elèv yo prensip biblik ki gen rapò ak sa.

Fè yo li fraz yo ki nan paj 97 nan liv yo a. Esplike yo pou yo ekri yon "A" si yo dakò, ak yon "D" si yo pa dakò avèk sa ki di la a.

Tcheke repons yo, epi esplike ki jan Bondye ede nou reziste anba tantasyon. Sependan, tout moun responsab pou yo chwazi si y'ap obeyi vwa li oswa non.

Finalman, fè yo santre atansyon yo nan paj 98 epi esplike yo etap sa yo nan plan sali a. Mande elèv ou yo si kèk nan yo vle retabli relasyon yo avèk Bondye, epi priye avèk yo.

Ankouraje sa yo ki te aksepte Kris la. Pandan semèn nan, al vizite yo epi konfime desizyon yo.

POU FINI

Chante chan pou yo fè lwanj pou Bondye, epi repete tèks pou memorize a anvan yo ale.

Mande elèv yo pandan semèn nan pou chèche enfòmasyon sou kèk animal ki an danje de mò pou apre yo vin rakonte sa bay gwoup la nan pwochen klas la.

Bondye Ta Ban Nou Yon Misyon

Baz biblik: Jenèz 1: 26-30; 2:15; Sòm 8: 3-9.

Objektif leson an: Se pou jèn timoun yo konprann ke se responsablite pa yo pou yo pran swen ak pwoteje kreyasyon Bondye a.

Vèsè pou aprann: *"Wi, se ou ki fòme tout pati nan kò m; se ou ki ranje yo byen ranje nan vant manman m. M'ap fè lwanj ou, paske ou pa manke fè bèl bagay; mwen konn sa byen."* (Sòm 139: 13-14).

PREPARE W POU W ANSEYE!

Li komen nan medya kominikasyon yo, nan lekòl yo ak lòt sant edikatif yo ki pale sou pran swen anviwònman an ak ekoloji. Nan anpil kote kanpay òganize yo konsève dlo, resikle fatra, pwoteje espès ki an danje yo pou yo pa disparèt oswa zòn vèt ki poko fin debwaze yo.

Sepandan, pran swen kreyasyon an se te responsablite pèp Bondye a depi lontan anvan aparisyon mouvman sou anviwòn-man an. Leson sa a pral ede yo konprann ke pran swen mond Bondye te kreye a se travay kretyen yo paske nou se adminis-tratè li. Bondye te kreye mond lan, epi li te ban nou responsablite pou nou pran swen li epi pwoteje li. Nou responsab de-van Bondye pou fason nou itilize kreyas-yon l lan. Se poutèt sa a, li enpòtan pou nou etidye sa Bib la di sou sijè sa a.

Leson sa a pral ede elèv ou yo konnen responsablite yo kòm administratè Seyè a.

KÒMANTÈ BIBLIK

Jenèz 1: 26-30; 2:15; Sòm 8: 3-9. Bon-dye te bay lòm responsablite pou pran swen ak pwoteje jaden Edenn nan. Li te bay yon valè espesyal ak syèl la, tè a, zetwal yo ak tout sa ki egziste. Li te tou pèmèt moun ap jwi li; men privilèj sa a te gen yon responsablite ladan l: pran swen ak prezève kreyasyon an.

Apre premye peche a, devwa te vin pi difisil. Zèb ak pikan yo vin rèd pou plante ak rekòlte, epi lòm te fè yon move itilizas-yon ak resous natirèl yo ak bèt yo.

Nan tan sa a, nou menm tou nou se ad-ministratè Bondye. Se poutèt sa, nou gen yon obligasyon pou n pwoteje, konsève ak prezève mond lan li te kreye ak anpil lan-mou pou nou.

DEVLOPMAN LESON AN

Pwoteje anviwonnman an!

Pandan semèn nan chèche kèk piblisite nan magazin ke gwoup moun k'ap travay sou anviwonnman yo te pibliye, oswa ilis-trasyon sou pwoteksyon anviwonnman (pa egzanp, fraz tankou: "voye fatra nan poubèl", pwoteje pye bwa yo", elatriye.).

Moutre jèn timoun yo moso yo, epi mande yo kisa sa vle di. Kite yo sijere lòt fòm yo ka itilize pou pwoteje lanati, epi ekri yo sou tablo a.

Esplike yo ke depi anvan pwoteksyon pou anviwonnman ak ekoloji te egziste, Bondye te gentan bay pèp li a travay pou yo te pwoteje epi prezève kreyasyon li. Nan istwa biblik la nou pral aprann plis sou tèm sa a.

Repòtaj depi nan espas

Distribiye liv elèv yo epi mande yo pou yo louvri li nan paj 99. Di jèn timoun yo pou yo imajine yo ke yo se vizitè nan lòt planèt. Misyon yo se obsève kijan abitan sou latè yo pran swen mond yo a epi nan ki kondisyon li ye.

Mande yo pou yo fòme plizyè gwoup pa de oswa an ti gwoup pou reyalize repòtaj yo, pandan y'ap swiv kesyon yo sijere nan liv la. Apre sa a, se pou yo fè kòmantè sou konklizyon yo pou tout klas la. Di yo ke nan istwa jodi a, yo pral aprann sou yon misyon espesyal ke Bondye te bay pèp li a.

ISTWA BIBLIK

Pou w anseye verite biblik ki nan le-son sa a, nou konseye ou itilize aktivite ki nan paj 100 nan liv elèv yo.

Yo kapab travay yo tout ansanm oswa an ti gwoup, jan ou vle l la. Mande pou yon volontè li Jenèz 1:26-30 ; 2:15 ; epi se pou yon lòt li sòm 8:3-9. Apre sa a, ba yo tan pou yo li kòmantè ki nan paj 100 epi reponn kesyon yo ki nan pati anba.

Pandan y'ap travay, se pou ou swiv pou ou ede yo si yo gen dout, si manm gwoup yo an dezakò oswa si sa nesesè konplete repons yo ak plis enfòmasyon. Objektif la se pou yo konprann byen klè ke Bondye se Kreyatè tout bagay, epi nou menm nou se administratè kreyasyon li a.

AKTIVITE YO

An danje de mò!

Mande elèv ou yo si yo te sonje mennen ankèt sou yon bèt ki an danje de mò. Mande pou kèk nan yo pase devan pou bay yon esplikasyon tou kout sou bèt yo etidye yo. Eksprime ke "disparèt" sa vle di ki te mouri epi pa egziste ankò.

Ouvè liv elèv yo nan paj 101, epi fè yo desine kèk bèt ki disparèt (egzanp, zwazo Dodo, ti bèf lanmè, mamout, zwazo chapantye enperyal, tig dan sab, elatriye). Eseye jwenn min ak ilistrasyon sou bèt sa yo pou elèv yo kapab kopye yo. Si sa pa posib, mande pou yo ekri sèlman non bèt sa yo.

Apre sa a, fè desen kèk bèt ki an danje de mò (pa egzanp: panda jeyan, tig siberyan, malfini enperyal, lous gri oswa grizli, kwokodil de nil, jeyan ote, Goril, elatriye).

Pale sou sa yo ka fè pou yo ede pwoteje espès sa yo ak pran swen kreyasyon Bondye a.

Jounal

Divize klas la ankò pa de. Mande pou vire paj la epi pale sou kèk fason yo ka pran swen kreyasyon an. Epitou mande pou chak gwoup ekri yon atik konsènan kèk fason yo kapab pwoteje anviwònman an. Nan fen a, yo ka ekspoze travay yo a nan klas la.

Angajman mwen

Anvan klas la kòmanse, fè plizyè "kat angajman", pandan w'ap swiv modèl sa a:

*Jounen jodi a,_____ (dat)_____ ,
mwen pwomèt pou m _____ (konsève
dlo, voye fatra, resikle, elatriye.)_____
pou m kapab ranpli responsablite
mwen kòm yon adimistratè Bondye
epi pran swen kreyasyon li te fè a.*

_____ *(Siyati)*

Kite espas vid souliye yo pou elèv yo ka ranpli ak siyen kat yo a. Kite yo pote kat yo a lakay yo kòm souvni epi ensiste ke yo dwe ranpli angajman yo.

POU FINI

Di Bondye mèsi pou etid inite sa a epi si gen tan toujou, fè yon rezime jeneral. Fè yo sonje ke Bondye se kreyatè tout sa ki egziste. Se poutèt sa li merite obeyisans nou, lwayote ak lanmou. Epitou ankouraje yo pran swen lanati ak pwoteje anviwònman an.

Si ou vle, rekonpanse moun ki te memorize tèks biblik inite a, epi di yo ke semèn pwochèn yo pral kòmanse etid sou inite ki rele "Ann viv tankou Kris la".

nòt

SE POU NOU VIV TANKOU KRIS

Baz biblik yo: Mak 9: 38-40; 10: 35-43; Lik 9: 51-56; John 19: 25-27; 20: 1-9; Women 12: 2;1 Jan 1: 7; 1: 5-10; 2: 1-11, 15-17; 3: 1-24; 4: 7-19; 2: 18-27; 4: 1-6; 2 Jan 9.

Vèsè pou aprann: *"Men, si n'ap viv nan limyè menm jan li menm Bondye li nan limyè, lè sa a se tout bon n'ap viv ansanm youn ak lòt. Jezi, pitit Bondye a, va netwaye nou ak san li anba tout peche nou yo." (1 Jan 1: 7).*

OBJEKTIF INITE A

Inite sa a pral ede jèn timoun yo:

- ❖ Konprann ke lanmou se karakteristik ki fè kretyen yo diferan de lòt moun.
- ❖ Konprann enpòtans ki genyen nan renmen ak obeyisans pou Bondye.
- ❖ Aprann pou yo gen plis renmen pou Bondye ak frè parèy yo.
- ❖ Konprann epi dekouvri ke gen ideyoloji relijye ki fo, yo dwe evalye yo nan limyè pawòl la.

LESON INITE YO

Leson 28: Yon lavi diferan
Leson 29: Se pou nou viv tankou Kris la
Leson 30: Kle a se lanmou
Leson 31: Nan kisa nou kwè?

POUKISA JEN TIMOUN YO BEZWEN ANSEYMAN INITE SA A?

Li komen pou timoun yo obsève ak anpil atansyon konpòtman granmoun yo, y'ap eseye jwenn yon modèl pou yo ka imite. An patikilye, enfliyans mwayen kominikasyon yo moutre timoun ak granmoun yo jan pou yo prezante mòd de vi ki pa gen pou wè ak sentete ke Bib la anseye a. Se pandan etap tranzisyon sa a yo kòmanse panse poukont yo epi chèche repons toupatou. An reyalite, sa y'ap chèche se defini pwòp idantite yo, ki gen ladan aspè espirityèl, menm si souvan yo panse otreman.

Atravè sa Jan ekri yo, jèn timoun yo pral aprann plis sou kèk aspè nan lavi kretyen an. Jan anseye nou sou enpòtans renmen ak obeyi Bondye a genyen, e ke lanmou se pa sèlman yon santiman, men tou, aksyon. Elèv yo ap reyalize ke Bondye demontre lanmou l, epi, se poutèt sa, yo pral vle bay frè parèy yo lanmou sa a.

Leson sa yo pral ede elèv yo gen matirite nan kwasans espirityèl yo ak konprann vrè siyifikasyon lanmou. Sonje ke menm jan kretyen nan legliz primitiv yo te konn konfwonte fo ansèyman ak fo filozofi yo, elèv ou yo koute ansèyman ki kontrè ak pawòl Bondye a. Atravè leson sa yo, eksplike yo ke se pou yo mande Bondye disènman pou ede yo kouri lwen fo doktrin yo k'ap menase lafwa yo.

Yon Vi Ki Diferan

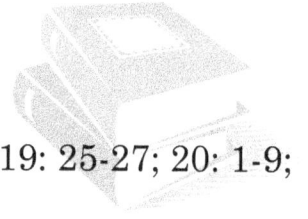

Baz biblik yo: Mak 9: 38-40; 10: 35-43; Lik 9: 51-56; John 19: 25-27; 20: 1-9; Women 12: 2; 1 Jan 1: 7.

Objektif leson an: Se pou jèn timoun yo konprann ke Bondye gen pouvwa pou l transfòme lavi moun.

Vèsèpou aprann: *"Men, si n'ap viv nan limyè menm jan li menm Bondye li nan limyè, lè sa a se tout bon n'ap viv ansanm youn ak lòt. Jezi, pitit Bondye a, va netwaye nou ak san li anba tout peche nou yo."* (1 Jan 1: 7).

PREPARE W POU W ANSEYE!

Pandan etap devlopman sa a, jèn timoun yo ap fè fas ak yon seri de chanjman nan lavi yo. Yo kite anfans dèyè epi kòmanse ak adolesans lan. Kò yo ak emosyon ou chanje; vizyon yo pou mond lan ak fason yo relasyone yo ak lòt moun vin diferan tou. Men, sa ki pi enpòtan, chanjman sa yo afekte lavi espirityèl yo. Se pandan peryòd sa a yo kòmanse kesyone lafwa yo. Kounye a yo pa sèlman kwè paske pwofesè a te di; kounye a yo vle wè yo menm verite ki nan Bib la, k'ap chèche egzanp espesifik de lavi yon vrè kretyen. Se poutèt sa, li trè enpòtan ke yon pwofesè pa dwe sèlman yon "transmetè nan konesans" se pito ankouraje refleksyon ak analiz nan elèv li yo nan limyè pawòl Bondye a. Aprantisaj elèv yo pral enpòtan sèlman si yo patisipe aktivman, lè y'ap li pawòl la, fè deba epi priye, men, sitou, pandan y'ap aplike prensip biblik yo nan lavi yo chak jou.

KÒMANTÈ BIBLIK

Nan leson sa a yo te pran plizyè pasaj biblik pou fè yon ti biyografi pou apot Jan.

Sa a te youn nan mesye ki te gen anpil privilèj yo ki te mache tou prè Jezi epi ki te konnen li an pèsòn. Jezi te mande l pou li te vin disip li, epi fè pati bon gwoup zanmi entim li. Kòmantatè yo konnen li kòm "disip li renmen anpil la". Li te temwen rezirèksyon pitit fi Jayiris la; li te tou prè Jezi nan jaden Jetsemane a; li te la tou nan krisifiksyon an epi resevwa kòm responsablite pou pran swen Mari, manman mèt li. An plis de sa, li te premye disip tou ki te konprann siyifikasyon tonbo vid la.

Apre Jezi te fin moute nan syèl, Jan te vin lidè nan legliz la, li te ekri lèt pou li te ankouraje ak konsole nouvo kretyen yo. Twa lèt sa yo nan Nouvo Testaman an.

Apre yon ti tan, yo te egzile Jan nan yon zile plen wòch yo rele Patmòs. La a li te viv kòm prizonye, fè travay nan jaden. Pandan lii te la a, li te resevwa yon gwo revelasyon kote li te wè Jezi kòm Seyè nan istwa pou toujou.

Apokalips se te mesaj fòs ak sekirite ke Bondye te bay pèp li a nan ane 90 A.K (Apre Kris la)., lè li te soufri gwo pèsekisyon pou refize adore dye Women yo. Se pa sèlman sa, men yon lèt ankourajman pou nou tou. Sepandan, Jan pa t' yon sen lè Jezi te chwazi l kòm disip li. Li te konsidere li kòm youn nan "pitit loray", epi karaktè li te bezwen swanye. Atravè leson sa a Seyè a fè nou sonje ke li ka itilize moun ki fèb epi transfòme yo pa favè li.

DEVLOPMAN LESON AN

Nan kisa li te chanje?

Rasanble elèv yo an sèk. Mande yo si yo konnen yon moun ki t'ap viv nan peche nan tan lontan, men apre li fin aksepte Kris li te kòmanse ap viv yon lavi diferan. Koute kontribisyon yo epi sèvi ak yo kòm baz pou entwodwi inite sa a. Lè sa a, ankouraje yo pou yo dekouvri biyografi yon nonm nan Bib la ke Jezi te transfòme lavi li.

Ki moun li ye?

Bay papye ak kreyon pou elèv yo ekri yon biyografi kout sou yon pèsonaj ki popilè. Mande volontè yo li sa yo te ekri yo pou koekipye yo ka devine de ki moun y'ap pale.

Di yo ke leson jodi a se, sou yon nonm ki te ekri sou lavi Jezikri.

ISTWA BIBLIK

Nou konsidere ke jèn timoun yo gen kapasite pou yo aktif, nou sijere aktivite sa a se pa sèlman pou yo resevwa konesans, men se pito pou yo menm poukont yo ka rive dekouvri verite biblik la nan fè lekti Bib la.

Divize gwoup la an de ekip rechèch. Premye a dwe li pasaj sa yo sou lavi Jan kòm ", pitit loray" (Mak 9: 38-40; 10: 35-43; Lik 9: 51-56) epi ekri rezilta yo nan yon sèl bò tablo; dezyèm nan dwe li pasaj nan lavi Jan an kòm yon disip Jezi (Jan 19: 25-27; 20: 1-9)), epi mete nòt yo nan lòt bò tablo a. Apre sa a, tou de ekip yo dwe konpare rezilta yo epi ekri yo nan liv elèv yo. Mete aksan sou chanjman ki te fèt nan Jan lè li te rankontre Kris la.

AKTIVITE YO

Prèv ki montre chanjman

Abran el libro del alumno en la página 104, parLouvri liv elèv yo nan paj 104, pou yo li epi analize pasaj biblik yo la. Apre sa a, ba yo tan pou yo ekri ki chanjman ki te fèt nan lavi Jan.

Diskite sou fason tèks Jan yo montre chanjman ki te fèt nan lavi l. Lè sa a, reflechi sou prèv chanjman ki ta dwe nan lavi moun ki konnen Kris la. Apre sa a, kite yo ekri egzanp jèn timoun ki te gen yon pwoblèm ki sanble ak pa Jan.

Rapò espesyal

Fè elèv yo gade nan paj 106 nan liv elèv yo, epi divize gwoup la pa de.

Bay chak koup youn nan senk kat ke Jan te dekri yo pou yo etidye pou plizyè minit.

Eksplike yo ke yo dwe pretann yo yo pral prezante yon pwogram repòtaj nan televizyon sou tit "Pèsonaj yo ak evènman etonan." Se poutèt sa a, yo dwe prepare yon rapò espesyal pou yon dokimantè sou lavi Jan, pandan y'ap sèvi ak enfòmasyon ki nan kat yo kòm baz.

Se pou w gen kèk zouti nan men ou pou ede w nan aktivite sa a, tankou: vestyè, mikwofòn, elatriye.

Lanmou anaksyon

Le sugerimos que durante este mes sus alumnosNou sijere mwa sa a se pou elèv ou yo devlope yon pwojè deyò klas la, nan sa yo ka montre lanmou pou pwochen yo (pa egzanp: Yo ta kapab kolekte rad ak manje pou pote bay yon kominote ki nan bezwen; ede granmoun aje yo, bay timoun lari manje, vizite moun ki malad yo, elatriye).

Makè pou Bib

Bay sizo pou ke elèv yo reyalize makè pou liv yo sijere nan paj 106 nan liv aktivite yo, epi pote li lakay yo. Nou rekòmande pou nou kole makè liv yo ak moso katon pou ka fè yo plis djanm. Sa a pral ede yo memorize liv yo nan Nouvo Testaman an.

POU FINI

Rasanble yo ansanm pou priye pou bezwen yo. Fè yo sonje ke, nan menm fason Bondye chanje lavi Jan, li kapab chanje pa yo a tou.

Si Sentespri a endike ou, envite yo vin aksepte Kris kòm sovè pèsonèl yo ak Seyè yo; kondwi yo pa lapriyè nan sans pou yo remèt yo bay Bondye. Sonje bay disip yo ki aksepte Kris pandan semèn nan leson, epi ankouraje yo vin patisipe nan pwochen klas ki pral fèt nan semèn k'ap vini an. Di orevwa pandan w ap fè yo repete tèks pou memorize a.

Se Pou Nou Viv Tankou Jezi

Baz biblik: 1 Jan 1: 5-10; 2: 1-11 15-17

Objektif leson an: Se pou jèn timoun yo konprann ke obeyi Bondye ap ede yo grandi nan lavi espirityèl yo.

Vèsèpou aprann: *"Men, si n'ap viv nan limyè menm jan li menm Bondye li nan limyè, lè sa a se tout bon n'ap viv ansanm youn ak lòt. Jezi, pitit Bondye a, va netwaye nou ak san li anba tout peche nou yo."* (1 Jan 1: 7).

PREPARE W POU W ANSEYE!

Pa gen pwoblèm pou peyi kote n'ap viv, li se yon reyalite ke tout sosyete ap sibi yon kriz grav de valè. Nou rive nan pwen kote nou vin legalize peche ak jistifye vyolasyon nan lwa Bondye a nan favè pwogrè syantifik ak modèn.

Se poutèt sa, li pa etone ke se sèlman yon konsèp vag de sinifikasyon viv tankou Jezi a genyen. Sa pa vle di yo pa bezwen viv nan lajistis, men pa gen okenn modèl ki apwopriye. Televizyon, radyo, fim alamòd yo anchaje yo pou defòme valè biblik yo.

Li posib pou ke elèv ou yo ap viv nan kay kote vyolans domine oswa kote yo aksepte peche a kòm yon bagay ki nòmal. Ebyen, kòman yo ka konnen si fason y'ap viv la kòrèk.

Li enpòtan pou ke menm nan yon sosyete tèlman absid, yo aprann ke Jezi se egzanp pafè a. Atravè leson sa a, elèv yo pral aprann ke li posib pou yo viv tankou Jezi. Yo sèlman bezwen rekonèt peche yo epi kenbe men ak Bondye pou obeyi li ak renmen nan kè yo.

KÒMANTÈ BIBLIK

Bib la di nou ke Bondye se limyè, epi lè li klere nou li revele vrè nati nou an. Lè yon moun ap mache nan tenèb, li bezwen valè pou l ka fè yon pa anavan nan lafwa, epi fè apwòch a limyè pisan ki ka penetre ki montre tout feblès espirityèl ak fot nou yo. Jezi te bay lavi l pou netwaye nou epi pèmèt nou mache nan limyè.

Sa vle di viv menm jan Kris la te fè a, kouri lwen peche, epi kiltive yon relasyon ki etwat ak Bondye ki pèmèt nou pote anpil fwi.

Viv tankou Jezi vle di tou se pou nou onèt ak Bondye, ak tèt nou epi ak lòt moun, menm jan ak obeyi Pawòl li.

Obeyisans lan se yon prèv sou lanmou nou pou Bondye. Esklav yo obeyi paske yo pa gen okenn chwa. Travayè yo obeyi paske yo bezwen travay. Sepandan, kretyen obeyi Papa a paske yo vle fè sa, epi se yon pati fondamantal nan relasyon lanmou ki genyen yo de a.

Jan ban nou de kle ki ede nou detèmine si n'ap viv tankou Jezi: lè nou konfese peche nou epi nou restore relasyon nou avèk Papa a, ak lè nou demontre lanmou nou pou frè parèy nou.

DEVLOPMAN LESON AN

Ki kote w'ap mache?

Kòmanse klas pandan w'ap mande pou de volontè bande zye yo ak yon mouchwa epi eseye mache toutotou sal la. Retire tout objè ki ka fè yo frape.

Apre yo fin retire mouchwa nan zye yo, mande yo kijan yo te santi yo lè yo t'ap mache ak zye yo bouche a. Pale ak gwoup la pou w fè yo konnen ke se menm bagay la ki pase ak lavi nou si nou pa gen Kris la: nou mache nan fènwa peche, san direksyon ni bon oryantasyon. Sepandan, gen espwa si nou chanje direksyon, epi mande Kris la pou l dirije pa nou.

ISTWA BIBLIK

Antes de la clase saque una fotocopia de la carAnvan klas la, fè yon fotokopi lèt ki pral parèt apre eksplikasyon an epi mete l nan yon anvlòp. Bay yon frè li, epi mande l pou l bay li pandan klas devan tout elèv yo.

Mande jèn timoun yo pou yo chita sou fòm yon sèk. Di yo konsa: *: Nan leson anvan an nou te etidye lavi Apot Jan, epi nou te aprann ke Bondye transfòme lavi moun ki deside swiv li yo. Kounye a, koute* *lèt sa a ak anpil atansyon epi, finalman, nou pral pale sou siyifikasyon sa ki landan l yo.*

Chè frè mwen yo:

Mwen te aprann ke gen kèk kretyen ki sispann ale legliz, epi yo te kòmanse reyini ansanm pou yo fòme yon nouvo kongregasyon. Nòmalman sa a ta dwe yon motif pou kè kontan; sepandan yo p'ap anseye pawòl Bondye a, epi yo fè anpil moun konfonn. Pran prekosyon nou ak fo pwofesè yo epi kenbe fèm nan verite a bon nouvèl la nou te tande nan bouch mwen an.

Kontinye renmen Bondye ak frè parèy nou, epi toujou sonje ke Bondye se limyè. Lè nou pèmèt Bondye viv nan nou, fènwa ap disparèt, paske li se limyè a ki ranpli tout pati nan lavi nou. Okontrè, si nou kontinye nan peche, limyè a pral kite nou. Medite sou li.

Pa egzanp, lè chanm nou fè nwa epi nou pa ka wè mèb yo, èske mèb yo kontinye la? Absoliman! Sepandan, sèlman limyè a ede nou wè byen klè.

Se poutèt sa a nou di ke Kris la se limyè, paske sèlman li menm ka montre nou verite Pawòl li a byen klè. Lè nou obeyi verite sa yo n'ap "mache nan limyè." Obeyi pawòl Bondye a se yon siy ki montre nou renmen Kris la.

Jezi te pwomèt nou l'ap limyè nou epi mache bò kote nou. Li pa ka mache kote ki gen fènwa ak peche, paske li se limyè. Konsa, si yon moun di li pou Kris la, men li kontinye ap viv nan peche, li bay manti.

Koulye a, ki jan yo ka konnen si y'ap mache nan limyè a? Si yo konfese peche yo devan Bondye, yo mèt asire yo ke Bondye te padone yo. Nan fason sa a ou ka santi lanmou Bondye pou ou epi pataje li bay lòt moun.

Swiv Kris la epi rete fidèl ak pawòl li. Mwen gen anpil bagay pou m di nou, men mwen pa vle fè sa pa yon lèt. Mwen espere ale wè nou byento pou nou ka pale fas a fas. Se konsa, mwen pral trè kontan. Mwen salye tout moun.

Se te frè nou,
Juan

AKTIVITE YO

Mache nan limyè a

Mande jèn timoun yo pou yo louvri liv elèv yo nan paj 107, epi chèche paj biblik yo sijere yo. Lanse yon deba sou siyifikasyon pasaj yo epi ki gen rapò ak lavi yo. Bay yo tan pou elèv ou yo ekri konklizyon yo nan liv la.

Ki sa Bib la di?

Fè yo vire paj la, epi travay pa de oswa ti gwoup. Apre yo fin li 1 Jan 1: 5-10 ak 2: 1-11, se pou yo lye ak yon flèch chak vèsè biblik ak sinifikasyon kòrèk li.

Rete ap obsève, epi ede yo lè yo gen difikilte nan sa ki gen rapò ak kolòn yo.

Poukisa nou dwe mache nan limyè a?

Bay tan pou elèv yo obsève desen yo nan paj 109 nan liv elèv yo epi ranpli espas vid yo ak mo ki kòrèk yo.

Pandan y'ap travay, pale sou enpòtans viv tankou Jezi a genyen, fè limyè Jezi a briye devan lòt moun.

Apre sa a, vire paj la epi li 1 Jan 2: 6 byen fò. Ekri twa kesyon ki anba paj la sou tablo a, epi kite yo reponn yo tout ansanm. Make konklizyon yo sou tablo a, epi bay yo tan pou yo kopye li nan liv yo a.

POU FINI

Ankouraje elèv yo reflete limyè ak karaktè Kris la pandan semèn nan. Sijere kèk fason yo ka fè (pa egzanp: ede ak travay nan kay la, obeyi paran yo ak pwofesè yo, byen sèvi ak lòt timoun parèy yo, anonse bòn nouvèl la, lapriyè pou malad la, elatriye.

Apre sa a, mande pou de elèv lapriyè pou timoun ki te fè demann priyè yo, epi ou dwe fini ak yon priyè final, mande Seyè a ede jèn yo grandi nan lavi espirityèl yo.

Repete tèks pou memorize a de fwa, epi envite yo nan klas la semèn pwochèn pou yo etidye dènye leson inite sa a.

Kle A Se Lanmou

Baz biblik: 1 Jan 3: 1-24; 4: 7-19.

Objektif leson an: Se pou jèn timoun yo konprann ke san lanmou Bondye a nou pa ka renmen youn ak lòt.

Vèsèpou aprann: *"Men, si n'ap viv nan limyè a kòm Li se nan limyè a, n'ap viv ansanm ak yon lòt, epi san an nan Jezi Pitit Gason l lan va netwaye nou anba tout peche."* (1 Jan 1: 7).

PREPARE W POU W ANSEYE!

Nan vokabilè nou an, youn nan mo ki itilize pi souvan se "lanmou". Sepandan, siyifikasyon ke sosyete bay mo sa a trè diferan de sa ke Bib la bay la. Li posib pou ke elèv ou yo gen yon konsèp ki mal sou lanmou; pou rezon sa a, li trè enpòtan ke nan leson sa yo, yo konnen sa Bondye di sou koze sila a. Yo dwe konnen ke Bondye se sous lanmou an epi se sèlman nan li n'ap jwenn lanmou ki pafè a.

Sonje byen, kòm pwofesè, lavi w dwe yon egzanp ki klè de lanmou Bondye ki reflete nan elèv ou yo. Fason ou sèvi ak yo, pran swen ak dirije yo va montre yo jan kretyen yo dwe renmen youn lòt.

Nan faz sa a kote jèn timoun yo ap chache idantifye yo ak gwoup yo epi santi yo se yon manm ladan li, yo gen tandans chwazi moun pou yo fè yon bon ti zanmitay, epi anpil fwa yo eskli lòt moun. Pou rezon sa, yo dwe aprann ke Bondye renmen tout moun, san fè diskriminasyon kont pèsonn moun. Remake byen ke tout elèv ou yo soti nan orijin sosyal ak fanmi ki byen diferan. Petèt gen kèk ki pa te resevwa lanmou nan fanmi yo, epi pou rezon sa a li ka difisil pou yo konprann konsèp sa a. Ede yo konprann ke lanmou Bondye a pafè epi enkondisyonèl, e poutan ki disponib pou tout moun ki vle resevwa li.

KÒMANTÈ BIBLIK

1 Jan 3:1-24; 4:7-19. Nan pasaj biblik sa yo, Jan ekri sou kenbe fèm nan konesans sou Kris la ak enpòtans lanmou an genyen. Li te adrese lèt sa a bay yon kongregasyon ki te fèk ap kòmanse grandi nan konesans kretyen an. Kèk fo pwofesè t'ap simen dout nan mitan nouvo manm yo sou konfyans nan lanmou Bondye a, se konsa moun sa yo te kòmanse ap poze tèt yo kesyon sou relasyon lanmou yo ak Seyè a.

Jan kòmanse pale sou fondasyon reyèl lanmou an: Bondye se lanmou menm. Lanmou an se pa sèlman youn nan kalite yo oswa atribi Bondye, men sa fè pati nati li. Sa esplike poukisa li te voye Jezi, yon sèl pitit li, pou peye pri sali a pou nou.

Lè nou vin konvèti kòm kretyen nou vin fv eksperyans ak lanmou li, epi sa motive nou pou n renmen frè parèy nou. Lanmou an se prèv lavi nou nan Kris la. Vrè lanmou an tradwi pa aksyon, se pa sèlman pa santiman ak pawòl.

Jan di nou ke moun ki vin pitit Bondye a pa kontinye fè peche, epi fè nou sonje ke kretyen yo dwe kouri lwen tout sa ki mal.

DEVLOPMAN LESON AN

Yo konsidere Jan kòm apot lanmou, paske nan tout liv li yo li manifeste yon lanmou ki sensè pou Bondye ak frè l yo. Pandan n'ap etidye premye lèt Jan nou aprann sa Bondye di sou lanmou. Pou kòmanse, ekri kesyon sa a sou tablo a:

Konbyen kalite renmen ki genyen ak ki sa yo ye? Distribye liv elèv yo, epi kite jèn timoun yo ekri nan kè yo diferan kalite renmen ki egziste. Apre sa a, esplike twa klas renmen pi enpòtan yo (ewotik, filo ak Agapè), epi di yo ke nan leson sa a nou pral etidye konsèp renmen ki soti nan Bondye a.

Rechèch pou lanmou

Divize gwoup la an ekip epi, mande yo pou yo reyalize aktivite ki nan paj 112 nan liv elèv yo. Yo dwe chèche pasaj konkòdans yo nan Bib ou a epi, ki baze sou yo, reponn senk kesyon yo.

Asire w ke chak ekip gen omwen yon Bib, epi si gen nouvo elèv mete youn nan chak gwoup pou ka ede yo konprann klas la. Mete w prè pou w ka rezoud nenpòt dout oswa kesyon ki prezante.

ISTWA BIBLIK

Pou prezante istwa biblik jou sa a, nou sijere ou li pasaj etid yo davans epi ekri rezilta yo nan yon kat. Sa ap ede ou sonje pwen ki enpòtan yo pi fasil.

Ou bezwen tou yon pot kle ak sèt kle ou

pa sèvi. Prepare sèt ti papye (ki kapab kole nan kle yo), epi nimewote yo depi nan 1 rive nan 7. Apre sa a, ekri nan yo chak, fraz ki koresponn ak nimewo a: 1. Bondye se lanmou. 2. Lè nou vin kretyen nou santi lanmou li. 3. Lanmou Bondye a ede nou renmen lòt moun. 4. Vrè renmen an se aksyon, se pa sèlman pawòl. 5. Bondye te renmen nou anvan. 6. Bondye te montre nou lanmou li lè l te voye Jezi. 7. Bondye vle pou nou grandi nan konesans ak renmen.

Kole yon kat nan pot kle a ki di "Lanmou se kle a." Bay kle yo, epi mande tout moun li fraz pa yo a byen fò. Pandan y'ap rakonte istwa biblik la, sèvi ak kle yo pou bay egzanp de chak konsèp ke Jan te bay nan pasaj sa a yo. Chak fwa yo sèvi ak yon kle mande elèv la pou mete l nan pot kle a.

Apre sa a, koke kle a nan papòt klas la, epi sèvi ak li kòm yon rapèl de sa yo te aprann nan leson sa a.

AKTIVITE YO

Manifestasyon renmen an

Mande klas la pou yo louvri liv elèv yo nan paj 113, epi mande yo kisa yo panse lè yo wè ilistrasyon an.

Koute repons yo epi, pandan w baze sou yo, esplike enpòtans sakrifis Kris la te fè sou kwa a kòm yon desmostrasyon damou. Bay tan pou yo ranpli espas vid ki nan tèks biblik yo, epi repete yo ansanm de fwa.

Apre sa a, reflechi sou sa yo ka fè pou montre Bondye ke yo renmen li. Fè yo ekri repons yo anba fèy la. Si w gen tan, pèmèt yo esplike repons yo a bay rès gwoup la.

Lanmou se...

Mande elèv ou yo pou reyini ansanm pa de pou yo travay sou aktivite nan paj 114 nan liv la. Yo dwe konplete fraz yo, pandan y'ap ranpli espas vid yo ak egzanp sou kòman renmen an manifeste nan yon sitiyasyon espesifik. Pa egzanp: Lanmou se: padonnen lè yon moun fè ou mal.

Lè yo fini, fè echanj de liv youn ak lòt epi li repons yo byen fò.

Renmen anaksyon

Si yo te deside òganize yon pwojè nan èd sosyal oswa te patisipe nan yon ministè konpasyon, jodi a se jou pou evalye travay yo te reyalize yo ak rezilta yo.

Kite yo chak di ki jan yo te santi yo pou te pale ak frè parèy yo de lanmou Bondye a.

POU FINI

Pale ak elèv ou yo sou enpòtans ki genyen nan viv tankou Kris la, epi ankouraje yo pou yo kapab yon egzanp nan renmen, imilite, lafwa ak pite nan tout aspè nan lavi yo. Priye youn pou lòt, epi priye pou malad yo ak moun ki nan bezwen yo. Chante yon chante lwanj, epi repase tèks pou memorize a anvan nou ale.

nòt

Nan Kisa Nou Kwè?

Baz biblik: 1 Jan 2: 18-27; 4: 1-6; 2 Jan 9.

Objektif leson an: Se pou jèn timoun yo analize ak konprann ke doktrin nan biblik sou divinite Jezikris la se sèlverite a.

Vèsè pou aprann: *"Men, si n'ap viv nan limyè a kòm Li se nan limyè a, n'ap viv ansanm ak yon lòt, epi san an nan Jezi Pitit Gason l lan va netwaye nou anba tout peche."* (1 Jan 1:7).

PREPARE W POU W ANSEYE!

Elèv ou yo ap dekouvri divèsite lide ak panse ki egziste nan mond lan. Kit se nan lekòl la, nan mitan zanmi yo oswa vwazen yo y'ap jwenn ke se pa tout moun ki panse menm jan. Elèv nou yo bonbade pa filozofi, ideyoloji ak kouran panse ki soti pou fè yo ale lwen verite ki nan Bib la, pandan y'ap konfonn lide yo ak lide ki pa konvenyan pou kwasans espirityèl yo.

Sepandan, Bib la etabli enpòtans ki genyen nan rekonèt verite a. Nan pasaj jodi a, Jan di kretyen yo sa yo dwe fè ak yon gwoup fo anseyan ak fo doktrin yo.

Nou konnen ke jèn timoun yo natirèlman yo trè kirye. Nan chèche repons yo, yo vle fè eksperyans ak mennen ankèt pou tèt yo. Pou rezon sa a, li enpòtan ke, nan leson sa a, yo aprann ke Bib la di nou verite, e ke tout ideyoloji ak nouvo doktrin dwe analize nan limyè ansèyman li yo.

Li pwobab pou elèv yo gen plis kesyon pase lòt fwa yo nan leson sa a. Se poutèt sa nou sijere ou pou prepare w pou reponn byen klè, epi, sitou, ak bon konprann ki soti nan Bondye.

KÒMANTÈ BIBLIK

1 Jan 2:18-27; 4:1-6. Jan te konnen ke fo anseyan yo t'ap vin eseye prezante fo doktrin nan legliz Jezikris la. Se poutèt sa, li te avèti kretyen yo pou yo fè atansyon epi kouri lwen move konsepsyon sa yo. Anpil nan fo pwofesè sa yo melanje bagay levanjil la ak kwayans payen yo oswa tradisyon jwif yo. Byen souvan yo refize limanite total ak Divinite total Kris la, yo t'ap anonse lòt ansèyman ki konfonn kwayan yo.

Jan te bay premye kretyen yo konsèy, ki kontinye an fòs pou nou. Se tris ke, nan sosyete nou an, verite a se yon konsèp initil. Devan revolisyon panse ak etablisman an nan nouvo ideyoloji, verite a defòme epi chanje tankou yon bagay ki fo. Gen plizyè santèn de fo doktrin ap anseye bagay kip a bon sou Kris la ak Sali a.

Pou sa tou Jan ankouraje nou chèche verite a epi kouri lwen fo doktrin yo. Apot la di nou ke nou dwe "analize" ansèyman sa yo nan limyè pawòl Bondye a.

Nenpòt gwoup, moun oswa mouvman ki nye ke Jezi se Kris la, li nan erè. Nan 1 Jan 2: 22-23, ekriven an esplike byen klè ke nenpòt moun ki nye ke Jezi se Kris la tou nye Papa a. Jan di ke Papa a ak Pitit la yo se youn, epi ou pa kapab refize yon sèl san ou pa refize lòt la.

Kretyen yo, nou dwe kanpe fèm nan lafwa nou, san nou pa mele nan zafè fo doktrin k'ap vale teren nan mond sa a. Se poutèt sa, li trè enpòtan ke, nan leson sa a, elèv ou yo aprann ke sèl verite ki egziste a se nan Kris la li ye ak nan pawòl Li.

DEVLOPMAN LESON AN

Vrè ou fo

Divize gwoup la an de ekip. Pandan w'ap li deklarasyon sa yo, elèv ou yo dwe detèmine si yo vrè oswa fo. Mande sa yo ki kwè yo se verite rete kanpe, epi moun ki panse ke yo se fo, yo mèt chita.

1) Animal ki pase plis tan ap dòmi rele koala, li dòmi 22 èdtan pa jou. (Vrè).
2) Syantis yo itilize ipopotam pou yo mennen ankèt, y'ap chèche gerizon maladi lèp. Ipopotam ki enfekte yo pwodwi yon sibstans ki rele lepromin ki ede pasyan yo nan rekiperasyon yo. (Fo).
3) Eskèlèt lòm genyen 205 oswa 206 zon anviwon, tou depann de koksis chak moun. Plis pase mwatye nan yo se nan men yo ak pye yo, 27 nan chak men, chak pye 26 (106 an total). (Vrè).

4) Marengwen yo gen 47 dan. (Vrè).

5) Kè yon moun gen gwosè yon pòm. (Fo).

6) Pi gwo kristase nan mond lan se yon krab jeyan Japon an. Malgre kò l mezire sèlman 33 santimèt., pat li yo depase senk mèt. (Vrè).

7) Se kontinan Amerik la ki plis peple nan tout lòt yo. (Fo).

8) Lanmè kaspi, Lanmè Mouri ak lanmè aral yo pa lanmè, se pito lak yo. An reyalite, kaspi a se pi gwo lak nan mond lan. (Vrè).

9) 9) Nan Antatid la gen yon bon kantite zwazo diferan ak flè silvès. (Fo).

1) 10) Le 23 avril yo selebre jou mondyal liv yo, paske nan jou sa a, an 1616, de ekriven ki pi popilè de tou lè tan te mouri: Miguel de Cervantes Saavedra ak William Shakespeare. (Vrè).

Apre jwèt la fini, mande yo: *Ki jan nou ka konnen si yon moun ap di nou laverite? Kite yo reponn, epi apre sa a tounen mande yo ankò: Kijan nou santi nou lè nou si de yon bagay? Ki jan nou santi nou lè n' reyalize ke yon moun banou manti, epi nou te panse ke se te laverite?*

Koute repons yo. Apre sa a, di yo ke nan istwa jodi a nou pral aprann ki sa Jan di frè ki te doute de verite sou Kris la.

Kwayans diferan

Se pou elèv ou yo chita an demi sèk, fas a fas ak tablo a, epi mande yo si yo konnen kisa yon sèkt ye. Ekri repons yo sou tablo a, esplike yo ke sèkt la se yon gwoup relijye ki vin adopte yon kwayans diferan de sa yo te aksepte atravè istwa a. An jeneral sèkt yo grandi paske yo genyen yon lidè ki gen fasilite pou l konvenk, men kwayans yo a pa bon.

Esplike yo byen rapid kijan kèk sèkt te fini mal, tankou sèkt davidyen yo, ki te manipile pa David Koresh, yo te mouri Waco, Texas. Pale ak yo sou enpòtans ki genyen nan chwazi kwayans ki kòrèk la. Bondye te ban nou kapasite pou nou chwazi jan nou vle. Se pandan, nou dwe konnen ke se nou ki responsab pou desizyon n'ap pran yo.

ISTWA BIBLIK

Nan okazyon sa a, nou konseye w pran yon jèn nan kongregasyon w lan ki pou jwe wòl Jan. Ba li materyèl pou etid la depi davans, epi mande li pou l di elèv ou yo kisa Jan te di kretyen yo nan lèt la (1 Jan 2:18-27; 4:1-6, 11-15; 2 Jan 9).

Ranje yon tab ak yon chèz pou reprezante kote Jan te ekri a. Esplike elèv yo ke yo pral resevwa visit yon moun ki espesyal, moun sa a pral di nou kisa nou dwe fè lè nou fè fas ak sèkt yo epi fo doktrin yo.

AKTIVITE YO

Nan kisa mwen kwè?

Louvri liv elèv yo nan paj 115 ak 116. Li kwayans diferan gwoup relijye, mete yon X nan sa yo ki pa dakò avèk pawòl Bondye a.

Nan aktivite sa a elèv ou yo ap wè egzanp kwayans kèk sèkt. Sonje ke pwen santral aktivite sa a se pa kritike lòt moun pou sa yo kwè, men se pito fè jèn timoun yo konprann enpòtans ki genyen nan analize tout ansèyman nan limyè pawòl Bondye a. Konsa yo va kapab defann yo devan fo doktrin yo epi, ak sekou Seyè a, pètèt nou va konvenk sa yo k'ap viv nan erè.

Kwayans apot yo

Leson sa a pral pèmèt ou anseye elèv ou yo sou deklarasyon lafwa ki pi enpòtan pou kretyen yo: Kwayans apot yo.

Nou sijere pou w ekri li sou yon tablo afich gwo, epi mete li yon kote ki vizib. Eksplike li fraz pa fraz, epi pèmèt tout repete li avèk ou. Li enpòtan pou yo konprann klèman tout konsèp ki eksprime nan deklarasyon sa a. Pètèt ou bezwen plis pase yon klas pou w ka esplike li nèt, men li nesesè pou elèv yo konnen fondman lafwa yo trè byen. *(Ou ka jwenn kwayans apot yo nan lekti devosyonèl N°2 kantik de gras ak Devosyon).*

POU FINI

Nan konklizyon seri leson sa a yo, envite elèv ou yo konfime lafwa yo nan Kris la. Ankouraje yo etidye pawòl Bondye a pou yo aprann nan li', men tou, pou yo genyen agiman pou yo defann lafwa yo. Ankouraje yo kenbe fèm epi reziste presyon moun ki vle konfonn yo.

Kòm sa a se dènye leson nan inite a, se pou ou rekonèt efò chak elèv yo ki te aprann tèks pou memorize yo ak lòt pasaj biblik yo. Si sa posib bay yo yon prim tou piti oswa yon makè liv pou Bib yo a. Ankouraje yo vin kontinye asiste klas biblik yo, epi mansyone tèm pwochen inite a ki pral debat sou yon tèm ki enpòtan anpil: Sentespri a.

SENTESPRI A

Baz biblik yo: Jan 14: 15-18; 14: 5-26; 16: 5-8; 16: 7-15; Travay 1: 3-8; 2: 1-6; 6: 1-15; 7: 1, 51-60; 15: 1-31; 2 Korentyen 1: 21-22; 13:14.

Vèsè pou aprann: *"Men, lè Sentespri a va desann sou nou, n'a resevwa yon pouvwa. Lè sa a, n'a sèvi m temwen nan Jerizalèm, nan tout peyi Jide ak nan tout peyi Samari, jouk nan dènye bout latè."* (Travay 1: 8).

OBJEKTIF INITE A
Inite sa a pral ede jèn timoun yo:

- ❖ Konnen doktrin Trinite a.
- ❖ Konnen ke Sentespri a ede pitit Bondye yo viv nan sentete.
- ❖ Evalye nesesite yo genyen pou yo jwi pouvwa ak gid Sentespri a chak jou nan lavi yo.
- ❖ Koute ak obeyi gid Sentespri a.

LESON NAN INITE A
Leson 32: Kisa ki Sentespri a?

Leson 33: Sentespri a anseye nou

Leson 34: Sentespri a gide nou

Leson 35: Sentespri a ban nou pouvwa

POUKISA JEN TIMOUN YO BEZWEN ANSEYMAN INITE SA A?
Petèt anpil nan elèv ou yo tande pale de Sentespri a, gen kèk ki ka di yon bagay de li. Sepandan, se yon vye ti gwoup ki konprann byen klè kilès li ye ak poukisa li enpòtan. Pou fè eksperyans de yon kwasans espirityèl ki an sante, jèn timoun yo bezwen konprann idantite Sentespri a ak wòl li nan lavi moun ki kwè a.

Nan leson sa a, elèv ou yo pral etidye doktrin Trinite a. Ansèyman sa a se yon pati nan pwosesis pou devlopman espirityèl ki pral ede yo pi byen konprann pi byen sans ak idantite kretyen an ak relasyon l avèk Bondye. Lè yo te ti moun, ansèyman yo te konsantre sou Bondye, Papa a. Apre sa a, nan kòmansman lekòl primè, konsantman an te sou Jezi Kris. Kounye a, yo pral aprann ke Sentespri a se Bondye avèk nou.

Yo pral etidye kèk move konsèp tou ki egziste sou doktrin Trinite a. Pa egzanp, gen moun ki kwè ke Sentespri a separe de Papa a ak Pitit la, oswa li gen mwens valè ke Bondye. Anplis de sa, yo pral aprann wòl Sentespri a nan lavi kwayan an. Nou priye pou ke pa mwayen leson sa yo, ou anseye elèv ou ke yo Sentespri a reyèl epi vle travay nan lavi yo pou ede yo viv nan sentete.

Konsèp Trinite a konplèks ak misterye. Toujou, gen yon fason pratik epi fasil pou konprann fondman doktrin sa a. Prensip ki pi enpòtan pou jèn timoun yo se konnen ke Bondye vle pran pa nan lavi nou chak jou. Bondye fè sa a viv nan nou, pa mwayen Sentespri a.

Pou fè sa pi kout, verite ki fondamantal sou Sentespri a yo se:

- ❖ Se yon moun, se pa yon bagay. Nou dwe pale avèk li tankou moun, pa tankou yon objè.
- ❖ Youn nan travay Sentespri a se ede nou konprann ansèyman Jezi yo. Sentespri a pap janm anseye anyen ki kontrè ak ministè Kris la, oswa temwayaj ki nan Bib la.
- ❖ Sentespri a rekonfòte nou epi ede nou gen lapè ak amoni ak Bondye.
- ❖ Sentespri a ban nou kouraj ak pouvwa pou nou viv yon lavi ki fè Bondye plezi. Anvan Sentespri a te vini, disip yo te viv lafwa yo chak jou. Yo pa t' prè pou yo te angaje yo antyèman wayòm Bondye a. Sepandan, apre eksperyans yo ak Sentespri a, yo te transfòme epi resevwa fòs, kouraj ak otorite nan men Bondye.

Ki Sa Sentespri A Ye?

Baz biblik: Jan 14: 16-18; 16: 5-8; Travay 1: 3-8; 2: 1-6; 2 Korentyen 13:14.

Objektif leson an: Se pou jèn timoun yo konprann kilès ki Sentespri a, ak enpòtans li genyen nan lavi yo.

Vèsè pou aprann: *"Men, lè Sentespri a va desann sou nou, n'a resevwa yon pouvwa. Lè sa a, n'a sèvi m temwen nan Jerizalèm, nan tout peyi Jide ak nan tout peyi Samari, jouk nan dènye bout latè."* (Travay 1:8).

PREPARE W POU W ANSEYE!

Nou menm moun nou gen yon enklinasyon natirèl vè espirityèl. Se poutèt sa, dè milye de moun ap chèche satisfè gwo bezwen ke kè yo santi ak anpil doktrin diferan ak pratik relijye. Kòm rezilta, anpil ladan yo rete ak blese nan nanm yo ki difisil pou geri. Sepandan, nou menm pitit Bondye yo nou resevwa yo trètman diferan. Li te pwomèt nou yon Konsolatè; epi se pa sèlman sa, men li te ban nou yon pwofesè, yon gid ak konseye: Sentespri a.

Nan Ansyen Testaman an, kominyon ak Bondye te nan obeyi lwa a. Nan Nouvo Testaman an, premye disip yo te fè eksperyans kominyon ak Bondye, pa mwayen akonpayman Jezikri, li menm ki te bò kote li. Men, jodi a, pa gen ni youn nan de opsyon sa yo ki disponib pou kretyen yo. Men, Women 8:26 ak 27 di:

a. Lespri Bondye a va ede nou, nan feblès nou,

b. Priye pou nou ak plenn an vasiyman,

c. Dapre volonte Bondye priye pou sen yo.

Konnen kilès ki Sentespri a ak ki jan li travay nan lavi nou se fondman konfyans nou ak espwa nou. San yon konesans apwopriye de sa a, moun pap kapab jwenn Bondye ni konprann li.

Nan leson sa a jèn timoun yo pral aprann ke Bondye pa mwayen Sentespri a. Prezans fizik Bondye te ansanm ak premye disip yo pa mwayen Jezi Kris. Kounye a, Bondye avèk nou pa mwayen Sentespri a.

KÒMANTÈ BIBLIK

Jan 14:16-17. Nan pasaj sa a Jezi te di disip li yo k etan yon ti tan ankò prezans fizik li ta pral sispann. Sepandan, li te pwomèt yo li pap kite yo sèl, paske Papa a tapral voye " lòt Konsolatè". Pawòl Bondye a tradui kòm "lòt" se trè enpòtan paske li vle di "yon lòt nan menm kalite a". Se poutèt sa, Sentespri a ap kontinye ministè ak mesaj Jezi a.

Pasaj sa a pale de youn nan wòl yo enpòtan Sentespri a: Se Lespri verite a ki pral viv nan kè moun ki kwè yo.

2 Korentyen 13:14. Pòl raple kwayan Korent yo ke Bondye ap travay nan yo ak nan yo pou akonpli volonte li. Legliz Korent lan te pase moman difisil. Malgre sa, Bondye te vle kontinye sèvi ak yo pa mwayen Sentespri a. Bèl benediksyon sa a fè nou sonje prezans anabondans ak enkyetid Bondye pou pitit li yo nan mitan nan difikilte yo.

DEVLOPMAN LESON AN

Apre w' fin akeyi elèv ou yo, mande yo kisa yo konnen sou Sentespri a. Koute repons yo, epi li eksplikasyon ki nan paj 117 nan liv elèv yo byen fò. Divize klas la pa de oswa ti gwoup epi ba yo senk minit pou reponn kat kesyon yo, selon sa yo konprann nan lekti a.

Lè tout moun fini, fè yo revize repons yo, epi fòk ou sèten ke tout nan bon eta. Nou sijere ou prepare w' nan lapriyè ak etid Pawòl la ki kapab eksplike tèm Sentespri a byen klè.

Twa moun nan yon sèl?

Aktivite sa a pral ede yo konprann pi byen lide Bondye Papa, Bondye Pitit la ak Bondye Sentespri a.

Chèche plizyè kalite chapo (pa egzanp: yon kas pou travay konstriksyon, yon kepi pou atlèt, yon chapo pou kizinyè, elatriye.) Mande pou yon volontè pase devan epi mete youn nan tèt li. Pandan tan sa a, mande elèv yo: *Èske nou panse yon moun ka fè bagay diferan? Pa egzanp: Èske yon kizinyè ka jwe kèk espò? Èske yon travayè nan konstriksyon ka kwit manje?*

Eksplike yo ke, menm jan yon moun ka gen plizyè tit (tankou doktè ak papa nan fanmi an), se menm jan tou Jezi ak Sentespri a gen non diferan, men se yon sèl moun.

ISTWA BIBLIK

Rasanble elèv ou yo pou aktivite sa a. Mande jèn ti mesye yo pou yo chèche pasaj ki nan Jan 14: 15-18, epi ti medam yo chèche Jan 16: 5-8.

Bay tan pou tou de gwoup yo diskite sou sa yo te konprann nan pasaj la epi ekri konklizyon yo. Sou menm baz sa a, rakonte istwa biblik la.

AKTIVITE YO

Kòman Sentespri a ede nou?

Aktivite sa a pral ede elèv yo konprann pi byen kèk nan fonksyon Sentespri a. Mande yo pou yo gade ak anpil atansyon desen ki nan paj 118 la. Apre sa a, divize klas la an kat gwoup. Bay yo chak twa kesyon, epi ba yo tan pou yo reponn.

Lè sa a, mande pou chak gwoup yo pase devan epi fè kòmantè sou repons yo a. Rete vigilan pou w' ede yo avèk nenpòt yo ta genyen pandan aktivite a.

Èd pou elèv yo

Mande klas la pou chak moun rete nan gwoup yo pou diskite sou ka ki nan paj 119 la epi reponn kesyon yo.

Apre yo fin diskite sou konklizyon yo, envite yo aksepte èd ke Sentespri a ofri tout moun pou yo viv yon lavi kretyen. Si kwè li ta bon pou yo, kondwi yo nan lapriyè, pandan w'ap mande pou Sentespri a ranpli lavi yo.

Kisa Sentespri a ta fè?

Eksplike jèn timoun yo ke nan semèn sa yo pral gen yon travay espesyal pou yo fè lakay yo. Yo dwe ale lakay yo ak liv elèv yo pou yo rezoud aktivite ki nan paj 120 an.

Di yo ke si yo gen nenpòt dout oswa kesyon, konsilte pasaj etid la. Fè yo sonje pou yo pote aktivite yon fin fè a pou li ka revize nan pwochen klas la.

Pouvwa ki soti anwo

Di yo ke nan okazyon sa a yo pral kòmanse aprann yon nouvo vèsè biblik, Travay 1:8 "Men, lè Sentespri a va desann sou nou, n'a resevwa yon pouvwa. Lè sa a, n'a sèvi m temwen nan Jerizalèm, nan tout peyi Jide ak nan tout peyi Samari, jouk nan dènye bout latè." (Travay 1:8). Esplike yo ke pasaj sa a gen anpil relasyon ak sijè etid inite sa a: Sentespri a.

Nou sijere aktivite sa a pou ede elèv ou yo vin abitye ak tèks inite a.

Konpetisyon pou memorizasyon

Li vèsè biblik la de fwa. Apre sa a, divize klas la an de ekip, epi bay yo papye ak kreyon. Mete yon tab nan mitan, epi mande chak ekip pou yo mete papye yo a pnan went li.

Objektif la se pou chak manm nan chak ekip kouri sou tab la epi ekri yon mo nan vèsè a. Apre sa a, pase plim bay yon koekipye ki vini. Si moun nan pa konnen pawòl ki vina pre a, li dwe kouri sou tab la, mete yon siy enetwogasyon nan espas ki ki te pou li a'. Lòt patisipan ki pase a ka efase siy entewogasyon an epi ekri mo ki manke yo.

Premye ekip ki ekri vèsè a antye, san yo pa fè erè, se li ki genyen konpetisyon an.

POU FINI

Mande pou yon volontè ekri demann lapriyè yo sou tablo a, epi chwazi plizyè elèv ki pou lapriyè pou chak nan yo. Apre sa a, se pou w' priye mande Seyè a pou li ede elèv ou yo konnen Sentespri a pi plis. Fè yon revizyon final nan tèks pou memorize a, epi fè yo sonje pote liv elèv yo nan pwochen klas la.

Sentespri Anseye Nou

Baz biblik: Jan 14: 5-26; 16: 7-15; 2 Korentyen 1: 21-22.

Objektif leson an: Se pou elèv yo konnen ke Sentespri a ede yo konprann ansèyman Jezi yo.

Vèsèpou aprann: *"Men, lè Sentespri a va desann sou nou, n'a resevwa yon pouvwa. Lè sa a, n'a sèvi m temwen nan Jerizalèm, nan tout peyi Jide ak nan tout peyi Samari, jouk nan dènye bout latè."* (Travay 1: 8).

PREPARE W POU W ANSEYE!

Pandan tout lavi akademik yo, elèv yo ap te anseye pa yon varyete de pwofesè, ak tout metòd diferan ak abitid nan ansèyman yo. Elèv yo pral sonje kèk nan yo pou bonte yo ak afeksyon yo, gen lòt moun se paske yo move, epi gen lòt moun se pou konesans yo. Sepandan, tout moun sa a yo gen feblès pa yo; Pa gen youn ki gen verite absoli a. Menm gwo syantis, edikatè ak filozòf fè erè ki lakòz fanatik yo ap poze kesyon sou ansèyman yo.

Koulye atou gen "fo anseyan" ki kontamine lespri ak kè lòm. Pami yo nou jwenn televizyon, sèkt, ideyoloji ègzistansyalis yo, elatriye. Se pandan, nou gen yon pwofesè ki ofri nou yon ansèyman ki gen bon konprann ak renmen: Sentespri a.

Nan leson sa a li enpòtan pou elèv ou yo analize nan men kilès y'ap resevwa aprantisaj. Yo dwe rann yo kont ke yon sèl moun ki ka anseye yo verite a se Sentespri a. Rezon ki fè sa a se paske li anseye sèlman pawòl ak prensip Jezi te anseye yo.

Nan faz sa a nan lavi yo, li komen pou jèn timoun yo fè rebèl kont bon ansèyman yo ke paran yo ak pwofesè klas Bib la ap ba yo. Byen souvan yo pito aprann nan men ti zanmi yo, vwazen oswa pwofesè nan lekòl la. Li enpòtan anpil pou mete aksan sou gwo travay Sentespri a ap fè nan kè nou pou li ede nou viv anba ansèyman Jezi yo, pi bon pwofesè nou an.

KÒMANTÈ BIBLIK

Jan 14:5-26; 16:7-15. En este pasaje leemos que Jesús instruyó a suNan pasaje sa a nou li ke Jezi te enstwi disip li yo anvan l' te mouri, epi li te pwomèt yo li pap kite yo pou kont yo. Li t'ap voye Konsolatè a, oswa Sentespri a, moun ki ta ka ede yo konnen verite a epi akonpanye yo nan ministè yo.

Li te di yo tou ke Sentespri a ta ka ede yo sonje ansèyman li yo epi kenbe fèm nan lafwa.

Atravè pasaj sa a nou konprann ke Bondye te voye Sentespri a pou ede kwayan "goumen bon batay". Li travay nan konsyans nou pou ede nou reziste anba tantasyon. Sepandan, nou dwe konprann ke konsyans lan se pa menm bagay ak Sentespri a. Konsyans lan, lè yo inyore li, li vin neglijan epi moun ka dezobeyi ak libète pawòl Jezi yo san yo pa santi yo koupab. Sentespri a pap janm trete nou avèk yon lide pou kondane; ministè li byen janti, men fèm, pou fè nou sonje ansèyman Jezi yo.

2 Korentyen 1:21-22. Pawòl la di nou ke kretyen yo resevwa onksyon Sentespri a. Sa vle di y'ap konsakre yo pou Bondye epi konsakre yo pou sèvis li. Atravè Sentespri a, kretyen yo kapab viv nan sentete epi fè temwen Kris la. Pa mwayen li-menm, Bondye mete so sou nou kòm zafè pa li.

Lespri a reprezante bèl prezans Jezi nan mitan nou. Kòm Jezi Kris te reprezante atribi yo ak nati Papa a, Sentespri a reprezante atribi yo, ansèyman ak nati Jezi yo.

DEVLOPMAN LESON AN

Kòmanse leson an pandan w'ap mande elèv yo ki jan sa te ye semèn pase a, ak ki jan Sentespri a te ede yo pran desizyon nan lavi chak jou yo. Kite kèk rakonte eksperyans yo. Bay tan pou yo revize repons devwa yo.

Apre sa a, mande yo pou yo vire paj la epi reponn kesyon sa a: Ki sa y'ap anseye m?, nan paj 121. Apre ou fin tande sa yo kòmante, di yo ke chak jou nou aprann nan yon fason ki diferan (pa egzanp, pa mwayen paran nou yo, pwofesè yo, manm fanmi, pwòp erè nou yo, liv yo, televizyon, zanmi yo, elatriye.). Leson jodi a pale nou de yon moun ki vle anseye nou yon bagay trè espesyal.

Pwofesè yo?

Pou aktivite sa a ou pral bezwen magazin oswa jounal pou koupe, moso katon ak lakòl.

Mande elèv ou yo chèche reklam nan magazin yo oswa fotografi ki montre diferan fason ke moun itilize pou resevwa ansèyman: sal klas, televizyon, entènèt, pèsonaj popilè yo, liv yo, politik, elatriye.

Lè yo gen yon bon kantite moso papye koupe, ba yo tan pou yo kole yo sou moso katon an epi esplike yo kisa yo chak reprezante. Pandan y'ap travay, esplike ke nou tout nou riske aprann anpil leson, anpil nan yo kontrè ak pawòl Bondye a. Jodi a nou pral aprann de sèl pwofesè ki va anseye nou sèlman verite a, li ki vle ede nou grandi nan lavi espirityèl nou.

ISTWA BIBLIK

Sèvi ak aktivite KI nan paj 121 nan liv elèv yo pou jèn timoun yo ka reflechi. Esplike yo pawòl yo pa konprann yo epi sèvi ak aktivite sa a pou ke se yo ki li ak medite sou istwa jodi a.

Òganize elèv yo an twa ekip. Yo chak dwe analize yon pasaj biblik epi reponn repons yo ki nan paj 122. Apre sa a, chak ekip dwe prezante repons yo a devan klas la pandan y'ap ekri fonksyon enpòtan Sentespri a nan lavi chak kretyen.

AKTIVITE YO

Vre ou fo

Ekri de tit nan klas la, fè de kote pou yo chazi repons. Youn ki di "FO" ak lòt la "VRÈ". Kole yo nan de mi klas la fas a fas avan elèv yo rive.

Esplike yo ke ou pral li kèk afimasyon

epi yo dwe al kanpe anba katèl yo kwè ki kòrèk la. Tout moun dwe prepare pou reponn poukisa li te chwazi repons sa a.

1) Sentespri a fè m' sonje ke mwen menm mwen fè pati fanmi Bondye a. (Vrè).
2) Sentespri a fè m' pè. (Fo).
3) Sentespri a ede m' reyalize lè m' fè yon bagay ki mal. (Vrè).
4) Sentespri a se menm bagay ak konsyans mwen. (Fo).
5) Sentespri a se pou pastè yo, misyonè yo ak lidè legliz la. (Fo).
6) Sentespri a ede m' konprann pawòl Bondye a. (Vrè).
7) Sentespri a nan tout moun, menm si li pa kretyen. (Fo).
8) Sentespri a se pi bon konseye a. (Vrè).
9) Sentespri a ede m' bay yon moun manti lè verite a ka fè li santi l' mal. (Fo).
10) Sentespri a se yon manm nan Trinite a: Bondye Papa a, Bondye Pitit la ak Bondye Sentespri a. (Vrè).

Sa ki pase?

Se pou elèv yo louvri liv yo nan paj 123. Ba yo tan pou yo ka li istwa yo epi reponn kisa Sentespri a te ka anseye nou nan sitiyasyon sa yo.

Bay yo fèy pou yo chak ekri repons yo. Apre sa a, mande pou yo fè echanj fèy pou yon lòt elèv ka li yo byen fò. Apre ou fin tande tout repons yo, pale pou w' ka rive jwenn yon konklizyon jeneral epi ekri li nan liv elèv yo.

POU FINI

Anvan nou separe, mande elèv yo pou yo fè yon lis nan paj 124 tout moun ki vle pou Sentespri a anseye yo. Aktivite sa a pral pèsonèl, epi se sèlman mèt liv la ki pral konnen tout sa ki te ekri nan lis a.

Revize tèks pou memorize a, epi mete yon fen pandan w'ap kondwi yo pa lapriyè.

Sentespri A Dirije Nou

Baz biblik: Jan 16: 12-14; Travay 15: 1-31.

Objektif leson an: Se pou elèv yo konprann ke li enpòtan pou n' kite Sentespri a gide lavi nou.

Vèsèpou aprann: *"Men, lè Sentespri a va desann sou nou, n'a resevwa yon pouvwa. Lè sa a, n'a sèvi m temwen nan Jerizalèm, nan tout peyi Jide ak nan tout peyi Samari, jouk nan dènye bout latè."* (Travay 1:8).

PREPARE W POU W ANSEYE!

Li komen pou kèk nan moun k'ap patisipe nan klas la montre yon atitid twò enpòtan li pa rapò ak lòt moun. Se pandan, an reyalite yo bezwen lòt moun ki pou gide yo nan pran desizyon enpòtan nan lavi yo. Lè yo pou kont yo, yo aji pa enpilsyon san yo pa rann yo kont de faktè ekstèn yo. Modèl kondwit yo va chwazi va enpòtan anpil pou fòmasyon yo.

Ou pral remake ke, nan etap sa a, elèv ou yo vle jwi libète yo; yo pap vle tande nenpòt kòmantè oswa sijesyon nan men nenpòt moun, se pi mal toujou si se ta paran yo ak pwofesè yo. Se poutèt sa, yo bezwen dekouvri nan pawòl Bondye a ke Sentespri a se pi bon gid la. Yo ka fè l' konfyans epi l'ap ede yo nan devlopman espirityèl yo. Nan faz sa a kote yo pa gen matirite emosyonèl ak espirityèl nan jèn timoun yo, gid Sentespri a pral ede yo anpil.

KÒMANTÈ BIBLIK

Jan 16:12-14. Nan vèsè sa yo Jezi mete aksan sou wòl Sentespri a kòm gid. Jezi te di ke Sentespri a se Lespri verite a, epi, atravè limenm, kretyen yo kapab kontinye aprann verite biblik yo.

Jezi kontinye ak ministè ansèyman li pa mwayen travay Sentespri a nan kwayan yo. Anpil moun di ke y'ap viv anba povwa Sentespri a, men yo toujou ap viv an kontradiksyon dirèk ak sa Jezi te anseye.

Pi devan, pasaj sa a montre nou ke Bondye pa t' rate gide moun lè Jezi te kite tè sa a, oswa lè dènye liv nan Bib la te ekri. Bondye kontinye pale ak kwayan y opa mwayen Sentespri a.

Travay 15:1-31. Pandan legliz la t'ap grandi, payen yo te tande mesaj levanjil la. Tèm "Payen yo" gen ladan l' nenpòt lòt moun ki pa t' jwif de nati. Lè moun sa yo te kòmanse vin konvèti nan levanjil la, anpil jwif te fache akòz de rasin koutim yo, sa ki te fè anpil payen te dwe konvèti nan relijyon jidayis la pou yo te ka vin kretyen. Eske yon payen te dwe sikonsi ak soumèt li anba tout lalwa ak rityèl jwif yo, pou yo te kapab vin manm nan legliz la? Eske yon payen te dwe konvèti an jwif pou li te vin kretyen? Èske yon payen te ka fè pati legliz la paske li gen lafwa nan Jezi Kris?

Sepandan, se pa t' sèlman kesyon sa a yo premye kretyen yo te konn poze. Jwif Otodòks yo te entèdi yo gen rapò ak payen yo oubyen moun lòt nasyon yo. Si sa yo te vin fè pati legliz la, èske jwif yo te kapab kominike avèk yo?

Pou adrese kesyon sa yo, Pòl ak Banabas te fè apèl ak apòt yo ansanm ak ansíen yo ki te nan lavil Jerizalèm nan. Desizyon sa depann si yo louvri tout pòt ak bon nouvèl la bay moun ki pa jwif, oswa konvèti krisyanis lan tankou yon ti sèkt pami jwif yo.

Solisyon an pa t' fasil. Èske gras Bondye a se pou yo sèlman li te ye oswa tout moun? Sentespri a gide apot yo pou yo rezoud kesyon sa a. Konsèy lavil Jerizalèm nan te deside ke pata gen okenn diferans ant jwif ak payen.

Se poutèt sa, nou ka konte sou gid ak direksyon Sentespri a, ki se pi bon Konseye a.

DEVLOPMAN LESON AN

Kòmanse klas la ak kesyon sa a: *Konbyen moun la a ki ta renmen kondwi yon mwayen de transpò?* Koute repons yo epi lè sa a ajoute pou w di ke, menm jan tout mwayen de transpò bezwen yon kondiktè oswa gib pou fè yo rive kote yo prale a, se menm jan tou èt imen yo bezwen moun ki pou gide yo nan chemen dwat la.

Ki moun k'ap gide lavi w'?

Bay yo chak mwatye fèy ak yon kreyon. Fè yo ekri senk enfliyans ki pi enpòtan k'ap gide lavi yo. Apre sa a, fè yo li repons yo byen fò, epi ekri sou tablo a sa yo te repete plis fwa.

Mande elèv ou yo: *Poukisa nou panse enfliyans sa yo se bon pou ou?* Rete koute repons yo. Apre sa a, mansyone ke nan klas la jodi a nou pral aprann ki moun kisèl ki kapab gide nou avèk bon konprann.

Èske ou ka swiv endikasyon sa yo?

Louvri liv elèv yo nan paj 125.

Mande yon volontè li enstriksyon yo byen fò, pandan ke lòt moun yo ap eseye swiv yo pou yo reyalize aksyon an.

Apre yo fin eseye fè kat aktivite yo, esplike yo ke anpil fwa li difisil pou w' swiv endikasyon yo lè yo konplike. Pou sa, nou bezwen yon gid ki pou ede nou. Nan klas la jodi a nou pral aprann kilès ki gid ke Bondye te voye pou ede nou simonte zeprèv lavi a.

ISTWA BIBLIK

Envite yo li pasaj biblik ki nan Travay 15: 1-31. Apre sa a, pale sou pwoblèm ki te fè premye konsèy legliz kretyèn lavil Jerizalèm nan te fè reyinyon. Divize tablo a an de kolòn: ekri agiman jwif yo nan yon kolòn, epi agiman payen yo nan lòt bò a. Lè sa a, chèche nan paj 127 ki akò yo te fè ak ki jan Sentespri a te fè entèvansyon li.

Sentespri, gide m!

Apre yo fin aprann ki jan Sentespri a te fè entèvansyon li nan lavi kretyen yo pou gide yo, kounye a li lè pou yo reflechi sou eksperyans pèsonèl yo. Bay yo tan pou pou yo chak reponn poukont yo kesyon ki nan paj 128 la epi medite si lavi yo te gide pa Sentespri a oswa pa pwòp dezi yo. Apre sa a, mande pou kèk nan yo di kisa yo te ekri. Fini pandan n'ap resite Jan 16:13.

POU FINI

Fini avèk yon priyè pou di Bondye mèsi pou Sentespri a li te voye pou anseye ak gide nou. Fè yo sonje ke pou yo ka konnen kisa Bondye vle pou lavi yo, yo dwe li Bib la ak lapriyè chak jou. Repase tèks pou memorize a, epi fini pandan n'ap chante yon chan pou fè lwanj pou Bondye.

nòt

Lespri Sen An Ban Nou Pisans

Baz biblik: Travay 1: 8; 6: 1-15; 7: 1, 51-60.

Objektif leson an: Se pou jèn timoun yo apresye pouvwa ke Sentespri a bay kretyen yo pou fè konnen mesaj bon nouvèl la ak defann lafwa yo.

Vèsèpou aprann: *"Men, lè Sentespri a va desann sou nou, n'a resevwa yon pouvwa. Lè sa a, n'a sèvi m temwen nan Jerizalèm, nan tout peyi Jide ak nan tout peyi Samari, jouk nan dènye bout latè."* (Travay 1:8).

PREPARE W POU W ANSEYE!

Li enpresyonan pou wè kisa sosyete jodi a prè pou fè pou yo gen pouvwa. Ak yon ti monou kapab di ke , sosyete nou an grangou pou pouvwa. Soti nan tout nivo sosyal yo, moun ap goumen pou yo domine lavi lòt moun epi konsa yo va gen kontwòl sitiyasyon yo.San dout elèv ou yo fè eksperyans lan, oswa omwen wè sa nan lòt moun.

Nan leson sa a, elèv yo pral aprann ke Bondye bay kretyen yo pouvwa ak valè pa mwayen Sentespri a. Sepandan, pouvwa sa a konplètman diferan ak sa mond lan bay la paske li pa chache benefis pèsonèl, men se pa lòt moun; li pa detwi pou l louvri pwòp chemen li, men li bay legen pou Bondye kapab akonpli volonte li.

KÒMANTÈ BIBLIK

Travay 1:8. Nan vèsè sa a nou jwenn pwomès Jezi ki va voye Sentespri a pou kwayan yo. Li ta ba yo pouvwa pou yo vin temwen li ak fè mirak. Jezi te konnen ke disip li yo pa t' kapab fè temwen li ak pwòp fòs yo, se pou sa li te mande yo rete tann "pwomès Papa a". Jan sa dekri nan pòsyon biblik sa, disip yo te dwe temwen se pa sèlman nan lavil Jerizalèm, men se pito nan chak kwen ki sou latè.

Mo grèk la pou "temwen" se *martus*, menm bagay la ki tradwi pou "mati". Temwen an dwe dispoze pou yo mati, epi kalite fòs sa a ka sèlman soti nan Sentespri a.

Travay 6:1-15. Lè legliz la te kòmanse grandi, yon diskisyon te leve ant moun Lagrès yo ak Ebre yo sou distribisyon lajan pou moun ki nan bezwen yo. Moun peyi Lagrès yo plenyen paske yo pa t' pran swen vèv yo. Apot yo pa t' vle neglije predikasyon an, konsa yo priye pou Bondye ta ede yo chwazi moun ki espesyal pou travay sa a. Se poutèt sa, yo te pran sèt dyak ki te pou responsab bezwen espirityèl ak materyèl yo. Mesye sa yo te dwe ranpli avèk Sentespri a. Sa a fè nou sonje ke Sentespri a transfòme moun òdinè pou vin temwen pisan pou Kris la.

Travay 7:1, 51-60. Istwa Etyèn, premye kretyen yo te touye a, se yon demonstrasyon klè ki gen pou wè ak pouvwa Sentespri a nan kwayan an. Menm si an reyalite sanble yon kontradiksyon, paske Etyèn san defans nan men yon foul moun ki te byen fache. Sepandan, kè li ak lespri li te byen fèm epi plen pouvwa ak renmen. Nan pasaj sa a gen twa pwen kle nou dwe degaje:

(1) Sekrè valè Etyèn nan se te depandans total li de Kris la. Kalite pouvwa sa a ka soti sèlman nan Sentespri a.

(2) Etyèn swiv egzanp Jezi a. Olye li te fè fas avèk atakan li yo, li te priye pou Bondye padonnen yo.

(3) Ann aprann ki sa li vle di fè temwen Kris la san sa pa enterese l konsekans yo. Pouvwa Sentespri a t'ap travay nan Etyèn, menm nan moman lanmò li.

DEVLOPMAN LESON AN

Tèks pou memorize a pral sèvi nou kòm entwodiksyon pou dvnye leson sa a. Nan vèsè sa a nou jwenn konfimasyon pwomès la ke Kris te fè disip li yo: Voye Sentespri a.

Ekri tèks la sou tablo a epi mande jèn timoun yo si yo te deja resevwa pouvwa sa a. Pandan w'ap baze w' sou repons lan, eksplike yo ke jodi a yo pral aprann ki sa sa vle di viv ranpli avèk Lespri Bondye a.

Kisa ki fè li travay?

Pou aktivite sa a ou bezwen bagay sa yo: yon radyo oswa yon aparèy mizik, yon ti anpoul ak yon ti aparèy pwodwi kouran.

Fè aparèy yo fonksyone, epi mande jèn timoun yo kisa ki fè yo fonksyone. Koute repons yo. Apre sa a, eksplike yo ke menm jan anpil objè bezwen elektrisite, van oswa gaz pou yo fonksyone, se konsa noumenm moun nou bezwen pouvwa pou nou kapab fè fas ak defi lavi a. Nan sosyete nou an pouvwa enpòtan, epi gen kèk moun ki sèvi mal ak li. Sepandan, Bondye te pwomèt li ta ban nou yon lòt kalite pouvwa diferan, jan nou pral aprann li nan istwa biblik la.

Ou ta ka fè sa a?

Pou pi byen konprann fonksyon pouvwa Sentespri a nan lavi kretyen yo, nou pral reflechi sou de istwa lavi reyèl. Youn ki te pase nan lavil Jerizalèm nan premye syèk la, ak lòt la nan Amerik di Sid nan syèk ki pase a.

Louvri liv elèv yo nan paj 129, epi bay tan pou jèn timoun yo li istwa Jim Elliot an silans.

Lè tout moun fini, diskite sou kesyon sa yo: *Kilès ki te ede Elizabeth Elliot pou l' te fè sa li te fè a ? Kisa ou panse ou ta fè nan sitiyasyon sa a?*

Pèmèt tout moun patisipe epi ekri konklizyon yo nan liv la.

ISTWA BIBLIK

Divize klas la pa de oswa an ti gwoup, epi bay chak koup yo nan kesyon ki nan paj 130 la. Pou yo jwenn repons yo, fè yo li Travay 6: 8-15; 7: 1, 51-60. Chak gwoup dwe nonmen yon reprezantan, ki pral bay repons lan devan rès klas la.

Ou dwe siveye pou w' korije nenpòt repons ki mal ak konplete enfòmasyon an

lè sa nesesè.

AKTIVITE YO

Mwen te wè li

Di elèv yo ke, pou yo imajine yo ke yo te la lè lanmò Etyèn, se pou yo ekri yon lèt pou yo rakonte yon zanmi yo sa ki te pase a. Eksplike yo ke yo dwe ekri detay sou ki jan yo te santi yo lè yo te wè yo akize Etyèn san koz epi mouri nan men farizyen yo.

Apre sa a, pèmèt kèk li lèt yo. Ankouraje yo swiv egzanp Etyèn nan epi krnbr fèm nan lafwa yo, menm lè sikonstans yo ta parèt nwa anpil.

Sentespri a se...

Bay jèn timoun yo yon moso papye ak kreyon. Mande yo pou yo fè yon desen, oswa ekri yon panse sou kisa Sentespri a reprezante pou lavi yo, apre etid la fin fèt sou seri leson sa yo.

Prepare yon mi pou fè yon tablo epi, si ou vle, envite paran yo pou yo kapab wè travay timoun yo ap fè.

POU FINI

Fòme yon sèk lapriyè epi mande Senyè a benediksyon pou chak elèv ou yo. Lapriyè pou Sentespri a ranpli, ba yo pouvwa, ba yo kapasite ak gide yo pou yo viv lavi kretyen an. Si te gen kèk jèn timoun ki pot ko aksepte Kris kòm sovè pèsonèl ak Seyè yo, sa se yon bon moman pou w' envite yo pou yo fè sa.

Ankouraje jèn timoun yo mete konfyans yo epi depann de gid Sentespri a tout tan nan lavi yo.

Fè yo sonje ke pwochen klas la ap kòmanse etid la nan yon nouvo inite, ki rele "leson sou twa wa yo".

LESON SOU TWA WA YO

Baz biblik yo: 1 Samyèl 8-12; 13; 15; 18-19; 28; 31; 2 Samyèl 11-12; Sòm 51; 1 wa 3; 4: 29-34; 9: 1-9; 11: 1-13.

Vèsèpou aprann: *"Kounye a, noumenm pèp Izrayèl, kisa Seyè a, Bondye nou an, mande nou, se pou nou gen krentif pou Seyè a, Bondye nou an. Se pou nou swiv chemen li mete devan nou an. Se pou nou renmen l'. Se pou nou sèvi l' ak tout kè n' ak tout nanm nou...?"* (Detewonòm 10:12).

OBJEKTIF INITE A

Inite sa a pral ede jèn timoun yo:

- ❖ Konprann ke, nan relasyon yo ak Bondye, sa yo se bagay ki fondamantal respè, obeyisans, sèvis ak renmen.
- ❖ Idantifye kisa ki lakòz anpechman kwasans espirityèl yo.
- ❖ Evalye si desizyon yo reflete obeyisans oswa dezobeyisans devan Bondye.
- ❖ Chèche padon pou peche yo ak restore relasyon yo epi Bondye.

LESON NAN INITE A

Leson 36: Izrayèl gen yon wa

Leson 37: Wa a dezobeyi

Leson 38: Vin pi mal toujou

Leson 39: Èske ka gen yon wa ki bon?

Leson 40: Erè yon wa ki gen bon konprann

POUKISA JEN TIMOUN YO BEZWEN ANSEYMAN INITE SA A?

An mezi y'ap grandi, jèn timoun yo gen tandans gen rapò ak plis moun: zanmi, kanmarad, pwofesè, elatriye. Anpil nan sa yo, se relasyon ki fò ak dirab, gen lòt ki fèb ak pasajè. Elèv ou yo kòmanse konprann kisa li vle di konsève ak pwoteje yon amitye. Yo konnen li enpòtan pou yo konnen moun nan epi aksepte defo yo ak bèl kalite li yo. Sepandan, paske relasyon nou ak Bondye pi enpòtan, yo dwe konprann ke yo menm tou yo bezwen konnen l' pi byen. Pou rezon sa a li tèlman enpòtan pou yo etidye Bib la ak lapriyè.

Konvèsasyon Jezi ak Nikodèm (Jan 3) montre nou ki jan yo kòmanse yon relasyon ki kòrèl ak Bondye. Legliz la konprann ke "fèt ankò" se admèt ke nou peche (repantans) ak aksepte Kris kòm Seyè nou an.

Anpil pasaj nan Bib la, nan Ansyen ak nouvo Testaman, yo anseye nou ki jan nou kapab konsève ak ranfòse relasyon nou ak Bondye. Detewonòm 10:12 ba nou kat eleman k'ap ede nou reyalize objektif sa a: gen krentif pou Bondye (onè ak respè), obeyisans (mache nan chemen l'), renmen ak sèvis.

Pou ka gen yon relasyon entim, nou bezwen kat eleman sa yo ansanm. Pa egzanp, si moun nan swiv règleman, men li pa obeyi Bondye, li vin tounen yon legalis, tankou farizyen yo. Si yo di renmen Bondye epi yo pa respekte kòmandman l' yo, lafwa yo baze sèlman sou santiman yo. Anplis, si sèlman yo dedye a sèvis, yo vin tounen yon ajans asistans sosyal. Li enposib pou bay onè ak respekte Bondye si nou pa obeyi li, renmen ak sèvi li. Nenpòt lòt bagay se relijyon sipèrfisyèl. Men, lè nou mete kat eleman yo ansanm, vin gen yon balans ant atitid ak aksyon yo. Nou sèvi epi obeyi Bondye paske nou renmen l' ak respekte li.

Leson sa yo pale nou epòk wa yo, soti nan Sayil rive nan Salomon. Nan chak istwa yo elèv yo ap evalye jis nan ki pwen Sayil, David ak Salomon te akonpli kat kondisyon yo, epi ki jan sa enfliyanse lavi yo.

Izrayèl Gen Yon Wa

Baz biblik: 1 Samyèl 8-12.

Objektif leson an: Se pou jèn timoun yo aprann kisa kat eleman ki nesesè pou ede yo konsève yon bon relasyon ak Bondye yo ye.

Vèsè pou aprann: *"Kounye a, noumenm pèp Izrayèl, kisa Seyè a, Bondye nou an, mande nou, se pou nou gen krentif pou Seyè a, Bondye nou an. Se pou nou swiv chemen li mete devan nou an. Se pou nou renmen l'. Se pou nou sèvi l' ak tout kè n' ak tout nanm nou...?"* (Detewonòm 10:12).

PREPARE W POU W ANSEYE!

Desizyon ki pi enpòtan nan lavi yon moun se aksepte Jezikri kòm sovè ak Seyè li. Sepandan, lavi kretyen an pa fini ak padon pou peche l yo sèlman; se yon relasyon kontinyèl ki bezwen grandi ak fòtifye.

Bib la di nou byen klè kisa Bondye ap tann nan men pitit li yo: respè, lanmou, obeyisans ak sèvis. Kondisyon sa yo te etabli pou pèp Izrayèl la, men yo toujou valab pou nou. Lè kretyen an echwe nan kèk bagay li fasil pou wè yon chanjman nan relasyon li ak Bondye.

Jèn timoun yo aprann fasil atravè eksperyans lòt moun. Se poutèt sa, pa mwayen istwa pèsonaj biblik sa a yo, pale yo de enpòtans obeyisans lan genyen, renmen, respekte ak sèvi Bondye. Kòm mesye sa yo te echwe tou, anseye yo pou yo rekonèt erè yo epi chwazi ki jan yo pral fè pou evite tonbe nan peche pou y opa kraze relasyon yo avèk Bondye.

KÒMANTÈ BIBLIK

1 Samyèl 8-12. Pou plis pase 400 ane Izrayèl te espesyal nan mitan lòt nasyon yo paske se te yon pèp teyokratik. Sa vle di, gouvènman li a t'ap mache anba otorite Bondye. Bondye te chwazi gason ak fanm pou vin jij yo, yon fonksyon ki enkli lidèchip militè ak otorite legal ak moral tou. Jij yo se te reprezantan Bondye, men li te wa Izrayèl. Sa a te fini nan tan Samyèl, kèk mil ane anvan Kris la.

Nan dokiman ebre yo, 1 ak 2 Samyèl se te yon sèl liv, tankou 1 ak 2 wa, ak 1 ak 2 Kwonik. Liv sa yo ansanm yo dokimante kòmansman ak fen monachi a nan peyi Izrayèl. Sèt premye chapit 1 Samyèl yo rakonte tranzisyon ant epòk jij yo ak wa yo.

Samyèl se te dènye jij nan peyi Izrayèl, li menm ki te vide lwil sou tèt de premye wa yo. Se poutèt sa, genyen yon lyen enpòtan ant de peryòd yo. Li te avèti pèp la sou konsekans sa ta pral genyen lè yo te mande yon wa; epi, Bondye te dirije li, li te tande demann pèp la epi li te ede etabli monachi a.

Lidè pèp Izrayèl yo te bay Samyèl twa rezon ki fè yo te mande yon wa: (1) Samyèl te granmoun epi pitit gason l' yo te nan peche. (2) Yo te panse nonmen yon wa te pral anpeche fiti pwoblèm militè yo te ka genyen-li klè ke yo te bliye viktwa yo pa mirak anba lidèchip jij kòm Debora ak Jedeyon. Finalman, (3) yo te vle fè tankou lòt nasyon yo (8: 5). Bondye te di Samyèl ke pèp la pa t' rejte li, men se Bondye menm pèp la t'ap rejte kòm wa yo.

Bondye pa ta pèmèt yo fè tankou lòt nasyon yo, paske pèp Izrayèl la se te yon pèp ki te sou contra ak li. Menm wa a pat' gen otorite absoli nan peyi Izrayèl; pouvwa yo te limite anpil (gade Detewonòm 17: 14-20). Monachi peyi Izrayèl la te teyokratik, sa vle di, pouvwa wa a te anba direksyon ak kontwòl Bondye.

DEVLOPMAN LESON AN

Swete elèv ou yo byen vini, epi di yo ke nan inite sa a yo pral etidye lavi premye wa Izrayèl yo. Fè yo sonje pou yo pote Bib yo epi rive bone pou yo patisipe nan aktivite aprantisaj la. Kòmanse klas la avèk yon priyè. Apre sa a, mande pou yon volontè ede w distribye liv travay yo.

Sa ki fè yon amitye dire?

Divize klas la an gwoup twa oswa kat elèv epi mande chak gwoup yo nonmen yon sekretè. Fè yo louvri liv elèv yo nan paj 131 epi pale sou karakteristik yon amitye ki dire lontan (egzanp: Onètete, Jantiyès, konpasyon, padon, lanmou, elatriye.). Ba yo tan pou yo ekri repons yo nan liv yo. Mande sekretè ki nan chak gwoup yo pou yo li repons yo epi ekri yo sou tablo a.

Eksplike yo ke pou yon zanmitay kapab dire lontan, dwe gen renmen, respè, lwayote ak konpreyansyon. Se menm bagay la ki pase nan relasyon nou ak Bondye: si nou vle zanmi li ak aprann nan men li nou dwe konnen li pi plis epi renmen li ak tout kè nou.

Wa yo

PPou aktivite sa a ou pral bezwen papye konstriksyon, makè koulè, lakòl ak ilistrasyon yon kouwòn, twòn, gouvènman, palè, wa, elatriye.

Mete materyèl yo sou yon tab pou elèv ou yo fè yon miral sou wa yo. Pandan y'ap travay, mande yo pou yo bay kèk karakteristik wa yo epi di ki fonksyon yo.

Apre w fin koke miral ki fini an nan mi an, di yo ke nan inite sa a yo pral etidye istwa twa wa enpòtan Izrayèl yo.

ISTWA BIBLIK

Li pasaj biblik etid yo davans, pandan w'ap ekri done enpòtan yo nan yon kat pou w' ka genyen yo nan men ou. Esplike jèn timoun yo fòm gouvènman ke Izrayèl te genyen anvan yo te vin yon monachi. Bay tan pou elèv ou yo li epi di ak pwòp mo pa yo sa yo konprann. Esplike yo konsèp ki difisil yo, pandan w'ap fè yon remak pou di yo ke Izrayelit yo, pandan yo te vle menm jan ak lòt nasyon, yo te meprize otorite Bondye a epi pi pito mete yon lòm parèy yo gouvènen yo.

AKTIVITE YO

Jwenn chemen an

Mande jèn timoun yo louvri Bib yo nan Detewonòm 10:12 epi travay nan aktivite ki nan paj 132 nan liv yo. La a yo dwe jwenn chemen an, pandan y'ap swiv tèks biblik la, epi make ak yon ti sèk kat kondisyon yo ki fè moun gen yon bon relasyon ak Bondye.

Atitid

Se pou yo louvri liv elèv yo nan paj 133. Mande ti mesye yo reponn kesyon yo ki koresponn ak atitid pèp Izrayèl la, pandanti medam yo ap chache pasaj biblik yo ki pral kreye yon relasyon alantou atitid Sayil. Apre sa a, tou de gwoup yo dwe konpare rezilta yo, epi se pou yo verifye ke yo dakò ak sa yo etidye nan istwa biblik la.

Amitye ki dire lontan

Nou sijere w' pou okazyon sa a ou envite pi bon zanmi ou la pou vin rakonte gwoup la kèk istwa sou amitye li. Sa a pral ede jèn timoun yo pi byen konprann ke yon relasyon bati sou baz konfyans, respè, lwayote ak renmen. Di yo ke, menm jan yo vle jwe ak pran plezi yo ak zanmi yo, yo dwe fè efò pou yo konsève yon relasyon damou epi amitye avèk Bondye.

Ki jan yo kòmanse?

Nan paj 134 nan liv elèv yo y'ap jwenn etap pou yo kòmanse yon relasyon nan renmen epi amitye ak Bondye. Mande si nenpòt nan yo vle konnen Bondye epi viv dapre kòmandman li yo, kondwi l' pa lapriyè. Apre sa a, esplike enpòtans lapriyè ak etid Pawòl la pou nou apwoche nou pi pre Senyè a epi gen yon relasyon plis entim avè l'.

POU FINI

Ankouraje elèv ou yo respekte, obeyi, renmen ak sèvi Bondye chak jou. Chante yon chan pou fè lwanj pou Bondye epi etidye kèk tèks pou memorize inite sa a. Nou sijere w' ekri li ktèl epi mete li yon kote ke moun ka wè li nan klas la pou yo ka toujou sonje li. Priye pou sa yo ki fè demand lapriyè epi fè yo sonje ke asistans yo trè enpòtan.

Wa Dezobeyi

Baz biblik: 1 Samyèl 13; 15.

Objektif leson an: Se pou jèn timoun yo konprann ke obeyi Bondye pi bon pase ofri sakrifis.

Vèsèpou aprann: *"Kounye a, noumenm pèp Izrayèl, kisa Seyè a, Bondye nou an, mande nou, se pou nou gen krentif pou Seyè a, Bondye nou an. Se pou nou swiv chemen li mete devan nou an. Se pou nou renmen l'. Se pou nou sèvi l' ak tout kè n' ak tout nanm nou...?"* (Detewonòm 10:12).

PREPARE W POU W ANSEYE!

Sa pa etonan pou wè jèn timoun yo obsève moun ki "bon" dezobeyi Bondye epi aparamman pa soufri okenn konsekans ki aplikab. Nan lòt sans lan, swa pa ensten oswa imitasyon, lè moun nan fè yon bagay ki mal, Apre sa a, eseye fè yon bagay ki bon an retou. Men, tandans sa a twonpe paske li bay yon sans sekirite ki fo. Anplis de sa, li komen ke anpil moun panse: "Apre tout bagay, gen yon moun ki pi mal pase nou"

Bon zèv yo-menm gwo sakrifis yo-pa kapab efase dezobeyisans lan. Dezobeyi Bondye se peche epi se sèl li menm ki kapab padone li. Okenn bon zèv li te mèt anpil ka efase peche, se pandan, Bondye prè pou l padone moun ki mande li epi kwè nan li. Yon fwa ke li fin padone moun nan, petèt lankò va gide moun sa a vè restitisyon, men nou pa dwe konfonn sa a ak lite pou jwenn padon, ki se yon kado ki soti nan Bondye. Restitisyon an se repons moun Bondye te padone a ofri pa amou.

KÒMANTÈ BIBLIK

1 Samyèl 13. Pèp la te mande yon wa epi Bondye te akòde yo li. Kounye a, li te dwe soufri konsekans desizyon yo a.

Malgre Izrayèl te gen wa, gouvènman li a te yon monachi teyokratik. Bondye te toujou otorite siprèm paske pouvwa wa a te oti dirèkteman nan Seyè a, epi li te fòse wa a Izrayèl la obeyi lalwa li yo.

Premye zak dezobeyisans Sayil se te pran responsablite li pou ofri sakrifis nan Gilgal. Li te dezespere lè li te wè moun Filisti yo rasanble epi Samyèl pa t' ko vini. Lame li a, te kache ak pèrèz, yo te kòmanse dispèse yo te wè lame lènmi anpil. Sayil pa t 'vle ale deyò epi goumen san li pa ofri sakrifis la bay Bondye, li te jwe wòl gran prèt la, li te vyole lalwa a yo.

Lòt kilti yo te abitye mele wòl wa ak prèt. Gen kèk wa payen ki te chèf siprèm, menm jan nan zafè politik ak relijyon. Nou jwenn yon referans nan Jenèz 14:18, lè Mèlkisedèk, wa peyi Salèm nan, li te aji kòm prèt Bondye pou beni Abram. Men, sa pa rive nan Izrayèl. Fonksyon prèt yo te rezève pou moun Levi yo (Egzòd 39-40), epi Sayil te soti nan branch fanmi Benjamen. Dezobeyisans li nan lalwa a te montre ke, li te endiferan nan kòmandman Bondye a, li te depann sou lame li a ak dominasyon militè yo.

1 Samyèl 15. Dezyèm gwo erè wa Sayil te fè se te dezobeyi lòd ke Bondye te bay pa mwayen Samyèl: detwi tout pèp amalèk yo nèt. Petèt sa a se yon lòd kriyèl jodi a, men Sayil pa t 'pwoteste kont sa paske lè sa a li te trè komen. Sinon, te ka gen yon lènmi ki ta rete ak lide pou li ta vanje aprè. Malgre Sayil te aksepte lòd la, men akoz de egoyis ak regrèt li pat' vle gaspiye pi bèl bèt yo, ni opòtinite pou touye wa moun Amalèk kòm yon viktwa pou tout pèp Izrayèl la.

Lè Samyèl te repwoche Sayil pou dezobeyisans li, li te bay manti lè li te di: *"... Mwen obeyi vwa Jewova, epi mwen te ale nan misyon Jewova te voye m', mwen te mennen Agag, wa moun Amalèk yo, epi mwen detwi moun Amalèk yo. Men, pèp la te fè piyay nan, mouton yo ak bèf, chèf anatèm nan, pou touye pou ofri yon sakrifis bay Bondye ou la nan Gilgal."* (15: 20-21).

Samyèl reponn li: *"Èske Seyè plis pran plezi nan sakrifis ak viktim, pase nan obeyi vwa Senyè a?"* (15:22). Okenn sakrifis, menm si li ta anpil li paka ranplase obeyisans. Ensidan sa a finalman ta pral koute wa Sayil twòn li.

Sa ki te pi grav nan istwa Sayil la se pa t' pèdi twòn nan, men se te deside dezobeyi Bondye a. Pouvwa l te kòmanse ak pisans epi onksyon ki soti nan Bondye, men li te fini ak lawont.

DEVLOPMAN LESON AN

Revizyon

Nan fèy ki gen koulè diferan ekri byen gaye kat kondisyon ki nesesè yo pou yon moun kenbe yon relasyon ki kòrèk ak Bondye. Apre sa a, mande elèv yo pou yo dechifre mo yo. Egzanp: LNOOREI (onore li), MRILEENN, (renmen li), YIOIELB (obeyi li), IVSEIL (sèvi li).

Konsekans pou dezobeyisans

Divize tablo a an de kolòn. Nan youn ekri kòm tit "Dezobeyisans", epi nan lòt la "Konsekans yo". Fè yon lis zak dezobeyisans a Bondye ke jèn timoun yo komèt souvan (pa egzanp: dezobeyi paran yo, pa fè devwa, pa ale lekòl san paran yo pa konnen, pran yon bagay ki pa pou yo, bay manti, elatriye).

Lè sa a, pèmèt timoun yo pase devan epi ekri nan dezyèm kolòn nan konsekans ki pou chak aksyon sa a yo.

Eksplike yo ke dezobeyisans lan se peche epi li toujou gen konsekans negatif. Nan istwa jodi a nou pral aprann sou yon wa ke Bondye te chwazi pou sèvi l', men li te chwazi dezobeyi.

ISTWA BIBLIK

Li pasaj etid la depi davans: 1 Samyèl 13: 8-15; 15: 1-29. Elèv ou yo gen pasaj sa a kòm yon gid pou teyat nan liv yo a, paj 135. Chwazi senk volontè ki pou li tèks la sou fòm yon dram; lòt moun yo se pral piblik la.

Yon lòt opsyon se bay kèk mas pou yo degize pou yo ka reprezante pèsonaj yo. Mande rès klas obsève dramatizasyon an ak atansyon pou yo detèmine si Sayil te ranpli kondisyon yo pou li te gen yon relasyon ki kòrèk ak Bondye.

Lè yo fini, esplike yo ke Bondye te vle pou Izrayelit yo onore l' ak tout kè yo epi yo te dwe obeyisan. Sepandan, wa a te deside swiv pwòp dezi pa l' yo epi pa tande vwa Bondye. Fè kèk konparezon ak atitid jèn timoun yo sou obeyisans ak respè pou kòmandman Seyè a.

AKTIVITE YO

Se, kounye a, kisa pou m fè?

Pou elèv ou yo asosye istwa biblik la ak sa k'ap pase bò kote yo, se pou yo li istwa Paola ak Victor ke y'ap jwenn nan paj 137 nan liv elèv yo, epi pale sou sa ki te pase nan okazyon sa a yo. An reyalite, èske Paola ak Victor te regrèt? Èske sa yo fè a te fè Bondye plezi? Èske y'ap domaje sa kip ase a?

Mete aksan sou enpòtans ki genyen nan restitisyon lè nou te fè yon bagay ki mal. Restitisyon an pa korije fay la, men li montre repantans nou ak dezi yo pou nou chanje move konduit la.

Kisa Bondye vle pou nou fè?

Pèmèt kèk volontè li dyalòg ki nan paj 138 nan liv elèv yo. Apre sa a, pale de sa. Mete aksan sou sèl fason ke nou kapab retabli relasyon nou ak Bondye se admèt ke nou te peche, tounen vin jwenn Bondye epi mande li padon.

Mande elèv ou yo: *Ki sa Sayil te fè lè li te dezobeyi Bondye?* Apre ou fin tande repons yo, esplike yo kijan Sayil te eseye defann tèt li pandan li te bay yon manti. Apre sa a, li te li te lage chay la sou pèp la, men li pa t' rekonèt fo li.

Lè nou fè peche, Bondye dispoze pou l' padone nou si nou repanti nan kè nou epi chèche padon li ak imilite.

POU FINI

Fini ak yon tan refleksyon. Gen kèk nan kesyon sa yo ki ka itil yo:

Èske w te janm fè yon bagay mal sou sa ou ta dwe pale ak Bondye?

Èske w'ap eseye rezoud kèk pwoblèm ak fason pa ou oswa kite kèk koze ou te mete tèt ou?

Fòme yon sèk, epi mennen yo nan yon lapriyè konfesyon, restitisyon ak aksyon de gras. Ankouraje ak konfyans pi pwòch Seyè a pou yo ka kontinye aprann nan Pawòl li a.

Vin Pi Mal Chak Jou Pi Plis

Baz biblik: 1 Samyèl 18-19; 28; 31.

Objektif leson an: Se pou jèn timoun yo konprann ke dezobeyi Bondye pote konsekans grav.

Vèsèpou aprann: *"Kounye a, noumenm pèp Izrayèl, kisa Seyè a, Bondye nou an, mande nou, se pou nou gen krentif pou Seyè a, Bondye nou an. Se pou nou swiv chemen li mete devan nou an. Se pou nou renmen l'. Se pou nou sèvi l' ak tout kè n' ak tout nanm nou...?"* (Detewonòm 10:12).

PREPARE W POU W ANSEYE!

Sosyete modèn yo ap fè fas a yon pwoblèm trè enpresyonan epi vin pli zan pli komen: estrès bò kote jèn timoun yo. Menm si yo pa eksprime sa ouvètman, y'ap viv ak kè sote, ak konfizyon ak preokipe pou pwoblèm nan fanmi, presyon lekòl ak enfliyans mwayen kominikasyon yo. Sa a pwodwi konpòtman rebèl anpil fwa bò kote yo.

Pou jèn timoun yo, move konpòtman se yon bagay ki nòmal. Yo pa reyalize si y'ap etabli modèl kondwit pou lavni, epi ti zak dezobeyisans yo ka vin pi gwo pwoblèm.

Yo ran yo kont de domaj oswa konsekans yo, paske televizyon, bay yon move esplikasyon de konsekans yo, prezante peche kòm yon bagay ki akseptab e menm yo chwa.

Istwa Sayil la montre nou trè klè rezilta dezobeyisans lan ak konsekans yo k'ap vini pazapa. Atravè istwa sa a, jèn timoun yo ka konprann ke desizyon pou obeyi Bondye a fondamantal pou yo mennen yon relasyon entim ak Seyè a.

KÒMANTÈ BIBLIK

1 Samyèl 18—19; 28; 31. Sayil se te nonm Bondye te chwazi kòm premye wa peyi Izrayèl. Malerezman, pou dezobeyisans li, li te koupe relasyon l avèk Bondye, epi pèdi lapè nan lespri li ak wayòm nan.

Si Sayil te sèvi Bondye fidèlman, fen li t'ap diferan, epi petèt fanmi li ta vin etabli yon gran ras. Sepandan, Sayil te kraze kontra li ak Bondye. Ankò e ankò Sayil te meprize pawòl Bondye a, epi, lè pwoblèm yo te leve nan kò l', li te blame lòt moun.

Chapit final lavi li te rive lè li te gen pou l te fè fas ak ansyen lènmi li yo: filisten yo. Samyèl te gentan mouri, epi, Sayil, ranpli ak pè, li te eseye chèche èd ak dezesperasyon pou l rezoud konfli a. Nan peryòd sa a yo, se te yon bagay nòmal pou wa yo te konsilte pawòl Bondye a oswa saj yo anvan yo t'al angaje yo nan lagè. Gen kèk gran prèt payen ki te konn touye bèt epi analize zantray yo pou chèche sinyal pou konnen sa ki gen pou vini.

Adivinasyon ak maji entèdi nan peyi Izrayèl. Bondye te konn bay pèp li direksyon ke li te bezwen, pale ak y opa mwayen lapriyè, pwofèt yo ak gran prèt yo, rèv yo, oswa Ourim ak Toumim nan. Pat gen okenn nan metòd sa yo ki te bay Sayil repons li te vle a. Anfen, li dezobeyi ki te anseye nan Detewonòm 18: 9-11, li t'al lakay yon divinò pou mande l rele mò Samyèl (1 Samyèl 28:11).

Repons Sayil te resevwa te dekourajan, li te konfime yon lòt fwa ankò ke Bondye te vire do ba li. Samyèl te predi defèt moun pèp Izrayèl yo, epi li ak pitit gason l' te mouri.

Menm jan Samyèl di a, nan demen filisten yo bat izrayelit yo, yo blese Sayil epi touye twa pitit li yo. Olye pou l' te kite yo pran l' epi finalman tonbe anba kou lènmi li yo, Sayil te touye tèt li ak pwòp epe li. Premye wa peyi Izrayèl la te mouri kòm rezilta dezobeyisans ak rebelyon li yo.

DEVLOPMAN LESON AN

Ekri fraz sa a nan tablo a, oswa nan yon gwo fèy: "Fè pratik fè moun vin pi fò". "Apre sa a, mete sou tab la kèk objè ki reprezante konpetans yo mande pou pratik la; pa egzanp, yon fèy ak egzèsis matematik; yon enstriman mizik; yon valiz yo konn mete fatra oswa yon ti poubèl, se pou yo reprezante devwa lakay yo. Apre sa a, mande elèv yo fòme yon sèk, epi antre nan mitan ak yon balón mwanyen. Voye l' sou plizyè nan yo epi mande yo pou lanse nan men ou ankò. Apre sa a, voye l' tounen ba ou. Apre sa a, mande yo si yo ta kapab amelyore jwèt yo nan atake ak atrape balon an si yo te pratike chak jou. Apre sa a, fè yo reponn kesyon sa a yo:

- Chak konbyen fwa ou pratike egzèsis matematik?
- Konbyen fwa ou pratike pou aprann jwe yon enstriman?
- Konbyen fwa ou te fè travay nan kay la, tankou pran fatra mete deyò, bale lakou a, lave epi seche asyèt yo, elatriye?

Esplike yo ke lè nou pratike yon bagay, nou pwogrese kapasite sa a yo epi nou vin pi bon, pou byen oswa pou mal. Moun ki pratike dezobeyisans chak tan, li vin fò nan fè sa. Nan Bib la nou jwenn ka yon nonm ki te kòmanse dezobeyi Bondye epi konsekans yo se te yon katastwòf.

Sa ki pase?

Distribye liv elèv yo epi mande pou yo louvri li nan paj 139. Chwazi sèt elèv pou yo li fraz ki nan kazye yo. Apre sa a, pale sou kondwit Mak epi mande: Nou panse Mak ka fè yon bon zanmi?Koute repons yo. Apre sa a, esplike yo ke byenke chak ensidan separeman pa sanble enpòtan, si kondwit la repete gen moun ki pral panse ke moun sa a pa onèt epi yo pap kwè nan li.

Nan istwa jodi a nou pral aprann sou yon nonm ki te dezobeyi anpil fwa, li t'ap soufri konsekans ki te tris anpil pou zak li yo.

ISTWA BIBLIK

Pou okazyon sa a, nou sijere ke, depi davans, mande de jèn pou yo vin ede w' reprezante dyalòg ki nan paj 140 nan liv elèv yo. Chèche rad, epe oswa mas solda pou ka fè reprezansyon an pi reyèl. Fè yon revizyon jeneral sou istwa Sayil la ak elèv ou yo, pandan w'ap mansyone kèk nan erè li te komèt yo sou gouvènman li a.

Koute dyalòg de ofisyèl yo ak anpil atansyon, epi apre sa a mande yo: : *Ki modèl ki te repete nan kondwit Sayil la?Kisa ki te pase lè Sayil lè Sayil te vin tounen yon moun jalou, awogan ak malveyan?*

Mande elèv yo pou yo li nan Bib yo a pasaj ki nan 1 Samyèl 28: 3-24 pou reyafime aprantisaj la.

AKTIVITE YO

Kisa ki ta rive? Kisa ki te pase?

Divize klas la an de gwoup pou yo travay nan paj 141 nan liv elèv yo. Premye gwoup la pral reponn kesyon ki nan premye kolòn nan sèlman, pandan lòt gwoup la pral reponn sa ki nan dezyèm kolòn nan. Asire w' ke yo gen repons yo kòrèk anvan yo ekri yo nan espas vid yo ki nan fèy la.

Ki kalite konpòtman?

Pwopoze elèv ou yo kesyon sa yo, epi ekri repons yo sou tablo a:

- Ki kalite modèl ki t'ap fòme nan lavi Mak?
- Kisa li ka fè pou li chanje l'?
- Kounye a, panse sou pwòp lavi pa nou. Ki kalite aksyon nou fè pi souvan?
- Eske n'ap fòme modèl pozitif pou benefis lavi nou?
- Eske nou montre lanmou, onè sèvis, ak obeyisans anvè Bondye?

Ba yo tan pou yo kapab ekri repons yo nan triyang yo ki nan paj 142.

POU FINI

Nou sijere pou w mete yon ti tan apa pou w gide elèv yo egzaminen pwòp lavi yo, pou wè si gen yon bagay yo ta dwe konfese devan Bondye paske yo te dezobeyi pawòl Li. Priye pou yo, epi, anvan nou separe, repase tèks pou memorize a.

Leson 39

Èske Kapab Genyen Yon Wa Ki Bon?

Baz biblik: 2 Samyèl 11-12; Sòm 51.

Objektif leson an: Se pou jèn timoun yo aprann rekonèt epi konfese fot yo devan Bondye.

Vèsèpou aprann: *"Kounye a, noumenm pèp Izrayèl, kisa Seyè a, Bondye nou an, mande nou, se pou nou gen krentif pou Seyè a, Bondye nou an. Se pou nou swiv chemen li mete devan nou an. Se pou nou renmen l. Se pou nou sèvi l ak tout kè n' ak tout nanm nou...?"* (Detewonòm 10:12).

PREPARE W POU W ANSEYE!

Repantans ak konfesyon esansyèl pou lòm retabli relasyon l avèk Bondye. Natirèlman, pa gen pèsonn ki wè sa fasil pou li pran konsyans de peche l epi kouri lwen peche a. Li se pi fasil pou pote eskiz, blame lòt moun oswa eseye kouvri peche a. Lè jèn timoun yo komèt yon bagay ki mal, petèt yo eseye fè sa Sayil te fè a. Men, yo dwe konprann ke yo pa ka resevwa padon pou peche si yo pa rekonèt li epi soti ladan l.

Leson sa a pale nou de youn nan gwo ewo yo ki nan Bib la: David. Elèv pral kapab konpare Sayil ak David te reyaji fas ak peche, epi sou ki fòm atitid sa yo te make diferans nan relasyon yo ak Bondye ak lavni yo. Nan mitan yon sosyete kote yo tolere peche, epi souvan yo kache sa, elèv ou yo dwe rekonèt ke lè yo peche devan Bondye, konfese li epi tounen vin jwenn Bondye ak tout kè yo.

KÒMANTÈ BIBLIK

2 Samyèl 11-12. Istwa David la se youn nan istwa yo plis konnen nan Bib la. Li trè enteresan pou wè kijan yon ti gadò mouton enb te vin pi gran wa nan peyi Izrayèl.

Malgre ke David te fè anpil gwo bagay epi istwa l yo te enpresyonan, nou pa dwe bliye ke li te imen tou. Nan yon okazyon li rete nan lavil Jerizalèm apre li te fin voye Joab nan batay epi li te fè adiltè avèk Batcheba, madanm Iri. Lè li vin konnen ke li te ansent, David te eseye kouvri peche l la. Se poutèt sa, li te eseye bat pou Iri te ale kouche ak madanm li konsa, lè sa ta vin pale yo ta konprann ke pitit la se pou Iri li ta ye. Kòm sa pat bay rezilta, li te bay lòd pou yo mete Ouri nan tèt batay la pou l te ka mouri, epi se sa ki te pase vre.

Bondye te itilize pwofèt Natan pou pwononse jijman kont David. Nan yon sikonstans parèy, Sayil ta prezante eskiz li epi blame lòt moun, men David admèt peche l, li te mande padon. Nan Sòm 51 nou jwenn konfesyon David la.

Wa sa a te yon gwo lidè politik epi yon estratèj militè ki te bay pèp Izrayèl la anpil viktwa enpòtan, estabilite politik ak kè poze. Sekrè siksè li te nan konfese peche l' la, epi li te repanti ak tout kè l', panda li t'ap kite Bondye kontinye gide lavi li. Pou devosyon l' bay Bondye ansanm ak konfesyon sensè l' yo, li konsidere kòm wa ki pi remakab nan peyi Izrayèl.

DEVLOPMAN LESON AN

Deteronòm 10:12

Di elèv ou yo byenvini, epi reyalize aktivite sa a pou kòmanse klas la. Se pou nou chita sou fòm yon sèk pou repase tèks pou memorize a. Yon volontè dwe kòmanse di premye mo ki nan vèsè a. Apre sa a, dezyèm lan va di dezyèm mo a, se konsa li dwe kontinye jiskaske yo fin di vèsè a. Yon lòt opsyon se ke, nan menm sèk la, pase yon balon de men an men ak tan yon mizik, epi pandan lidè a fè "Stop!" Se konsa, sa ki rete ak boul la dwe di lòt ki vini nan vèsè a epi jiskaske tout moun fin patisipe.

Revizyon

Mande elèv yo si pandan semèn nan yo te remake nan yo menm, oswa kèk zanmi, yon modèl dezobeyisans konstan. Apre sa a, mande yo ki jan yo te reponn endikasyon paran yo oswa pwofesè yo. Si ou vle, sèvi ak kesyon sa yo:

Èske nou te fè yon bagay semèn sa a ke nou te prefere pat fè l'?

Ki kalite modèl konpòtman n'ap montre nan lavi nou?

Fè yo sonje ke yo ka mande Bondye èd lè y'ap fè fas ak tantasyon ek gen pwoblèm pou yo vin obeyisan. Apre sa a, di yo konsa:

Nan istwa yo nou te wè nan klas la, nou te aprann ke Sayil se te premye wa peyi Izrayèl. Nan kòmansman rèy li li te byen travay; li te enb, obeyisan epi li te pèmèt Bondye dirije lavi l'. Apre sa a, li te vin egoyis, dezobeyisan epi ògeye. Li pat retounen vin jwenn Bondye ak tout kè li, men li te eseye blame lòt moun pou move bagay sa yo li te fè.

Nan istwa jodi a nou pral wè ki moun ki te vin ranplase Sayil kòm wa nan peyi Izrayèl.

Simon di

Chwazi yon elèv ki pou lidè. Li dwe pase devan epi fè jès oswa aksyon pandan l'ap bay lòd: *Simon di manyen nen ou.*. Tout moun dwe swiv lidè a epi fè aksyon an. Men si li bay estriksyon an san li pa di Simon di (pa egzanp: *leve pye goch ak bwa dwat la*). Si youn nan yo ta pèdi li dwe chita pou li tan jwèt la fini.

Apre sa pale ak yo epi mande yo:
Te gen kèk aksyon nou pat vle fè?
Kisa k' te pase lè nou pat vle swiv endikasyon yo?

Koute repons yo a, epi esplike yo ke se sèlman yon jwèt li ye. Se pandan, nan lavi reyèl gen konsekans lè nou dezobeyi, lè no upa swiv enstriksyon yo ak vyole lwa yo. Nan istwa jodi a nou pral aprann de yon nonm ki te komèt yon peche byen grav epi apre sa li pat konn kisa pou l fè.

Kijan ou kalifye yo?

Louvri liv elèv yo nan paj 143. Ba yo tan pou yo konplete ehzèsis sa a, pandan y'ap base yo nan istwa yo ke nou te aprann epi konnen sou lavi David ak Sayil. Si se yon karakteristik Sayil, yo dwe mete S sou lign lan. Si yo konsidere se yon karakteristik David, ebyen yo dwe mete yon lèt D.

ISTWA BIBLIK

Li 2 Samyèl 11-12 depi davans pou w ka gentan abitye avèk istwa biblik la epi prepare pou w esplike elèv yo li.

Mete tan apa nan klas la pou li chapit 11 ki nan 2 Samyèl. Li tèks la pou yo, pandan w'ap fè entonasyon apwopriye pou tip de istwa sa yo, oswa mande yon moun èd ak entelijans pou lekti a, pandan klas la ap kontinye ak istwa a, yo chak ak Bib pa yo.

Li pwobab pou gen anpil kesyon bò kote jèn timoun yo sou atitid David la. Se poutèt sa w dwe prè pou reponn ak ede yo konprann ke David te komèt yon erè, men Bondye te padone li, li te restore l epi pwospere li kòm wa pèp li te chwazi a.

AKTIVITE YO

Mwen te pran w!

Gran diferans ki te genyen ant Sayil ak David se te fason yo chak te reyaji apre yo te fin dezobeyi.

Nan paj 144 elèv ou yo gen yon lis sis vèsè ki pral pèmèt yo konpare reyaksyon yo de wa yo. Ba yo tan pou yo chèche chak tèks nan Bib yo a epi ekri nan liv la de ki pèsonaj y'ap pale.

- 1 Samyèl 15: 13-16 (Sayil te eseye kouvri peche l pandan l'ap blame lòt moun).
- 2 Samyèl 11: 14-15 (David te eseye kache peche li yo ak Batcheba pandan li te touye mari l', jeneral Iri).
- 1 Samyèl 15: 24-25 (Sayil te repanti pou peche l yo, men li te mande Samyèl akonpanye li pou konsève aparans li).
- 2 Samyèl 12: 5-7, 13 (David te fache sou istwa nonm sa a ki te pran sèlman mouton malere a. Lè li te reyalize ke pwofèt Natan t'ap pale de li, David te konfese peche l).
- Sòm 51: 1-4 (David admèt peche l', li mande Bondye pitye).
- 1 Samyèl 15:30 (Sayil te di li te peche, men petèt li te plis enterese nan opinyon ke moun ta genyen de li ke li ta retounen vin jwenn Bondye ak tout kè li).

O, non!

Lè David te reyalize sa l' te fè a, li te konfese peche li, li te mande Bondye pitye epi li te ekri Sòm 51, yon sòm konfesyon. Mande jèn timoun yo pou yo li l' (swa nan Bib yo oswa pati ki nan liv yo) epi reponn kesyon sa a: *Kisa sòm sa a di nou sou kalite moun David te ye?*

Kisa Bondye mande kretyen yo?

Se pou elèv yo ale nan paj 146 epi li fraz ki nan mitan sèk la ak kesyon yo ki nan lòt seksyon yo. Pèmèt yo chèche pasaj biblik yo epi ekri repons yo nan espas vid yo.

POU FINI

Pou nou fini klas la, sonje jèn timoun yo ke pwofèt Natan te di David: menm si li te fè peche an kachèt tout moun t'ap vin konnen sa. Petèt pa gen yon lòt ki konnen move konpòtman jèn timoun yo, men Bondye okouran de tout sa nou fè.

Gide yo nan yon priyè konfesyon ak repantans, epi ankouraje yo viv dapre volonte Bondye.

Leson 40
Erè Yon Wa Ki Gen Bon Konprann

Baz biblik: 1 Wa 3; 4: 29-34; 9: 1-9; 11: 1-13.

Objektif leson an: Se pou jèn timoun yo konprann enpòtans ki genyen nan obeyi Bondye epi kanpe fèm nan pwomès yo.

Vèsè pou aprann: *"Kounye a, noumenm pèp Izrayèl, kisa Seyè a, Bondye nou an, mande nou, se pou nou gen krentif pou Seyè a, Bondye nou an. Se pou nou swiv chemen li mete devan nou an. Se pou nou renmen l'. Se pou nou sèvi l' ak tout kè n' ak tout nanm nou...?"* (Detewonòm 10:12).

PREPARE W POU W ANSEYE!

Èske kèk fwa ou konn tande elèv ou yo pale mal de yo menm oswa desann vale yo? Pa etranj. Chanjman fizik yo, defi lekòl yo ak enkyetid k'ap ogmante pou sa yo panse ke kanmarad yo fè jèn timoun yoi gen yon move konsepsyon de tèt yo. Petèt yo ka santi yo mal alèz ak chanjman sa yo ke y'ap fè fas; oswa lè y'ap konpare ak egzanp bote ke mwayen kominikasyon yo, petèt y'ap mande: "Ki jan m ka vin fò, senpatik oswa entelijan kòm yo?"

Leson sa a pral anseye yo ke pou Bondye gen yon bagay ki pi enpòtan ke bote a, fòs la ak konesans lan: obeyisans ki gen lanmou. Menm si se te nonm kit e plis gen bon konprann nan mond lan, wa Salomon te pran move desizyon chak fwa li te dezobeyi Bondye. Nan Deteronòm 10:12 nou pat' li ke bote, fòs ak konesans te fè pati kondisyon pou moun devlope yon bon relasyon ak Bondye, sinon onore li, renmen li, sèvi ak obeyi li.

KÒMANTÈ BIBLIK

1 Wa 3; 4:29-34; 9:1-9; 11:1-13. Salomon te genyen pi piti ke 20 ane lè l te vin konvèti kòm wa pèp Izrayèl la. Ala yon gwo responsablite pou yon jenn! Li te dwe gouvène yon gwo nasyon epi, an plis, pran plas David la, yon nonm Bondye te jwenn selon kè l (1 Samyèl 13:14).

Kontra ke Bondye te fè ak David la kounye a te vin responsablite Salomon. Se pou sa, li te di Bondye: "Mwen jèn" (1 Wa 3: 7), epi li mande l ba li yon "bon konprann" (3: 9).

Bondye te onore demann li a li te ba l bon konprann; anplis, li te ba l richès, onè ak lavi ki long. Sèl kondiyon an se te mache nan chemen Bondye a, nan kenbe lòd li ak kòmandman li yo jan David te fè li a, papa l (3:14).

Men, Salomon pa t' konpli pati kontra pa l la. Depi nan konmansman an li te enstab nan obsève lalwa Moyiz la. Li te marye ak fanm lòt nasyon yo, li te pratike mès pou adore nan zòn ki te entèdi ak, kòm sa rive souvan, tout bagay sa a yo te mennen l nan dezobeyisans total.

Detewonòm 17:17 te entèdi pou wa pèp Izrayèl te gen anpil madanm. Salomon te kraze lwa sa a li te gen 700 madan marye ak 300 fanm deyò. Anplis, fanm lòt nasyon yo te fè l' ale lwen vrè Bondye a, yo rale malè kont Salomon.

40 ane rèy Salomon an te fini nan dezòd ak vyolans. Pandan Bondye t'ap fè alyans lan ak David, Bondye te pèmèt Woboram, pitit pitit gason David, gouvènen peyi Jida. Branch fanmi Benjamen an te fè yon sèl ak Jida, pandan lòt 10 tribi yo te mete tèt yo ansanm gouvènman Jewoboram nan.

DEVLOPMAN LESON AN

Tab pou dezi

Pou aktivite sa a ou pral bezwen jounal oswa magazin, sizo, lakòl, fèy oswa katon ki byen gwosè yon kat ak makè. Mande chak elèv, pou yo sèvi avèk magazin ak jounal, fè yon bwat kalite kolaj ak tout bagay ou ta renmen genyen. Lè yo fini, se pou yo ekri nan menm kad la pasaj ki nan Pwovèb 3: 13-15.

Moun ki gen bon konprann yo

Mande klas la pou bay non kèk moun yo konsidere ki gen bon konprann. Ekri non yo sou tablo a epi mande yo: *¿Por qué creen que son sabios? ¿Son en verdad* Poukisa nou panse yo gen bon konprann? Èske yo

105

gen bon konprann vre oswa yo gen anpil konesans? Eske gen kèk diferans ant bon konprann ak konesans? ? Ekri mo sa yo "konesans" ak "bon konprann" sou tablo a, epi ou dwe gen yon diksyonè nan men w pou w ka chèche siyifikasyon yo.

Bon konprann mond lan kont bon konprann Bondye

Divize klas la an de gwoup. Ba yo chak twa deklarasyon ki nan paj 147 nan liv elèv yo. Pèmèt yo diskite si deklarasyon sa yo refere bon konprann Bondye oswa mond lan.

Di yo ke leson jodi a pral esplike plis enfòmasyon sou diferans ki genyen ant sa moun panse ak sa Bondye konnen ki pi bon pou nou.

ISTWA BIBLIK

Pou w rakonte istwa sa a, etidye pasaj sa yo depi davans: 1 Wa 9: 4-7; Eklezyas 1: 12-14; 1 Wa 11: 11-13.

Anvan w' kòmanse istwa a, mande yo chita an fòm yon sèk epi chèche pasaj etid yo. An mezi w'ap rakonte istwa a, mande yon elèv pou li pasaj ou vle mete aksan sou li a.

Pou fini, esplike yo ke lè Salomon te mouri, pitit li Woboram te vin gouvènè branch fanmi Jida a epi branch fanmi Benjamen an te vin fè yon sèl ansanm ak moun Benjamen yo. Jewoboram te vin wa sou dis lòt branch fanmi kit e rete yo.

AKTIVITE YO

Pwomès yo ak avètisman yo

Louvri liv elèv yo nan paj 148. La yo pral jwenn yon pasaj biblik ki pale sou sa Bondye te pwomèt Salomon an, ak kondisyon ki nesesè pou yo te rive vre. Di elèv li paragraf la epi fè yon sèk otou pwomès la. Se apre sa a, yo dwe pase yon trè anba kondisyon yo, epi de trè anba avètisman an.

Konsekans yo

Bay tan pou jèn timoun yo li 1 Wa 11: 11-13. Apre sa a, se pou yo konplete vèsè yo jwenn nan paj 149 nan liv elèv yo.

Lè sa a, pale sou sa ki te ka rive si Salomon te kenbe kontra li te fè avèk Bondye a ak obeyi kòmandman l yo. Esplike yo ke konsekans dezobeyisans li a se ke peyi a vin divize epi pèp la tounen al viv nan peche ankò, nan adore fo zidòl.

Kisa k' pase avèk mwen kounye a ?

AEde elèv ou yo reflechi sou kat kondisyon yo ki pou ede yo kenbe yon relasyon ki dwat ak Bondye.

Sèvi ak kesyon sa yo kòm gid pou meditasyon an gwoup:

Kisa ki kat kondisyon ki pou ede moun konsève relasyon yo ak Bondye?

Kilès nan kondisyon sa yo ki pi difisil pou ou?

Kisa w ka fè semèn sa a pou w ranfòse relasyon ou avèk Bondye?

Si ou jwenn li difisil pou yo renmen Bondye, ankouraje yo fè yon analiz sou nenpòt ki bagay ki ta ka entèfere ant yo ak lanmou yo pou li.

Nan lòt sans lan, si yo pa ka obeyi Bondye, ede yo reflechi sou kèk fwa lè yo te obeyisan, konsa lè yo anba tantasyon pou yo dezobeyi, yo va sonje ke Bondye ap ede yo epi ba yo fòs.

Si y'ap konbat pou yo onore Bondye, ankouraje yo konsakre tan pou yo reflechi sou grandè l yo.

Finalman, si yo gen difikilte pou yo sèvi Bondye, ede yo prepare yon orè ki gen ladan kèk kalite sèvis, oswa envite yo patisipe nan yon ministè nan legliz la.

POU FINI

Itilize kesyon ki nan paj 150 nan liv elèv yo pou w' fè yon revizyon nan inite a.

Apre sa a, lapriyè Bondye pou remèsye li pou ansèyman yo te resevwa nan inite sa a, epi ankouraje yo swiv kat etap sa yo yo pou yo kapab genyen yon bon relasyon ak Bondye. Apre w' fin moutre rekonesans ou anvè moun sa yo ki fè efò pou aprann ak memorize tèks inite a, chante kèk ti chan lwanj anvan nou separe. Fè yo sonje ke lòtsemèn yo pral kòmanse etid de yon inite ki tou nèf ak tit. "Ki jan yo dwe kè kontan".

KÒMAN YON MOUN KA VIN ALÈZ?

Baz biblik yo: Matye 5: 1-12, 43-48; 18: 21-35; Lik 14: 1: 7-14; 18: 9-14; 23: 26-43.

Vèsèpou aprann: *"Benediksyon pou moun ki anvi viv jan Bondye vle l la, paske Bondye va ba yo sa yo vle a."* (Matye 5:6).

OBJEKTIF INITE A

Inite sa a pral ede jèn timoun yo:

- ❖ Konprann ansèyman Jezi yo sou kè kontan.
- ❖ Egzaminen atitid yo nan limyè ansèyman Jezi yo.
- ❖ Fè eksperyans kè kontan nan obeyi ansèyman Jezi yo.

LESON NAN INITE A

Leson 41: Kisa kè kontan ye?

Leson 42: Kè kontan se... obeyi Bondye

Leson 43: Èske mwen dwe padone?

Leson 44: Genyen viktwa nan Kris la

POUKISA JEN TIMOUN YO BEZWEN ANSEYMAN INITE SA A?

Chèche kè kontan se yon objektif ki komen nan lòm. Men, anpil, nan eseye jwenn li, yo tou echwe nan lavi yo.

Lòt koze a se paske yo mal konprann vrè siyifikasyon kè kontan, pandan yo ranplase li pa richès, plezi, byennèt ak pouvwa. Dapre ideoloji ki dominan nan sosyete nou an, kontantman depann de lajan, estati, siksè travay ak relasyon. Pou tout sa a yo, li komen pou jwenn jèn timoun yo ap adopte yon atitid egosantrik, y'ap panse ke kontantman detèmine pa popilarite, genyèn pouvwa oswa fason pou yo abiye. Sepandan, Bib la ban nou yon pèspektiv ki totalman diferan.

Egosantris la se pa yon pwoblèm nouvo; li t'ap domine nan tan Jezi a tou. Lè sa a, moun t'ap chache kontantman nan yon mannyè dezespere kòm y'ap fè sa jodi a.

Jezi te anseye ke nou kontan si nou gen yon bon relasyon ak Bondye epi ak frè parèy nou.

Jèn timoun yo dwe konnen ke sekrè pou gen yon vrè kontantman se: obeyisans, renmen, imilite, dwat devan Bondye, gen pitye ak padon.

Leson 41
Kijan Mwen Ka Vin Alèz?

Baz biblik: Matye 5: 1-12; Lik 14: 1,7-14.

Objektif leson an: Se pou jèn timoun yo konprann ke si yo enb ak dou y'ap jwenn kontantman an.

Vèsèpou aprann: *"Benediksyon pou moun ki anvi viv jan Bondye vle l' la, paske Bondye va ba yo sa yo vle a."* (Matye 5:6).

PREPARE W POU W ANSEYE!

Nan sosyete nou an yo tèlman defòme siyifikasyon kontantman ke anpil pa moun pa konnen vrè sinifikasyon an vre. Pou pifò moun, kontantman se jwenn sa ou vle epi nan menm moman ou te dezire l la. Televizyon ak piblisite te responsab pou gaye lide ki fè konnen kontantman se yon rezilta ki soti lè moun nan satisfè tout dezi l' yo. Pa egzanp, si jèn pa gen rad alamòd oswa dènye jwèt videyo a oswa dènye mak selilè a y'ap santi yo limite pou gen yon bagay ke yo ta dwe genyen, epi se poutèt sa yo pa gen kè kontan. Sa vle di, atitid yo detèmine pa pouvwa achte ak popilarite.

Sepandan, pawòl Bondye a anseye nou ke se nan Jezi sèlman n'ap jwenn kontantman konplèt la. Si te sa Jezi te anseye nan Sèmon sou montay la ak lòt parabòl yo.

Li enpòtan pou ke elèv ou yo aprann egzamine yo, epi distenge ant dezi ak bezwen. Yo dwe konnen ki plan Bondye pou yo siviv nan yon sosyete ki domine ak avaris. Petèt gen kèk ki kole nan yon dezi ke yo pa satisfè nan genyen tout bagay ke mond sa a ofri, men yo dwe konnen ke sèlman nan Jezi nou jwenn chemen ki mennen nou nan vrè bonè a.

KÒMANTÈ BIBLIK

Matye 5:1-12. Beyatitid yo, ak sa yo ki kòmanse Sèmon sou montay la, se premye a nan senk prèch Jezi yo ke Matye antre nan Levanjil li a.

Pawòl "beyatitid" (oswa twa fwa beni) li te fè referans ak kè kontan espirityèl ke l' santi lè Bondye apwouve kondwit li. Se poutèt sa, beyatitid yo dekri kalite yo ak karakteristik nan yon vrè disip Kris, ki montre ke li ka fè eksperyans lapè enteryè ak kè kontan, malgre sikonstans ekstèn. "Pòv nan Lespri" (Matye 5: 3) se yo menm ki konnen bezwen espirityèl yo, ki konprann ke yo depann de Bondye nan tout bagay. Vrè imilite a se rekonèt ke tout bagay nou ye, oswa espere ye, va soti nan Bondye.

Tèm "dou" (Matye 5: 5) souvan

Yo entèprete l' mal, lè yo asosye dousè ak timidite oswa fo imilite. Dousè se pa yon fòm feblès, men yon kondisyon espirityèl ke nou rekonèt ke Bondye gen kontwòl tout bagay. Dosil se moun sa yo ki gen disiplin pou swiv direksyon Bondye a epi aksepte sa li pèmèt.

Lik 14:1, 7-14. Nan parabòl fèt maryaj la, Jezi te bay envite yo yon leson ki te vle okipe plas onè. Tout moun te konnen ke tout plas ki tou pre tribin nan se te pou envite espesyal yo. Moun sa yo ki t'ap goumen pou okipe premye plas yo te montre ògèy yo ak konsèp ke yo te genyen de yo menm. Sepandan, plas sa yo te rezève pou moun ke tribin nan te konsidere kòm espesyal.

Ansèyman parabòl la se ke Bondye pa kontan lè n'ap onore tèt nou. Olye de sa, ann kite lòt moun onore nou. Pwen sa a kontrè ak pwen mond lan, kote tout moun defan pwòp enterè yo an premye.

DEVLOPMAN LESON AN

Kisa ou te aprann?

Pran yon moman pou w pale sou sa ki te pase pandan semèn nan: klas, devwa lekòl yo, vakans, jwèt foutbòl, elatriye.

Apre ou fin revize sa yo te aprann sou lavi Salomon, mande yo: *Ki ansèyman pozitif nou jwenn nan lavi Salomon?* Mete aksan sou enpòtans ki genyen nan obeyi Bondye ak Pawòl li. Petèt kèk nan jèn timoun yo ap patisipe nan klas la pou premye fwa nan yon klas edikasyon kretyen, epi yo pa vle pale sou eksperyans yo, paske li se yon bagay nouvo pou yo.

Piti piti, elèv ou yo pral pran yon gran responsablite pou sa yo fè oswa pa fè chak jou nan semèn nan. Sa a yo ta dwe rive natirèlman, pa anba presyon oswa krent.

Kisa ki fè ou kontan?

Mande pou tout moun ki vle patisipe pase devan youn apre lòt epi, sou tablo a oswa sou yon gwo fèy, se pou yo ekri tout bagay ki fè santi yo kontan. Lè sa a, deside ansanm ki jan yo konte yo dapre enpòtans yo.

Apre sa a, mande yo:
- *Pou konbyen tan ou panse ke sa a pral fè kè w kontan?*
- *Youn nan bagay ki mansyone yo; Èske kè kontan kapab detwi fasil?*
- *Si sa n'ap montre a ta disparèt, ki jan ou panse ke sa ta ka afekte lavi jèn timoun ki nan laj ou?*

Esplike yo ke, anpil fwa, lòm chèche kè kontan nan objè oswa zòn ki twonpe, epi sitiyasyon kouraj yo chanje selon presyon yo genyen oswa sa kip ase yo chak jou. Sa vle di que eta kouraj yo se bagay k'ap pase epi fondman li pa asire.

Di yo: *Nan klas jodi a nou pral aprann sekrè pou jwi kè kontan tout bon an.*

ISTWA BIBLIK

Beyatitid yo

Ekri mo "BEYATITID" nan tablo a oswa nan yon moso katon. Mande jèn timoun yo si yo konnen sinifikasyon mo sa a.

Koute repons yo, epi esplike yo beyatitid vle di kè kontan, benediksyon ak apwobasyon ki soti nan Bondye. Moun ki beni an se yon mou ki gen kè kontan. Men se pa kalite kè kontan mond lan ofri a, se pito youn k'ap dire anpil epi ki pap janm fini.

Se pou yo li ansanm Lik 14:1, 7-14. Apre sa a, kite elèv ou yo esplike say o te aprann sou pasaj la. Konplete enfòmasyon an ak limyè pawòl Bondye a.

AKTIVITE YO

Obsève li pi pre!

Louvri liv elèv yo nan paj 152. Divize klas la an ti gwoup pou reponn kesyon ki nan Lik 14: 7-11. Lè yo fini, fè echanj repons epi fè revizyon sa yo te li nan pasaj biblik la.

Kreye ti istwa pa ou!

Bay tan pou jèn timoun yo travay nan paj 153 nan liv elèv yo. Yo dwe ekri nan espas vid yo sa yo kwè ki pase nan chak sèn. Pale ak yo sou zafè ki atitid kretyen yo dwe genyen lè y'ap soufri enjistis ak move tretman. Mande pou kèk volontè rakonte kisa yo te ekri.

Angajman mwen

Gid elèv ou yo pou yo li an silans chak pwomès ki nan paj 154, epi make sa yo angaje yo pou yo akonpli. Aktivite sa a yo ta dwe pèsonèl, ede yo reflechi sou enpòtans ki genyen nan angaje yo ak Bondye pou chanje atitid yo.

Si sa posib, prepare ase kat pou pwomès sa yo. Distribye yo pou yo chak pran youn epi ale avèk li, epi sonje pandan semèn nan angajman ou ak Bondye.

POU FINI

Fè yo rasanble pou lapriyè epi di Bondye mèsi paske li te anseye nou atravè beyatitid yo, sekrè kè kontan an. Se pou nou priye pou malad yo, epi ankouraje yo vini nan pwochen klas la.

Pa bliye rele oswa ale vizite timoun ki te absan yo.

nòt

Viv Alèz La Se ... Obeyi Bondye

Baz biblik: Matye 5: 6; Lik 18: 9-14.

Objektif leson: Se pou elèv la dekouvri kè kontan pou genyen yon bon relasyon ak Bondye.

Vèsèpou aprann: *"Benediksyon pou moun ki anvi viv jan Bondye vle l' la, paske Bondye va ba yo sa yo vle a."* (Matye 5:6)

PREPARE W POU W ANSEYE!

Yon otè kretyen te ekri yon chan ki gen tit: "Fèt sosyal", ki dekri klas jèn lekòl Bib yo kòm yon senp fèt sosyal. Chante sa a pa aplike nan tout nivo pou jèn timoun yo ak jèn edikasyon kretyen yo, men sa ki pi mal la se ke li byen dekri kèk ladan yo.

Li enpòtan pou remake ke jèn timoun yo gen matirite pou yo konsidere relasyon yo ak Bondye seryezman. Malgre yo dwe gen plis matirite nan anpil bagay nan lavi yo, yo gen kapasite pou deside si angajman yo nan Bondye reyèl oswa si yo sèlman ap swiv yon relijyon. Sepandan, nou konnen sa Bondye vle a se yon angajman total.

Atravè leson sa a, elèv ou yo pral konprann ke Bondye vle ede yo simante relasyon yo avè l', san gade jan sikonstans yo ka difisil. Yo pral konprann tou sa Jezi te vle anseye nou nan beyatitid yo, ak sinifikasyon grangou ak swaf jistis.

KÒMANTÈ BIBLIK

Matye 5:6. Grangou ak swaf jistis se bezwen espirityèl. Bondye vle pou nou fè jistis, epi sa dwe sèvi kòm yon elaman esansyèl nan lavi nou. Apil fwa nou pa konsidere l' konsa, men an reyalite se sa li ye. Lè nou deside renmen ak onore Bondye epi swiv chemen li, nou sou wout pou n' grangou ak swaf jistis.

Lik 18:9-14. Pasaj sa a montre diferans ki genyen ant jistis ak ipokrizi entèn ak pyete ekstèn. Sa ki sanble bon sou deyò ka pouri anndan. Lapriyè farizyen an te yon lis bon zèv, pandan ke pibliken an t'ap mande pitye, li te montre nesesite li pou Bondye.

Pibliken an te grangou ak swaf jistis. Sepandan, farizyen an te satisfè ak yon fo jistis ki te santre sou pwòp tèt li.

DEVLOPMAN LESON AN

Lèt san non yo

Pou aktivite sa a ou pral bezwen magazin, lakòl, sizo ak plizyè fèy papye.

Mande elèv ou yo si kèk fwa yo te voye yon lèt san non pou evite moun nan rekonèt kilès. Esplike yo ke karakteristik lèt sa yo se pa mete siyati, se sa ki fè li difisil pou yo rekonèt otè a.

Di yo ke nan aktivite sa a pral ekri yon lèt san non pou kèk nan kamarad klas yo. Pou ekri lèt la, yo dwe koupe lèt oswa mo ki nan magazin nan, epi rasanble yo pou jwenn vèsè biblik ki nan Matye 5: 6. Chak elèv ap fè lèt pa yo. Apre sa a, san yo pa dekouvri ki moun, fè yo bay yon kanmarad gason li oswa fi.

Chak elèv lèt yo te resevwa a lakay yo pou yo revize tèks memwa a. Apre sa a, elèv la dwe pote vini ak li nan pwochen klas la.

Yon rèv

Distribye liv elèv yo, epi fè yo louvri yo nan paj 155 ak anpil prekosyon pou yo obsève ilistrasyon an, pandan yon volontè ap li definisyon "rèv" byen fò. Lè sa a, reflechi epi reponn kesyon yo ki nan pati anba fèy la.

Esplike yo ke byenke anpil pa fè eksperyans de kisa sa vle di "tonbe feblès ak grangou oswa swaf," nou ka imajine nou dezespwa yon nonm pèdi nan mitan yon dezè cho epi ak dezi pou l' ta bwè yon ti gagay ki pou soulaje li.

Nan menm fason an tou, lòm ap chèche kontantman ak dezespwa, epi pafwa sèvi avèk metòd enkòrèk pou yo eseye rive jwenn li. Nan klas jodi a nou pral aprann sa Jezi te di sou sa a.

Kè kontan an se...

Fè elèv yo gade nan paj 156, epi travay

pa de oswa ti gwoup. Yo dwe fè yon lis ki gen dis fason diferan ke moun itiliz pou chèche bonè (egzanp: siksè, popilarite, machin, lajan, pozisyon, zanmi, byen, fanatik, elatriye.).

Apre sa a, kite kèk volontè li sa yo te ekri. Ekri repons ki pi komen yo sou tablo a. Di yo ke nan istwa jodi a yo pral aprann kisa Jezi te anseye sou bonè a.

ISTWA BIBLIK

Mande elèv yo pou yo chèche Lik 18: 9-14, li li an silans. Apre sa a, esplike yo ke, pandan ministè li sou tè a, Jezi te vwayaje anpil kote epi reyalize bezwen fizik ak materyèl moun yo. Se pou sa a, li te konsakre yon gran pati nan tan li pou l' geri malad yo ak pran swen sa ki nan bezwen yo. Jezi tou te note atitid moun yo. Pa egzanp, gen kèk ki te enb ak evite pretansyon; lòt yo te konfye yo nan pwòp jistis yo, epi monte tèt yo. Se pou rezon sa a Jezi te bay parabòl pibliken an ak farizyen an.

Elabore yon tan de refleksyon sou pasaj biblik la ak kijan li ka aplike nan lavi jèn timoun yo.

AKTIVITE YO

Ki diferans ki genyen?

Mande elèv ou yo: *Kisa ki diferans ki genyen ant lapriyè pibliken an ak lapriyè farizyen an?* Kite kèk nan yo reponn.

Apre sa a, esplike yo ke diferans lan te fèt ak sans yo chak te bay lapriyè yo. Lapriyè farizyen an te konsantre sou bon zèv li yo ak fason li t'ap vante tèt li.

Sepandan, pibliken an te mande pitye, li te rekonèt ke li pat gen valè devan Bondye. Pou rezon sa a, li te koute epi reponn priyè sensè pibliken an.

Selon sa nou te aprann jodi a, kilès nan yo de a te grangou ak swaf jistis?

Kisa jistis la ye?

Louvri liv elèv yo nan paj 157 epi li definisyon jistis ak jis. Ba yo tan pou yo pale sou sa yo te aprann, epi ede yo konprann konsèp ki bay dout yo.

Pèmèt yo ranpli ak pwòp mo yo, tèks biblik ki nan Matye 5: 6. Apre sa a, vire paj la pou reponn kesyon yo.

POU FINI

Se pou elèv ou yo chita an fòm yon sèk epi di yo: *Atravè Beyatitid yo, Jezi anseye nou ke moun ki beni yo se sa yo ki rekonèt vrè kondisyon espirityèl yo epi fè efò pou yo konnen Bondye ak jistis li. Eske nou panse genyen yon bon relasyon ak Bondye enpòtan menm jan ak bwè oswa manje?* Ba yo kèk minit pou yo reflechi, epi mande yo:

Kisa yo bezwen chanje nan vi ou pou w' grangou ak swaf jistis?

Selon repons yo, ankouraje yo chèche Bondye ak imilite epi favè, pou yo li Pawòl la epi kontinye asiste yo nan legliz la. Se pou nou repete tèks pou memorize a yon lòt fwa.

Fè elèv yo reponn kesyon ki nan paj 158 pou revize leson an.

Apre sa a, lapriyè pou yo epi envite yo vini nan pwochen klas la.

nòt

Èske M Dwe Padone?

Baz biblik: Matye 5: 7; 18: 21-35.

Objektif leson an: Se pou jèn timoun yo aprann ke atravè padon ak mizèrikòd y'ap jwenn kè kontan.

Vèsè pou aprann: *"Benediksyon pou moun ki anvi viv jan Bondye vle l la, paske Bondye va ba yo sa yo vle a."* (Matye 5:6).

PREPARE W POU W ANSEYE!

Nou menm è timen yo lè moun fè nou mal, reyaksyon natirèl nou, se santi dezi pou tire revanj. Resantiman ak doulè ki abite nan kè a, sa lakòz pwoblèm grav emosyonèl ak espirityèl.

Mwen te rankontre paran ki, anba laparans nan ede pitit yo gen matirite epi fè moun respekte yo, yo montre yo goumen ak defann tèt yo. Sepandan, nan Sèmon sou montay la Jezi te anseye yon bagay konplètman diferan.

Padon ak mizèrikòd se de konsèp ke pi fò moun estime difisil pou konprann, men pou moun tankou nou k'ap mache nan limyè nan Kris la yo dwe objektif pou nou swiv.

Jèn timoun yo dwe aprann padone moun ki fè yo mal. Petèt anpil nan yo resevwa jouman, menm abi, epi yo pa konprann poukisa yo ta dwe padone moun ki fè yo mal. Ansèyman Jezi sou fason pou montre miszèrikòd la se yon konsèp ki trè diferan pou sa jèn timoun yo wè sa k'ap pase bò kote yo. Men yo dwe konprann ke se sèlman pa favè Bondye a nou ka eive gen mizèrikòd.

KÒMANTÈ BIBLIK

Matye 5:7; 18:21-35. Li enpòtan pou n' konprann ke gen mizèrikòd se pa mnm bagay ak santi tristès. Tristès la se repons emosyonèl nan yon sitiyasyon ki lakòz moun nan vin tris, men li pa fè anyen pou sa. Mizèrikòd la gen ladan se pa sèlman rekonèt bezwen an, men se aksepte responsablite pou fè yon bagay san yo pa tann rekonpans. Mizèkòd la li aktif, li pa pasif. Malgre nou pa merite mizèrikòd la, Bondye ofri nou li san li pa bezwen anyen an retou.

Nan tan lontan, Women yo pa t' konn pratike mizèrikòd, paske yo te kwè ke chak moun te dwe resevwa sa li merite. Yo te efase tout santiman pitye, konpasyon ak feblès, paske yo te konsidere ke moun ki t'ap pratike mizèrikòd yo te gen feblès. Farizyen yo pa t' gen mizèrikòd non plis de sa yo te konn vyole règ yo, pandan yo te fè kwè ke soufrans lan te yon pinisyon jis la pou peche yo. Se poutèt sa, apèl Jezi te fè pou moun te vin gen mizèrikòd la te yon jès de revolisyon ak defi.

Nan parabòl leson sa a, wa a te gen pitye pou sèvitè l' epi li te padonnen gwo dèt li a. Sa a te tèlman gwo ke nonm sa a pa te gen okenn fason pou peye li. Sepandan, sèvitè a pa t' vle padonnen parèy li a ki dwe li yon ti dèt kip a menm vo anyen.

Sèvitè a te reprezante moun ki egoyis, moun ki toujou ap tann pou moun resevwa yo ak anpil konsiderasyon ak bon trètman, men ki refize trete lòt moun byen. Jezi te vle anseye Pyè, epi jodi a l'ap anseye nou, leson sa a: Noumenm pitit Bondye yo nou dwe padone epi gen pitye san nou pa atann anyen an retou.

DEVLOPMAN LESON AN

Lèt san non yo

Apre w fin akeyi elèv ou yo, epi chante kèk chan pou yo fè lwanj, nou sijere ou kòmanse leson an pa revize tèks pou memorize a. Pou sa fèt, yo bezwen lèt yo te ekri nan klas anvan an.

Mande pou chak elèv pase al kole lèt pa yo a sou tablo a, pandan y'ap repete tèks ki pou memorize a. Lè tout lèt yo fin kole, repete vèsè a nou tout ansanm. Eseye divine pou ki moun chak lèt ye epi pèmèt chak moun pote travay yo fè a lakay yo.

Men jij la ap vini!

Eseye dekore sal la tankou yon tribinal jistis. Ranje chèz pou jij la, pou akize yo ak piblik la. Pou dyalòg sa a w'ap bezwen patisipasyon kat volontè: youn pral jwe wòl jij la epi lòt twa yo pral reprezante akize yo; rès la pral piblik la. Si sa posib, chèche yon mato an bwa pou jij la oswa yon bagay ki ka reprezante pozisyon an. Jij la dwe antre nan sal la epi chita dèyè tab la. Akize yo dwe li deklarasyon sa yo.

Akize 1: Mesye jij, sa a se premye zak mwen. Mwen te vòlò nan yon magazen epi mwen regrèt.

Mwen sipliye ou gen gen pitye pou mwen!

Akize 2: Mesye jij, sa a se twazyèm zak mwen. Lapolis te kenbe m ak yon zam nan men mwen, men mwen pa merite vin la a. Lapolis pa ta kenbe m si se pa t' pou vye konpayèl enbesil mwen an. Tanpri gen pitye pou mwen fwa sa a!

Akize 3: Mesye jij, Mwen vini isit la sa fè katòz fwa. Sanble gen yon moun ki vle chak fwa pou mwen parèt koupab. Yo te kenbe mwen nan yon atak ak yon zam nan men mwen, men lalwa nan peyi sa a yo pa dwat. Mwen se moun agreyab, edike, epi mwen pwomèt ou pou m pa retounen fè li ankò. Tanpri gen pitye pou mwen.

Kite jij la deside chak ka epi apre sa a bay tan pou lòt moun yo eksprime opinyon yo sou santans yo.

Èske mwen dwe padone?

Fè elèv yo louvri liv yo nan paj 159. Fè yo travay pa de pou yo reflechi sou sa ki pase nan egzanp lan, epi reponn kat kesyon yo.

Apre sa a, mande pou yon volontè chèche Matye 5: 1-12, li l' byen fò. Di yo: *Beyatitid nou pral etidye jodi a di nou ke nou beni (nou resevwa apwobasyon Bondye, ak lapè ak bonè ki vini ak li) lè nou gen kè sansib ak padone moun ki ofanse nou.*

ISTWA BIBLIK

Li pasaj etid la ki nan (Matye 18: 15-35) depi davans epi rakonte elèv yo li ak pwòp pawòl ou yo. Yon lòt opsyon se li pasaj la nan klas la, pandan w'ap sèvi ak yon vèsyon popilè oswa parafraz Bib la ka pi fasil pou konpreyansyon yo. Ba yo tan pou yo poze kesyon oswa eksprime dout yo, epi reponn ak limyè Pawòl Bondye a.

Kisa Bib la di sou padon?

Pèmèt elèv ou yo travay nan paj 160 nan liv yo a, pandan y'ap ranpli espas vid yo pou yo konplete vèsè biblik yo. Apre sa a, mande kat volontè li byen fò. Tcheke pou w' wè si yo te ekri mo yo kòrèk.

Ide pou pwofesè a

Petèt jèn timoun yo fatige oswa dekouraje ak menm aranjman chèz yo oswa ban chak semèn menm kote a. Eseye varye selon metòd ansèyman w' pral itilize a.

Si ou pral rakonte yo yon istwa, chèz yo an lign ta pi bon. Si ou pral fè yon deba an gwoup, ranje chèz yo sou fòm yon sèk. Si ou pral divize klas la an plizyè ti gwoup epi kondisyon an pèmèt sa, fòme plizyè ti sèk ak plizyè chèz plizyè pati nan sal la. Si ou gen plan yon aktivite oswa jwèt, kole chèz yo nan mi yo, kite yon espas vid nan mitan sal la.

Si sa nesesè, chanje plas chèz yo yon fwa oswa de fwa pandan klas la. Nan tout ka yo, toujou mande elèv ou yo èd. Jèn timoun yo renmen ti tan rekreyasyon sa yo nan mitan leson an.

POU FINI

Bay ase tan pou ke, yo tout ansanm, yo ranje sal klas la ak liv yo travay yo anvan yo ale.

Chwazi yon volontè pou mennen yo nan lapriyè, mande Seyè a pou l ede yo padone epi gen pitye youn ak pou lòt.

Ankouraje yo mete an pratik ansèyman biblik yo pandan semèn nan. Fè yo sonje ke pwochen klas la se pral dènye a sou beyatitid yo, epi li enpòtan anpil pou pa gen yon sèl ki manke.

Gen Viktwa Nan Jezi

Baz biblik: Matye 5: 10-12, 43-48; Lik 23: 26-43.

Objektif leson an: Se pou jèn timoun yo jwenn rekonfò nan pwomès Bondye yo si yo pèsekite yo pou lafwa yo.

Vèsèpou aprann: *"Benediksyon pou moun ki anvi viv jan Bondye vle l la, paske Bondye va ba yo sa yo vle a."* (Matye 5:6).

PREPARE W POU W ANSEYE!

Pèsekisyon relijye se yon verite ki fè mal jounen jodi a, menm si yo eseye kouvri sa anba rido tolerans ak respè dwa moun you. Ak sipriz nou kapab di ke sa yo k' plis egzije tolerans la se yo menm kip lis pa tolere kretyen yo. Li komen pou jwenn ke mwayen kominikasyon yo betize oswa reprezante kretyen yo kòm nenpòt vye bagay. Menm si jèn timoun yo pa idantifye yo ak pèsekisyon fizik la, yo dwe konnen lòt fòm de pèsekisyon ke kretyen yo n'ap fè fas jodi a.

Bib la pale nou de sa. Istwa Krisifiksyon Kris la se egzanp pi gwo pèsekisyon. Jezi, ki k' pa t' janm komèt peche, li te soufri pèsekite jiska lanmò, pandan li t'ap ba nou egzanp ki jan pou n' fè fas ak li.

Leson sa a tou pale nou de pwomès Bondye te bay nan beyatitid yo pou moun sa a yo ki pèsekite akòz de limenm. Jèn timoun yo pral aprann ke Bondye toujou kanpe avèk yo chak fwa yo fè fas ak pèsekisyon.

KÒMANTÈ BIBLIK

Matye 5:10-12, 43-48. Sa Jezi te anseye nan Sèmon sou montay la sou pèsekisyon an fasinan. Li te deklare ke anpil kretyen ta pral pèsekite pou kwayans yo, epi lòt moun te deja soufri poutèt lafwa yo. Apre sa a, li te anseye yo ki atitid ki kòrèk fas ak pèsekisyon: rejwi epi fè kè nou kontan (5:12), renmen lènmi nou yo, se pou n' lapriyè pou moun k'ap pèsekite nou (5:44).

Lik 23:26-43. Jezi te apiye pawòl li yo sou pèsekisyon pandan l t'ap bay yon egzanp siprèm. Menm si l te inosan, li te fè eksperyans ak doulè nan kò li ak mantal avan krisifiksyon li. Li te soufri ak blese nan chè li, yo te kraze l ak lòt move trètman kriyèl. Li te fè fas ak ipokrizi de moun sa yo ki te fè lwanj pou li nan kòmansman epi kounye a, yo t'ap rele byen fò kloure l sou kwa.

Nan Lik 23:34 nou li repons Jezi a: "Papa, padone yo, paske yo pa konnen sa y'ap fè". Jezi te pratike sa li t'ap mache preche a. Se poutèt sa, li te priye pou moun sa yo k' te voye l sou yon kwa doulè, pèsekisyon ak lanmò. Ala bezwen nou bezwen fè eksperyans ki fon nan relasyon ke Jezi te genyen ak Papa a!

DEVLOPMAN LESON AN

Ewo yo

Muestre un trofeo, o la foto de una persona queMontre yon twofe, oswa foto yon moun k'ap resevwa yon twofe oswa meday.Mande elèv yo pou yo non yon moun merite yon twofe kòm ewo paske li travèse sitiyasyon byen difisil. Esplike yo ke sa yo ki resevwa tit "ewo" yo se moun ki simonte obstak nan pèseverans ak fòs, li vin pi fò paske li te pase yon sitiyasyon pa sitiyasyon sa a. Ba yo tan yo louvri liv elèv yo nan paj 161, epi se pou yo ekri non kèk moun yo konsidere kòm ewo epi pou ki rezon.

Chèche nan konkòdans la

Pou aktivite sa a li nesesè pou genyen yon Bib ki gen konkòdans. Mande pou yo chèche mo "beyatitid" epi se pou yo konte nan konbyen vèsè mo sa a mansyone. Apre sa a, mande yo chèche mo "benediksyon" epi konte konbyen fwa li mansyone nan vèsè yo tou.

ISTWA BIBLIK

Fè elèv ou yo chita sou fòm yon sèk. Apre sa a, mande yo pou yo rakonte kèk ensidan kote yon zanmi te fawouche yo pou kèk bagay yo te byen fè epi yo pat gade sou lòt yo. Sèvi ak repons yo pou prezante sijè etid la. Di yo ke jodi a yo pral pale sou ki jan kretyen ka fè fas ak pèsekisyon an.

Beyatitid yo

Divize klas la an de ekip. Bay chak gwoup yon kat oswa papye. Di yo, yo gen senk minit pou yo li ak ekri vèsè sa a yo ak pwòp m opa yo: Matye 5: 10-12 ak Matye 5: 43-48.

Apre sa a, se pou n' reyini ansanm pou n' tande konklizyon chak ekip.

Lè yo fin fè aktivite yo, rakonte istwa biblik ki nan Lik 22 ak 23.

Kisa Bib la di nou?

Se pou elèv yo louvri liv yo nan paj 162 epi efase bwat yo ki gen yon triyang nan kwen an. Konsa w'ap jwenn fraz kache yo.

Esplike yo kòm moun, nou jwenn li difisil pou nou imajine nou ki jan nou ta reyaji fas ak pèsekisyon, men Bondye bay pitit li yo gras li ak ède nesesè nan yon fason ki apwopriye.

Kounye a, divize klas la an twa gwoup pou yo ka li ka yo oswa egzanp yo ki nan paj 163. Kòm pwofesè, ou bezwen familyarize w avèk egzanp sa yo pou w kapab gide jèn timoun yo vè yon deba pou tout moun patisipe. Nan chak ka, repete yon kesyon: "? Kisa ou fè?"Kite tout moun bay opinyon yo.

Apre sa a, ba yo tan pou yo fè dènye pwojè inite a, ki nan paj 164, fè yon pankat ki baze sou pawòl ki nan Matye 5:10-12.

POU FINI

Lè yon moun anba pèsekisyon se pa yon bagay ki bèl. Petèt sanble enposib "rejwi epi kontan," kòm Jezi te anseye. Men, Bondye di nou si nou fè fas ak pèsekisyon, nou kapab eksprime enkyetid nou ak laperèz nou; Epitou nou kapab lapriye pou n' eseye sispann li, menm jan Jezi te fè nan Jaden Jetsemane a. Anplis nou dwe priye tou pou n' mande fòs pou fè fas ak pèsekisyon an.

Ankouraje jèn timoun yo pale ak tout libète si yo santi y'ap pèsekite yo paske yo se kretyen. Petèt nan fanmi yo, papa oswa manman pa gen menm lafwa ak yo epi sa vin kreye yon konfli. Priye pou yo pou pandan semèn nan yon gen fòs ak konfyans nan pwoteksyon Bondye a.

Epitou lapriyè pou frè ak sè nou yo k'ap soufri pèsekisyon atravè mond lan, sitou nan Endonezi, Lachin, peyi Zend, Pakistan, Kore di Nò, Soudan, peyi Lejip la ak Vyetnam. Pran angajman pou n' priye chak jou pou kretyen yo nan yon peyi, mande Bondye pou pwoteje yo epi ba yo kouraj pou yo sipòte soufrans lan.

Fè yo sonje ke vrè sekrè bonè a se nan obeyi ansèyman Jezi yo epi viv konfòm ak volante Bondye.

nòt

VALÈ DANYÈL LA

Baz biblik yo: Danyèl 1-3; 5-6; Ebre 11: 32-12: 3.

Vèsèpou aprann: *"Konsa, nou la nan mitan foul moun sa yo ki te moutre yo gen konfyans nan Bondye. Ann voye tout bagay k'ap antrave kous nou jete byen lwen, ansanm ak peche a ki fasil pou vlope nou. Ann kouri avèk pasyans nan chemen Bondye mete devan nou an."* (Ebre12:1).

OBJEKTIF INITE A

Inite sa a pral ede jèn timoun yo:

- ❖ Konprann ke kretyen yo fè fas ak presyon ekstèn ki eseye chanje atitid yo.
- ❖ Konnen ke lafwa nan Bondye se baz pou fè yo kanpe fèm.
- ❖ Angaje yo pou bay Bondye onè kèlkeswa konsekans yo.
- ❖ Chèche èd Bondye lè yo fè fas ak pèsekisyon poutèt lafwa yo.

LESON INITE A

Leson 45: Defann kwayans ou yo

Leson 46: Mete konfyans ou nan bon konprann Bondye a

Leson 47: Pran kouraj pou ou ka onèt

Leson 48: Pran kouraj pou w' ka kanpe fèm

POUKISA JEN TIMOUN YO BEZWEN ANSEYMAN INITE SA A?

Nan faz devlopman sa a pou yo, jèn timoun ap fè fas ak pwoblèm idantite ki grav epi vle pou lòt moun aksepte yo. Li nòmal pou yo enkyete yo sou sa lòt moun ka panse de yo epi eseye fè kèlkeswa bagay la pou yo idantifye yo ak gwoup la. Po usa a, pafwa yo lage tèt yo byen fasil anba pwesyon ak konfòmite ke mond sa a ofri.

Pifò jèn timoun ki kretyen yo vle fè Bondye plezi, men yo bezwen sipò granmoun pou ede yo pran desizyon ki onore Seyè a. Yo bezwen modèl pozitif pou ede yo viv jan Bondye vle a, ankouraje yo defann lafwa yo epi reziste anba tantasyon pou yo aji tankou lòt yo. Lavi ak temwayaj Danyèl, Azarya, Misael ak Ananyas se pral yon egzanp ekselan pou elèv yo. Ede yo konprann ke menm si yo te jèn epi yo te viv yon sitiyasyon terib, yo te obeyi Bondye epi defann lafwa yo.

Leson 45
Defann Se W Kwè Yo

Baz biblik: Danyèl 1.

Objektif leson an: Se pou elèv yo deside defann lafwa yo nan Bondye, malgre sitiyasyon difisil yo.

Vèsèpou aprann: *"Konsa, nou la nan mitan foul moun sa yo ki te moutre yo gen konfyans nan Bondye. Ann voye tout bagay k'ap antrave kous nou jete byen lwen, ansanm ak peche a ki fasil pou vlope nou. Ann kouri avèk pasyans nan chemen Bondye mete devan nou an."* (Ebre 12:1).

PREPARE W POU W ANSEYE!

Pandan elèv ou yo ap grandi, y'ap fè fas ak pi gwo presyon nan men zanmi yo pou yo patisipe nan aktivite ki pa kòrèk. Se pou sa a, yo bezwen konnen ki jan pou yo fè fas ak presyon epi defann kwayans yo.

Kòm yo poko konprann rezilta aksyon yo, yo pa rann yo kont si desizyon yo pral afekte relasyon yo avèk Bondye ak temwayaj yo kòm kretyen. Atravè leson sa yo ede yo konprann diferans ki genyen ant valè kretyen ak valè mond lan, epi kisa sa vle di viv kòrèkteman nan mitan yon mond plen peche.

Leson sa a ap ankouraje yo rete fèm nan konfyans yo nan Bondye, menm si sa pap ba yo popilarite, epi, nan kèk ka, pwouve ki riske. Esplike elèv ou yo ke Danyèl ak twa zanmi l' yo te adolesan lè yo te fè eksperyans sa a. Sa a pral ede yo idantifye yo ak yo, epi konprann ki jan li enpòtan pou rete fèm nan lavi kretyen an.

KÒMANTÈ BIBLIK

Danyèl 1. Jojakim, wa peyi Jida a, te yon nonm ki mechan ki te mennen pèp li a nan fè sèvis adorasyon pou zidòl. Akoz peche sa a, Bondye te pèmèt Nebikadneza, wa Babilòn nan, te anvayi yo epi pote ale dè milye de jwif.

Yo te kaptire Danyèl epi pote ale ak twa zanmi l' yo nan lavil Babilòn nan lane 605 a.K (avan Kris) Apre sa a, te gen yon dezyèm depòtasyon 597 a.K (avan Kris). Epi dènye a se te an 586 a.K (avan Kris) lè Babilònè yo te detwi tanp lan ak lavil Bondye a.

Nèbikadneza t'ap chèche nan mitan depòte yo moun pou okipe pozisyon enpòtan nan gouvènman l' lan. Li te bezwen gason pou administre zafè ki gen rapò ak jwif yo. Chèf enik yo te chwazi Danyèl ak twa zanmi l' yo Ananya, Michayèl ak Azarya zanmi l' yo pou resevwa yon fòmasyon espesyal.

Kat jenn gason sa yo te entelijan, an sante epi ak bèl aparans.Se te koutim wa a chwazi jèn oswa adolesan pou resevwa fòmasyon sou doktrin babilonik yo. Pwosesis sa a enkli chanjman non Danyèl ak zanmi l' yo.

Non jwif yo a te raple yo lafwa yo nan Bondye; sepandan, nouvo non yo Babilòn yo ta pral onore fo dye yo. Danyèl (Bondye se jij mwen) te vin Beltechaza (Baal pwoteje lavi m') ; Ananyas (Bondye montre favè) te vin Chadrak (lòd Aku); Misael pa konvèti an Mechak (Ki moun ki tankou Bondye?) (Ki sa k' tankou Aku?); Azarya (Bondye ede m') te vin Abèdnego (sèvitè Nego oswa Nebo).

Lalwa Moyiz la te anpeche jwif yo manje vyann bèt enpi oswa manje yo te sakrifye pou zidòl. Danyèl, te refize swiv koutim Babilòn yo ki te vyole lwa sa a epi mande yon rejim alimantè ki diferan ki pa t' antrave konviksyon l yo.

Danyèl ak zanmi l yo pale ak chèf enik yo ak anpil imilite tankou zanmi, epi li te dakò. Bondye te onore epi ankouraje valè ak fidelite jèn Ebre sa yo, li beni yo pandan li bay yo pi bon sante, ak pi gran konesans ak bon konprann.

DEVLOPMAN LESON AN

Kisa sa vle di?

Pandan semèn nan chèche konnen siyifikasyon non w' ak pa elèv ou yo.

Kòmanse pandan w'ap esplike yo siyifikasyon non w'. Apre sa a, mande yo si yo konnen siyifikasyon non yo. Mande:

Èske nou konnen poukisa paran nou yo te ba nou non ke n' genyen an?

Si nou ta kapab chanje li, ki jan nou ta renmen rele?

Bay yon ti kat pou yo ekri non yo ta renmen genyen an, epi tape li yon kote ki vizib pou idantifikasyon yo. Pandan klas la, rele yo nan non yo te chwazi a. Pandan dewoulman klas la, mande yo, ki jan yo santi yo lè yo tande y'ap rele yo nan yon non diferan. Lè sa a, di yo ke leson jodi a pale de kèk jenn moun ke yo te chanje non yo.

Pèsekisyon

Pou aktivite sa a ou pral bezwen yon gwo kat jewografik ak kreyon koulè. Mande elèv ou yo pou yo jwenn: Lachin, Pakistan, Iran, Afganistan, Eritrea, Somali, Laos, Vyetnam, Malezi, Soudan, peyi Lejip la, Libi, Aljeri, Nijerya, peyi Zend, Arabi Saoudit ak Kore di Nò. Fè yo bay chak peyi yon koulè diferan. Pandan y'ap fè sa, esplike yo ke nan peyi sa yo kretyen yo pèsekite akòz lafwa yo. Chèche magazin kretyen oswa kèk ti istwa sou sijè sa sou entènèt la pou w rakonte elèv ou yo.

Kole kat jewografik la yon kote ki vizib, epi pran angajman pou nou priye chak jou pou frè nou yo ki anba pèsekisyon.

Non, pa janm, janmen!

Mande elèv ou yo: *Nou kwè ke gen yon bagay ke yon kretyen pa ta dwe janm fè?* Koute repons yo.

Lè sa a, distribye liv yo epi mande elèv yo ale nan paj 165 epi ekri repons yo nan ti bwat ki nan pati anlè a.

Apre sa a, fè yo reponn akizasyon yo lè l sèvi avèk youn nan twa altènatif: pi fò, gen kèk, okenn. Lè fini, yo dwe mete 10 pwen chak fwa yo wè repons "Okenn". Mande pou yo bay kantite pwen an. Petèt nòt yo pa tèlman anpil, men ou pral ede yo konprann ki kantite fwa nou adapte nou ak sa lòt moun fè.

Pale de kisa adapte vle di, epi se pou yo mansyone nan kisa yo panse ke jèn kretyen yo gen plis pwoblèm: Ak lajan an? Èske se presyon kanmarad yo? Kèk sekrè? Estil rad? Mizik?

Nan istwa jodi a, Danyèl ak zanmi l yo te fè fas ak sitiyasyon byen difisil lè chèf ofisyèl yo t'ap ba yo presyon pou fè bagay ki kont kwayans yo.

Èske mwen dwe manje l'?

Depi de semèn davans, mande kèk fanmi nan kongregasyon an pou yo pote manje pou yo vin pataje nan klas la, oswa chèche bonbon ki gen fòm diferan ak gou diferan.

Mete manje yo sou tab la, epi envite elèv yo fè chwa yo. Pandan y'ap manje, mande yo poukisa yo te chwazi manje an patikilye. Pale sou manje nou pi renmen yo, epi mande:

Èske gen kèk manje ke paran yo oswa dantis te di yo ke yo ta dwe evite?

Nou panse ke li se yon peche si yon moun manje kèk manje?

Apre ou fin tande repons yo, mete yon fen pandan w'ap di yo ke byenke gen kèk aliman kip lis bay sante pase lòt, pa gen okenn lwa ki entèdi moun manje manje kip a gen valè. Nan Ansyen Testaman an, Bondye te di pèp li a pou l' pa t' manje kèk manje. Nan Levitik 11 nou jwenn kèk nan entèdiksyon sa yo ke Bondye te fè, paske moun pèp Izrayèl yo te antoure ak moun Kanaran yo. Pa egzanp, li te anpeche yo manje vyann kabrit, paske moun Kanaran yo te konn prepare vyann sa a pou ofri bay zidòl yo. Bondye pa t' vle pou pèp li a te gen rapò ak kilt idolatri yo.

Nan istwa jodi a nou pral aprann ki sa kèk jèn jwif te fè lè wa Babilòn nan te bay lòd pou yo manje manje entèdi sa yo.

ISTWA BIBLIK

Mande elèv pou yo chèche Danyèl 1 nan Bib yo a epi se pou yo chak li yon vèsè jiskaske yo fini chapit la. Osinon, si ou vle, rakonte istwa Danyèl la ak pwòp pawòl ou yo. Sèvi ak ti entwodiksyon sa a pou w kòmanse istwa a: Sa fè lontan depi, pèp Bondye a te chwazi dezobeyi kòmandman Bondye yo ak adore zidòl payen nan ti bouk peyi vwazen yo. Kòm pinisyon, Bondye pèmèt lame lènmi an te anvayi yo.

Koute avèk atansyon sa mwen pral di nou la a, pou nou ka konnen sa ki te pase yon jèn vanyan ak twa zanmi li yo.

Kontinye istwa a nan Danyèl chapit 1 an.

Nan di istwa a, asire w ke elèv yo pa panse ke Danyèl ak zanmi l yo te vejetaryen. Vyann lan pa t' pwoblèm nan.

Gen kèk entelektyèl ki afime ke mal la te nan vyann nan ke yo te sakrifye pou zidòl yo. Gen lòt ki konsidere manje a kòm yon jès de solidarite ak angajman. Sa vle di, aksepte manje wa a Babilòn nan jèn yo ta tou fè yon alyans avèk li.

AKTIVITE YO

Èske Danyèl te konfòme li?

Fikse atansyon elèv ou yo nan liv travay yo, epi ba yo tan pou yo li Danyèl 1 ak reponn senk kesyon ki nan paj 166. Yo ka travay an gwoup oswa endividyèlman. Lè yo fini, pèmèt yo li repons yo.

Valè anba presyon

Mande yo pou yo chèche Danyèl 1: 8 ak kesyon tankou:Ki twazyèm paawòl nan vèsè sa a? (Pwopoze)

Pwopoze vle di angaje pou reyalize yon aksyon detèmine. Danyèl ak zanmi l' yo te pwopoze nan kè yo, oswa deside, pa vyole kwayans yo. Bondye onore kouraj yo ak determinasyon yo. Bib la di li te ba yo bon konprann, konesans ak konpreyansyon. Danyèl te gen yon plan. Ann wè sa ki li te ye:

1) Li te pwopoze pa konfòme li. Li te konnen manje a ak diven an pa t' bon pou li epi li pa bay legen,menm si chèf etyopyen an te rejte sa li te mande a nan kòmansman.

2) Li te prepare yon plan. Bondye ede l elabore yon plan ki ta pèmèt li kontinye nan chemen ki dwat. Danyèl te prezante petisyon l devan chèf ofisyèl yo.

3) Li mete konfyans li nan Bondye. Nan ka sa a, Bondye te bay èd imen. Gad palè a te riske epi ba yo 10 jou pou yo te eseye. Apre sa a, mande elèv ou yo: *Kisa nou panse nou ta dwe fè lè nou santi nou tante pou n'aji kòm lòt moun yo?*

1) Deside pa angaje nou nan sa ki mal.
2) Panse ak yon plan an aksyon pou fè fas ak tantasyon.
3) Konfye ke Bondye ap ede nou.

Ki jan nou fè fas ak tantasyon?

Ekri sou tablo a oswa sou yon gwo fèy yon lis bagay kote jèn timoun yo ap fè fas ak presyon kanmarad yo dwe aksepte: fimen, goute alkòl, wè videyo vyolans oswa sèks, patisipe nan tripotay oswa vye kòmantè san sans, mal palan, pònografi, elatriye. Mande yo pou yo konsidere kilès nan bagay sa yo, yo santi yo fèb ladan l, fè yo konnen yo pa bezwen reponn fò. Aktivite sa a ta dwe pèsonèl, epi li enpòtan pou ou ba yo tan pou yo reflechi. Fè yo sonje ke Bondye toujou prè pou ede yo reziste anba tantasyon epi ede yo rete fèm nan lafwa yo.

POU FINI

Fòme yon sèk, epi mennen yo nan lapriyè. Mande Seyè a pou l ba yo kouraj ak bon konprann pou venk tantasyon yo epi renmen moun sa yo ki maltrete yo akoz lafwa yo. Lapriyè pou kretyen nan peyi ki gen koulè kat jewografik la.

Ankouraje yo asiste nan pwochen klas la pou yo kontinye aprann sou Danyèl.

Konfye Nan Bon Konprann Bondye

Baz biblik: Danyèl 2.

Objektif leson an: Se pou jèn timoun yo aprann gen konfyans nan bon konprann Bondye a.

Vèsè pou aprann: *"Konsa, nou la nan mitan foul moun sa yo ki te moutre yo gen konfyans nan Bondye. Ann voye tout bagay k'ap antrave kous nou jete byen lwen, ansanm ak peche a ki fasil pou vlope nou. Ann kouri avèk pasyans nan chemen Bondye mete devan nou an."* (Ebre 12:1).

PREPARE W POU W ANSEYE!

Kòm yon pati nòmal nan devlopman, elèv ou yo sòti nan sekirite anfans yo ak preadolesans emosyon yo epi, se poutèt sa a, yo santi yo pa an sekirite. Yo chèche idantifye yo ak zanmi yo epi jwenn yon plas nan gwoup la. Pliske li difisil pou yo panse de konsekans desizyon yo, li sanble pi fasil pou yo kite gwoup la gide yo epi konpòte yo tankou lòt yo pou yo ka resevwa popilarite.

An mezi y'ap grandi nan konesans yo nan Bondye, yo pral konprann ke li renmen yo epi bon konprann ki soti nan Bondye ka ede yo fè fas ak sitiyasyon difisil yo. Bon konprann Bondye a disponib pou tout moun ki chèche li.

Nan istwa jodi a nou pral aprann ke byenke lavi Danyèl te an danje, li te mete konfyans li nan bon konprann Bondye a.

Nan tan sa yo, jèn timoun yo tou fè fas ak menas fizik (pa egzanp, nan gwoup oswa lè gen vyolans nan kay la). Gen lòt ki travèse sitiyasyon ki menase sante sikolojik yo. Se poutèt sa, li enpòtan ke nan istwa biblik sa a yo aprann mete konfyans yo nan bon konprann Bondye a pou yo fè fas ak move sitiyasyon yo.

KÒMANTÈ BIBLIK

Danyèl 2. Nèbikadneza te wa nan yon anpi ki enpòtan anpil. Yon lannwit, lè li te ale dòmi, Bondye te pale ak li nan yon rèv ki te kite fè l' enkyete epi mal alèz.

Wa a t'ap chache èd bò kote divinò li yo pou l te ka konnen siyifikasyon rèv tèt chaje sa a. Sepandan, li pa t' vle dekri li. Petèt li te bliye detay yo lè l te leve a (v. 5), men li posib pou l pat mete konfyans li nan bon konprann sèvitè li yo (v. 9).

Saj yo ki nan palè wa a yo te rekonèt ke travay la te enposib epi se sèlman yon dye ta kapab reyalize yon misyon konsa. Sa a te prepare sèn nan pou Bondye manifeste nan Danyèl.

Devan ti fòs mesye sa a yo, wa a te reyaji avèk derezon, li bay lòd touye tout nèg save ki nan palè a. Nan mitan kriz la, Danyèl mande plis tan pou l dechifre sinifikasyon rèv la.

Danyèl ak zanmi l' yo te konfye yo nan bon konprann san limit Bondye a, Seyè a ta kapab ede yo, epi se konsa sa te ye.

Rèv la te yon deskripsyon de istwa mond lan ki ta devlope depi nan moman sa a pou rive pi devan. Bondye te itilize imaj yon estati pou l' revele lavni. Epi kòm Nèbikadneza te konn adore zidòl, li te kapab konprann senbòl la. Figi sa a te reprezante deteryorasyon rèy li yo. Anpil entelektyèl Bib la identifye yo ak lavil Babilòn, peyi Pès, Grès ak Wòm. Kalite ak pozisyon metal yo te pi ba nan chak rèy. Finalman, yon wòch ki pa t' koupe ak men lòm, men se pito Bondye, ta detwi lòt rèy yo. Noumenm kretyen yo nou afime ke wòch sa a se Kris la, epi mòn nan se wayòm Bondye a ki pap' janm fini an.

Nèbikadneza, apre yo fin konprann ak rekonèt grandè Bondye a, te bay Danyèl ak zanmi l yo pozisyon enpòtan nan wayòm nan.

DEVLOPMAN LESON AN

Nan ki moun ou konfye w?

Pale avèk gwoup la sou siyifikasyon "konfyans". Apre sa a, mande yo si èske yo ta genyen yon moun egziste yo ta di yon sekrè trè espesyal. Lè sa a, louvri liv elèv yo nan paj 167. La a yo va jwenn yon lis sitiyasyon ke preadolesan yo ap eksperimante an jeneral. Elèv yo dwe ekri non yon moun yo fè konfyans lè yo bezwen èd nan tout sitiyasyon.

Lè yo fini aktivite a, diyo ke nan istwa jodi a yo pral aprann sa Da- nyèl te fè lè lavi l te an danje.

ISTWA BIBLIK

Rakonte istwa biblik la ak pwòp mo pa w yo, oswa avèk patisipasyon elèv ou yo. Mande pou twa volontè li Danyèl 2:1-26.

Ou pral fè rakontè a, yon volontè ap li pati pa Nèbikadneza a, yon lòt pral li sa astwològ yo Chaldeyan yo te di epi dènye a reprezante Danyèl.

Apre ou fin li vèsè sa yo, kontinye ak kont biblik la. Si sa posib, jwenn senk objè oswa figi pou w ' montre rèv wa a. An mezi w'ap esplike sa rèv la vle di, montre klas la objè ki reprezante pati kò li ki mansyone a.

Danyèl te di wa a ke nan rèv la l' te wè imaj yon nonm. Tèt la te an lò (montre objè lò a); lestomak ak bra an ajan (montre objè a an ajan); vant lan ak kwis yo te an kwiv (montre objè an kwiv la); pye yo an fè (montre objè an fè a); ak pati nan pye a an fè ak yon lòt pati an ajil (montre objè ki te fèt ak labou a).

AKTIVITE YO

Èske Nèbikadneza te konprann vizyon an?

Louvri liv elèv yo ankò epi kite Bib la louvri tou nan pasaj etid la. Divize klas la de pa de epi ba yo tan pou yo reponn kesyon ki nan paj 168:
1) Poukisa nèg sabe yo pa t' kapab esplike siyifikasyon rèv Nèbikadneza a?(Danyèl 2:47).
2) Ki sa ki ta rive Danyèl si l pa t' entèprete rèv la? (Vv. 12-13).
3) Ki jan Danyèl te fè konn siyifikasyon an? (Vv. 17-19).
4) Bay yon deskripsyon tou kout de rèv la epi bay siyifikasyon li yo (vv. 29-45)
5) Ki jan Danyèl esplike kapasite l'

pou l' entèprete rèv la?(Vv. 27-28, 45).
6) Kisa Nèbikadneza te aprann de Bondye?

Ki kote w ka jwenn bon konprann?

Pou aktivite sa a preadolesan yo pral bezwen sèvi ak konkòdans ke y'ap jwenn nan paj 169 nan liv elèv yo. Si ou vle, kontinye travay pa koup pou yo kapab ede youn ak lòt. Objektif la se pou yo kapab sèvi ak konkòdans lan pou yo deside referans ki kòrèk la. Yo dwe ekri referans la nan parantèz; apre sa a, chèche vèsè biblik yo nan Bib yo a pou yo kapab asire yo ke li gen rapò ak referans lan tout bon vre.

Ki kalite bon konprann Bondye ba nou?

Ale nan paj 170. Endike elèv ou yo pou yo li deklarasyon sa yo epi soulinye sa yo ki konsidere ke Bondye pa ta ban nou:
1) Gid pou deside fè sa ki dwat.
2) Repons pou egzamen lè ou pa t' etidye.
3) Fè w konnen nimewo yo pou genyen nan bòlèt.
4) Gid pou konnen ki lè pou w' envite yon moun vin asiste legliz la.
5) Konsèy sou kòman ou kapab tire revanj lè yon moun fè ou mal.
6) Konsèy pou konnen ki jan pou w padone lè yo ofanse ou.

Apre sa a, pale sou resanblans yo ki genyen ant fraz ki soulinye yo ak lòt fraz ki rete yo.

POU FINI

Fini leson an pandan w'ap mande: *Èske nou mande Bondye bon konprann anvan nou deside fè yon bagay ki enpòtan?*

Gide elèv ou yo reflechi sou sijè sa a. Apre sa a, lapriyè pou remèsye Bondye pou benediksyon sa a ki se sipò nou jwenn nan li pou nou konte sou èd li ak bon konprann li nan moman nou nan bezwen yo. Mete yon fen pandan w'ap repete tèks memwa avèk yo.

Leson 47
Se Pou Ou Gen Valè Pou W Kapab Onèt

Baz biblik: Danyèl 5.

Objektif leson an: Sa jèn timoun piti konprann sa li vle di jijman Bondye a.

Vèsè pou aprann: *"Konsa, nou la nan mitan foul moun sa yo ki te moutre yo gen konfyans nan Bondye. Ann voye tout bagay k'ap antrave kous nou jete byen lwen, ansanm ak peche a ki fasil pou vlope nou. Ann kouri avèk pasyans nan chemen Bondye mete devan nou an."* (Ebre 12:1).

PREPARE W POU W ANSEYE!

Jèn timoun yo souvan pa rekonèt danje ki genyen nan dezobeyi, jiskaske yo dekouvri li epi soufri konsekans yo. Anpil moun gen kwayans ki di "si yo pa kenbe w', ou pa nan pwoblèm." Sepandan, tip de panse sa yo trè danjere, sitou lè yo pa konprann ke konpòtman yo fè enpak sou lòt moun. Petèt yo jistifye konpòtman yo lè yo di ke tout moun fè sa. Men, jèn timoun yo dwe konnen ke Bondye sen epi yon jou li pral jije tout moun. Istwa Bèlchaza montre yo ke jijman Bondye a se verite.

Tankou nou te di avan an, petèt elèv yo vle angaje kwayans yo pou konsève oswa kenbe yon amitye, plis pase sa si zanmi yo a ta aji oswa pale yon fason ki kontrè ak kwayans moral yo ak kretyen yo. Pou jèn timoun yo se difisil pou w ta di yo kanmarad a ap fv bagay kip a kòrèk. Pou bagay sa a yo li enpòtan pou anseye yo ke, nan lanmou Kris la, yo gen obligasyon pou yo avèti oswa sinyale zanmi yo lè yo vyole lalwa Bondye yo.

KÒMANTÈ BIBLIK

Danyèl 5. Lè Danyèl te entèprete rèv Nèbikadneza a, li te anonse li ke moun mèd ak pès yo t'ap vin kraze Babilòn. Kèk ane pi ta, lè Bèlchaza te vin nouvo wa, li te deside fè yon festen kote ke li te envite Mandan marye l' yo plis ti fanm deyò li yo, sa te entèdi.

Li te bay chef gad li yo lòd pou yo pote tout vè sakre Seyè a ke Nèbikadneza te vòlò nan tanp Jerizalèm nan.

Wa a te itilize vè sa a yo pou l te ofri bagay bay fo dye payen Babilòn yo. Petèt li te vle demoutre li te pi pisan pase Jewova, Dye ki te anonse destriksyon wayòm nan.

Tankou yon kout zèklè, fèt la te bloke lè yon men, san rès kò a, te kòmanse ekri nan mi an. Wa a, byen pè, te pase save li yo lòd pou entèprete ekriti a, men yo pa t' kapab. Ebyen rèn nan, t'ap sonje sa Danyèl te fè nan tan lontan an, rekòmande pou y'al rele li.

Danyèl te pale san li pa t' pè wa a mechan, pandan l t'ap fè li sonje ke Nèbikadneza te inyore Bondye. An plis, li te akize Bèlchaza paske l rejte Bondye pa eksprè.

Mo sa yo sou miray la, ekri an lang arameyen, akize Bèlchaza pou peche l yo. Mesaj la te di: " konte, peze ak divize".

Bondye te konte jou Bèlchaza yo, ki te rive nan fen li. Bondye te peze l nan balans li te jwenn li pa t' fè pwa. Mèd yo ak moun Pès yo va pran wayòm nan epi y'ap divize li. Bondye te anonse jijman li epi, yon fwa, li te konfime pouvwa li.

DEVLOPMAN LESON AN

Èske mwen ta dwe di li?

Rasanble epi mande elèv yo:

- *Kèk fwa ou te oblije egzòte yon zanmi oswa yon moun ke ou rekonèt pou yon bagay yo pa t' dwe fè?*
- *Kijan zanmi nou yo santi yo lè yo te oblije egzòte lòt moun pou sa yo fè ki mal?*
- *Èske nou santi nou alèz oswa pè bay verite a ?*
- *Gen avantaj oswa dezavantaj lè nou konfwonte lòt yo ak verite a?*
- *Nan istwa jodi a nou pral aprann kijan Danyèl te konfwonte yon wa ak yon seri de advètans Bondye, ak reyaksyon wa a.*

122

Mwen pa vle tande l!

Distribye liv elèv yo epi mande pou yo louvre l' nan paj 171.

Di yo konsa: *Se pa tout moun ki renmen pou yo di l' sa lè l'ap fè sa k' pa bon. Ann wè kèk pawòl ke preadolesan yo itilize lè zanmi yo konfwonte y oak verite a.*

Ba yo tan pou yo li ekspresyon yo ki nan liv la epi, si yo vle li, konplete repons yo ak pwòp lide ou. Apre sa a, di yo ke nan istwa jodi a Danyèl te oblije konfwonte yon moun ak verite Bondye a.

ISTWA BIBLIK

Istwa jodi a se sou yon enskripsyon ki te parèt nan yon miray yo t'ap fè yon fèt, epi wa te rele Danyèl pou l' te devwale sekrè a.

Ekri pawòl enskripsyon yo nan tablo a oswa nan yon gwo moso katon.

Mande elèv ou yo pou yo chèche Danyèl 5 epi li l' an silans. Apre sa a, mete ansanm pou nou rakonte istwa biblik la. Fè atansyon pou w' kapab korije nenpòt ti erè ki ta glise, epi konple li ak yon ti konklizyon final.

AKTIVITE YO

Yon mesaj

Nan paj 173 nan liv elèv yo n'ap jwenn yon tablo pou n' ekri kèk nan mesaj ke Bondye genyen pou jèn timoun yo jodi a. Itilize kòm referans Filipyen 2: 3; Kolosyen 3: 2; Efezyen 6: 1-3; Tit 3: 1-2; ak Detewonòm 10:12.

Pandan y'ap travay, di yo konsa: *Bondye te gen yon mesaj pou Bèlchaza, epi li te fè l' konn sa pandan yon men t'ap ekri nan miray palè a. Jodi a tou Bondye gen mesaj pou nou. Se pandan, li pa bezwen ekri l' nan yon miray. Yo ekri nan Bib la, pou nou tout kapab li ak konprann yo.*

Ki jan nou ka pale verite a ak lanmou?

Bay tan pou jèn timoun yo evalye atitid yo, dapre aktivite ki sijere nan paj 174 nan liv elèv yo:

- Èske w'ap pale de jistis Bondye (oswa paw la) ?
- Ou santi w' kontan lè w'ap jije moun?
- Lè w'ap fè yon jijman, ou di li ak lanmou epi pou ede?
- Èske w' kapab reponn ak lanmou kretyen menm si lòtyo pa konprann entansyon ou yo ?

Baze sou repons yo, kondwi yo nan refleksyon sou fason nou dwe pale ak lòt yo osijè de advètans Bondye yo. Apre sa a, ankouraje yo chèche direksyon Sentespri a pou yo al adrese lòt yo ak lanmou epi bon konprann.

POU FINI

Sa a se yon bon moman pou w' gide elèv yo nan lapriyè, remèsye Bondye pou benediksyon l' yo, epi mande li fòs pou w' kapab di lòt moun verite a.

Ba yo tan pou yo ka repase tèks memwa a de fwa anvan ou ale lakay.

nòt

Se Pou W Gen Valè Pou W Ka Kanpe Fèm

Baz biblik: Danyèl 3; 6; Ebre 11: 32-12: 3.

Objektif leson an: Se pou jèn timoun yo aprann ke gen lafwa nan Bondye ban nou valè.

Vèsèpou aprann: *"Konsa, nou la nan mitan foul moun sa yo ki te moutre yo gen konfyans nan Bondye. Ann voye tout bagay k'ap antrave kous nou jete byen lwen, ansanm ak peche a ki fasil pou vlope nou. Ann kouri avèk pasyans nan chemen Bondye mete devan nou an."* (Ebre 12:1).

PREPARE W POU W ANSEYE!

Pou preadolesan yo li difisil pou l eksprime ak defann lafwa li kòm kretyen si ti zanmi ki kretyen menm jan ak li yo pa bò kote l pou sipòte li. Anpil fwa li parèt pi fasil kite presyon an gen rezon sou ou ke defann kwayans yo.

Petèt li kapab genyen yon dezi sensè pou fè Bondye plezi, men li pa konnen kisa pou l fè lè lòt fòse yo ale lwen konviksyon yo. Se sèlman yon lafwa ki solid nan Bondye va ba ou kouraj pou w reziste presyon an.

Lavi Danyèl, Azarya, Misael ak Ananyas pral modèl lafwa ak kouraj pou yo. Jèn sa a yo pa t' abandone relasyon yo ak Bondye, menm si li te nan lavi l'.

Atravè leson sa a, jèn timoun yo pral aprann ke kouraj pou defann relasyon nou ak Bondye fèt nan lafwa nan li. Menm jan lafwa Danyèl la te sèvi kòm temwayaj pou lòt moun, lavi elèv ou yo pral svvi yon temwayaj vivan pou zanmi yo. Reyaksyon l' yo devan presyon yo ak pwoblèm yo pral fè enpak, epi yo pral fè yon diferans nan temwayaj pèsonèl yo.

KÒMANTÈ BIBLIK

Danyèl 3. Nan chapit sa a nou li ki jan yo te fè tès sou lafwa Ananya, Michayèl ak Azarya. Wa Nèbikadneza te fè bati yon gwo estati lò epi tout moun ki refize adore li ta dwe mouri gwo twou dife a.

Twa jenn gason yo te refize trayi Bondye, pandan yo ta adore imaj la, lè yo ta fè sa pa sèlman yo t'ap vyole lalwa Bondye yo, men tou yo t'ap detwi relasyon yo Bondye.

Lè wa a te poze yo kesyon yo pa t' nye chaj yo, olye de sa yo te sètifye lafwa yo ke Bondye ta kapab vini sove yo nan dife a. Sepandan, lafwa yo pa t' simante ke Bondye te kapab vin delivre yo. Yo te di wa a konsa, menm si Bondye pa ta vin sove yo, yo pap adore estati a.

Lè Bondye te sove yo nan dife a, Nèbikadneza rekonèt grandè a, Seyè Izrayèl la. Apre li fin mande yo soti nan dife a, li te bay lòd pou pèsonn pa t' pale mal kont Bondye yo a paske li te gen anpil pouvwa vre.

Danyèl 6. La fe de Danyèl enfrentó una prueba similaLafwa Danyèl te fè fas ak yon eprèv parèy manda Dariyis wa mèd la. Lòt ofisye palè yo te fè jalouzi paske Danyèl, malgre li te ebre, yo te nonmen li kòm dezyèm moun ki pi enpòtan nan wayòm nan.

Lè sa a, ofisyèl yo sijere ke pandan 30 jou moun pa ta dwe adore nenpòt moupèsonn, se wa a sèlman pou y'adore, epi tou moun ki fè sa li yo pral' voye l' jete nan gwo twou lyon an. Panse ke Danyèl te aplodi lalwa Moyiz l wa a siyen.

Kòm Danyèl pa t' sispann priye Bondye, ofisyèl yo te denonse li. Wa a, ki pa t' kapab anile lwa a, ak anpil regrè li t'ap gade lè gad yo ap jete Danyèl nan twou lyon yo. Nan denmen, wa a t'al gade nan twou a li te wè Danyèl byen vivan.

Sa a te bay Bondye onè paske li te pote Danyèl sekou. Ebyen, wa a te rekonèt Bondye Danyèl la tankou sèl vrè Dye vivan, ki pap' janm fini an ak pisan, epi li te deklare ke tout moun dwe gen krentif pou li epi mete chapo ba devan li. Kòm plis prèv ki montre Bondye te entèveni, lyon yo te devore moun ki te pote plent kont Danyèl yo.

DEVLOPMAN LESON AN

Mwen ta fè nenpòt bagay pou ...!

Abran los libros del alumno en la páginLouvri liv elèv yo nan paj 175, epi mande jèn timoun yo pou yoi konplete ekspresyon sou liy yo endike a. Lè sa a, fèmen liv yo, epi moutre elèv ou yo fè yon jwèt pou yo devine repons lòt timoun yo.

Mande kèk volontè pou poze lòt yo kesyon, eseye pou chèche konnen kisa yo te ekri. Pa egzanp: *Èske se yon objè? Èske se yon bèt? Èske se yon bagay ou ka achte? Èske se yon bagay ou ka jwenn nan yon magazen? Èske se yon bagay koulè? Èske se yon bagay ou papab pote sou ponyèt ou?* Si repons pou chak kesyon yo se "wi", volontè a ap kontinye mande jiskaske li resevwa yon "non" pou yon repons. La a, li dwe pase kòn nan pou yon lòt moun epi se konsa youn apre lòt jiskaske yon moun vini epi devine sa kamarad li a te ekri a.

ISTWA BIBLIK

Pandan semèn nan, li istwa a Biblik Danyèl 3, epi panse ki jan w ta rakonte li ak pwòp mo pa w yo. Sonje ke pwofesè a bezwen abitye ak leson an pou l ka rakonte yon bon istwa.

Estati wa Nèbikadneza te fè a te mezire anviwon trant mèt de wotè ak twa de lajè. Li te yon moniman ki gwo anpil, paske wa a te vle pou kèlkeswa kote yon moun ta ye, li ta kapab wè estate nan palè a.

Apre w' di rès istwa a biblik la, mande elèv ou yo: *Kisa ou panse de sa jèn ebre yo te di wa a menm lè yo te konnen yo ta pral lage yo nan founèz la?* Te mete konfyans yo nan Bondye ak tout fòs yo, se pa sèlman paske yo te kwè ke Bondye te kapab delivre yo, men paske yo te vle fè l plezi, byenke sa vle di ke yo ta sijè mouri pou kwayans yo tou. Danyèl te sove soti nan founèz la, men tou, li te fè fas ak yon lòt sitiyasyon danjere lè li te fèmen akle nan yon kachèt pou lyon.

Pèsekisyon

Pale de kouraj kat zanmi sa yo te moutre lè yo te konfwonte lanmò nan yon peyi etranje, kote se lòt dye yo adore. Fè yon ti remak pou yo pou w di li ta pi fasil pou yo lage kò yo anba presyon lòt yo, men yo pa t' fè sa.

Mande jèn timoun yo pou yo li Ebre 11: 32-12: 3, epi reponn kesyon yo ki nan paj 176 nan liv elèv yo.

1) Non ewo yo nan Ansyen Testaman non yo te site pou lafwa yo.
2) Dapre vèsè 36-38, ki kalite pèsekisyon yo te fè fas?
3) Nan Ebre 12: 1, ak kisa ekriven an konpare lavi kretyen an?
4) Dapre Ebre 12: 2, nan kisa Jezi se yon modèl pou nou?
5) Ebre 12: 2, nan ki jan Jezi se yon èd pou kretyen ki fè fas ak pèsekisyon nan epòk nou an?
6) Nan ki sans kretyen yo pèsekite jodi a?
7) Ki jan kretyen yo kapab gen kouraj pou kanpe fèm malgre pèsekisyon?

POU FINI

Kisa ou te aprann?

Ou pral bezwen kat pou ekri pou separasyon chak nan kesyon sa yo. Chak elèv dwe pran yon kat, li kesyon yo epi reponn yo.

1) Jèn ebre yo te aprann ke yo te kapab rete fèm nan kwayans relijye yo. Kisa ou te aprann se ou menm?
2) Danyèl te ede wa a konprann siyifikasyon rèv li a. Kisa ou te aprann ou menm?
3) Danyèl te ede Bèlchaza konprann siyifikasyon sa k' te ekri nan miray la. Kisa ou te aprann oumenm?
4) Danyèl te aprann mete konfyans li nan Bondye lè li te nan twou lyon yo. Kisa ou te aprann oumenm?
5) Kisa ou te aprann sou Bondye nan seri leson sa a?
6) Kisa ou te aprann de tèt ou nan leson sa yo?

Finalman, fòme yon sèk epi mande chak moun pou yo lapriyè an silans pou moun ki sou bò dwat yo a. Mete yon fen pandan w'ap priye pou tout elèv ou yo. Mande Bondye pou l ede yo pandan semèn ki pral kòmanse a epi pa bliye lapriyè pou moun k'ap soufri pèsekisyon nan lemond antye.

PWOMÈS NOWÈL

Baz biblik yo: Jenèz 12: 1-3; Detewonòm 7: 9; 2 Samyèl 7: 12-13; Sòm 31: 14-15; Ezayi 7:14; 11: 1; Jeremi 33: 12-15; Miche 5: 2; Matye 1: 1, 6: 18-25; 2: 1-23; Lik 1: 26-38; 2: 1-7, 8-20; Jan 4:42; 14: 1-3.

Vèsèpou aprann: *"Men kijan Bondye fè nou wè jan li renmen nou. Li te voye sèl pitit li a sou la tè pou l' ka ban nou lavi. Men kisa renmen an ye: se pa noumenm ki te renmen Bondye, se li menm pito ki te renmen nou, ki te voye pitit li a pou nou te resevwa padon pou peche nou yo."* (1 Jan 4:9-10).

OBJEKTIF INITE A

Inite sa a pral ede jèn timoun yo:

- ❖ Konprann ke nesans Jezi a se te akonplisman pwofesi nan Ansyen Testaman yo.
- ❖ Rekonèt enpòtans ki genyen pou konnen Jezi pèsonèlman kòm Sovè ak Seyè.
- ❖ Konfye ke Bondye ap toujou kenbe pwomès li.
- ❖ Rakonte lòt yo bon nouvèl nesans Jezi a.

LESON INITE A

Leson 49: Bon Nouvèl yo

Leson 50: Li bon pou rete tann!

Leson 51: Ki jan pou yo bay bon nouvèl la

Leson 52: Yon vwayaj long pou al wè yon wa

Leson 53: Revizyon Inite XI

POUKISA JEN TIMOUN YO BEZWEN ANSEYMAN INITE SA A?

Nwèl la se festival ki pi selebre atravè tout mond lan. Gen kèk jèn timoun petèt ki te ka pèdi kè kontan yo te genyen pou fèt sa a lè yo te pi piti, men jous kounye a y'ap tann li ak anpil jwa.

Yo konnen istwa Nwèl la, men pou anpil moun se sèlman yon istwa. Sa ki pi enterese yo se kado yo ak manje ki gou anpil. Istwa biblik yo nan inite sa a pral ede yo reflechi sou vrè siyifikasyon Nwèl la, pandan w'ap ede yo rekonèt enpòtans pou rekonèt vrè motif Nwèl la pèsonèlman: Jezi.

Yo pral etidye nesans Kris la ak yon nouvo pèspektiv, aprann ke Bondye te planifye nesans sa a depi anvan sa te pase. Yo pral dekouvri kè kontan ki antoure nesans Sovè a ak emosyon ki te pouse pastè yo al di tout moun nouvèl la.

Atravè leson sa yo, elèv yo pral aprann ke Bondye kenbe pwomès li. Epi, menm si anpil fwa li difisil pou tann repons Bondye, yo pral konnen ke pa gen pwoblèm pou konbyen tan yo te pase, yo kapab konfye nan Bondye paske l'ap toujou rete fidèl.

Nou swete ke, pandan epòk nwèl la, pran yon ti tan pou medite nan lanmou Bondye, ki te manifeste pandan li te voye Jezi sou latè kòm sakrifis pou peche nou yo. Pale ak elèv ou yo sou kè kontan ki genyen lè n' konnen ke nou gen yon Bondye fidèl, ki te fè plan lavi ki pap janm fini an pou nou.

Leson 49
Bon Nouvèl Yo

Baz biblik: Matye 1: 18-25; Lik 1: 26-38; Ezayi 7:14; Detewonòm 7: 9; Jan 14: 1-3.

Objektif leson an: Se pou jèn timoun yo aprann gen konfyans ke Bondye ap toujou kenbe pwomès li.

Vèsèpou aprann: *"Men kijan Bondye fè nou wè jan li renmen nou. Li te voye sèl pitit li a sou la tè pou l ka ban nou lavi. Men kisa renmen an ye: se pa noumenm ki te renmen Bondye, se limenm pito ki te renmen nou, ki te voye pitit li a pou nou te resevwa padon pou peche nou yo."* (1 Jan 4:9-10).

PREPARE W POU W ANSEYE!

Pandan etap sa a nan kwasans yo, jèn timoun yo devlope kapasite pou yo rezone byen rapid, epi kòmanse konprann relasyon konplèks ant lide ak reyalite. Yo gen kapasite pou yo konprann ke nesans Jezi a se plis ke yon jou ferye oswa yon evènman mirak. Leson sa a pral ede yo konnen ke nesans Jezi a se te yon pati nan plan Bondye pou limanite depi nan konmansman. Pou plizyè santèn ane Bondye te pwomèt li t'ap voye yon Sovè, epi pwomès sa a te akonpli avèk nesans Kris la.

Petèt elèv ou yo santi yo wont ak zanmi yo ak fanmi ki fè yo pwomès epi yo pa kenbe yo, men istwa biblik sa a yo pral aprann gen konfyans ke Bondye fidèl. Malgre ke lòt moun febli, yo ka gen konfyans ke Bondye ap reyalize pwomès li. Petèt li pa reponn imedyatman oswa egzak teman lè yo vle a; sepandan, li toujou gen repons ki kòrèk la nan moman apwopriye a.

KÒMANTÈ BIBLIK

Matye 1:18-25; Lik 1:26-38; Ezayi 7:14; Detewonòm 7:9; Jan 14:1-3. Pwofèt Ansyen Testaman yo te predi vini Sovè ke Bondye te pwomèt la. An reyalite, tout Ansyen Testaman te pale de vini li. Ezayi, Jeremi, Miche ak lòt pwofèt yo te bay detay espesifik de anba ki sikonstans nouvo wa a ta pral fèt. Epi tout pwofesi sa a yo te akonpli avèk nesans Jezi.

Istwa biblik jodi a se sou anons nesans lan. Lè zanj Gabriyèl te di Mari ke li t'ap vin manman Sovè a, li te santi li dezoryante. "Kouman mwen ka vin manman pliske mwen vyèj?" li te mande.

Men zanj lan te asire li: "Pa gen anyen ki enposib pou Bondye" (Lik 1:37). Li pwobab pou l te sonje pwofesi ki nan Ezayi 7:14, kote pwofèt la te di manman Mesi a ta pral yon jèn fi.

Menm si sa te posib pou l' te kraze plan maryaj li yo, epi lakòz pwoblèm grav nan sosyete jwif la, Mari te konfye li nan Bondye epi soumèt li anba volonte l.

Lè Jozèf te vin konnen Mari te ansent, li pa t' konn kisa pou l fè. Yo te fiyanse, men Jozèf te konnen ke se pa li ki papa bebe a. selon lalwa, li te gen dwa pou l egzije pou yo te pini Mari pou komèt adiltè. Men, kòm li te renmen li, li t'ap fè plan pou separe ak li an sekrè.

Sepandan, Bondye te voye yon zanj vin di Jozèf kontinye ak plan maryaj la, paske li te chwazi Mari ki pou vin manman Kris la.

Se konsa pwofesi Ezayi a te akonpli vre, nan demontre ke Bondye fidèl nan pawòl li epi li bon pou nou mete tout konfyans nou nan li. Merite pou yo mete konfyans nou an.

DEVLOPMAN LESON AN

Yon ti bebe!

Divize klas la an ti gwoup. Ba yo fèy joual, adezif ak kèk sèvyèt oswa twal. Mande yo fè yon ti bebe ak papye chak jou, epi vlope li ak twal. Apre sa, se pou chak gwoup montre ti bebe a yo te fin fè a.

Apre sa a, di yo konsa: *Pou anpil moun li difisil pou yo rete tann yon bebe avèk pasyans. Konbyen nan nou la ki gen yon ti frè oswa sè?*

127

Kijan nou te santi nou lè n t'ap tann pou l te fèt? Ou te eksite?

Nan leson jodi a nou pral etidye anons nesans yon ti bebe trè espesyal, anpil moun t'ap tann pandan pliske san lane.

Konbyen tan pèp la te tann?

Mande pou de volontè ede w' distribye liv elèv yo. Lè sa a, louvri yo nan paj 178.

Pèmèt elèv yo obsève ilistrasyon yo. Lè sa a, mande twa oswa kat li tèks la byen fò, pandan w'ap ekri kèk mo kle sou tablo a (pa egzanp: kreyasyon, Noye, Abraram, Moyiz, Pak, Dis kòmandman, pwofèt, ekzil).

Di yo konsa: *Jan nou sot li a, atravè istwa pvp ebre a, Bondye te montre fidelite l', li te pwomèt yo voye yon Mesi pou sove limanite soti anba peche yo. Pwomès sa te rive vre ak nesans Jezi nan lavil Betleyèm.*

Poukisa Bondye te rete tann tout tan sa a?

Li ansanm enfòmasyon ke n'ap jwenn nan paj 179 nan liv elèv yo. Se pou kèk volontè li paragraph sa a yo. Esplike yo konsèp difisil yo, epi asire w' ke yo tout konprann enfòmasyon yo konplètman. Mete aksan pou w' moutre ke, menm si nou pa konnen poukisa Bondye te deside voye Jezi nan moman sa nan istwa, nou pap' doute de bon konprann li nan chwazi tan ki bon an.

ISTWA BIBLIK

Se pou jèn timoun yo chita sou fòm yon sèk epi mande yo: *Eske nou te janm rete tann yon bagay ak anpil anvi? Kijan nou te santi nou lè n' wè tan an te pase epi sa nou t'ap tan nan pa t' rive?* Koute repons yo epi di yo se konsa moun pèp Izrayèl yo te santi yo lè yo t'ap tan rive Mesi a.

Kòm anpil moun konnen istwa biblik sa a byen, nou sijere w',i baze sou pasaj la biblik etid la, rakonte ak pwòp mo pa ou yo. Ou kapab kòmanse li nan fason sa a:

Pou plizyè santèn ane, pwofèt yo, moun ki te mesaje Bondye yo, te pale sou Mesi a ki te gen pou vini pou sove limanite sòti anba peche yo. Ezayi te ekri youn nan pwofesi sa yo.

Mande pou yon volontè li Ezayi 7:14.

Kontinye rakonte istwa anons nesans Jezi a, epi, nan yon moman ki favorab, yon lòt moun li mesaj zanj lan pou Jozèf nan Matye 1: 20-21.

AKTIVITE YO

Espwa te prèske fini lè...

Yon fwa ankò louvri liv elèv yo nan paj 179 pou revize leson an pa mwayen fraz ki parèt la yo. Mande yo, apre yo fin li tèm yo ki nan kare yo, se pou yo make ak yon X sa ki fo yo epi yon O sa yo ki vrè. Lè sa a, se pou yo byen panse epi chanje nan fraz kif o yo pou fè yo vin vrè. Sèvi ak repons sa yo pou wè kisa elèv ou yo te reponn:

- Mari ak Jozèf te gentan marye. (X) Fo -Yo te pran angajman pou yo t'al marye.
- Zanj Gabriyèl te di Mari li ta pral genyen yon bebe. (O) Vrè.
- Zanj Gabriel te di Mari ke ti bebe a dwe rele Jozèf pitit gason. (X) Fo -Ti bebe a te dwe rele Jezi.
- Pouvwa Sentespri a te ede Mari gen ti bebe Jezi, byenke li te vyèj. (O) Vrè.
- Jozèf te kontan lè li te aprann ke Mari te ansent. (O) Fo - Jozèf te tris.
- Jozèf te planifye divòse ak Mari. (O) Vrè.
- Yon zanj te di Jozèf pran Mari pou madanm li. (O) Vrè.
- Zanj lan te di Jozèf ke non ti bebe a ta dwe Jezi. (O) Vrè.
- Apre sa, Jozèf ak Mari te marye.(O) Vrè.

Pwomès gate

Mande elèv: *Èske sa te rive nou yon fwa ke yon moun fin fè nou yon pwomès epi apre sa li pa akonpli li? Petèt nou te move anpil, kriye oswa pèdi konfyans nan moun sa a. Poukisa nou panse li enpòtan pou n' kenbe pwomès nou yo?*

Li Detewonòm 7:9. *Pou konbyen jenerasyon Bib la di ke Bondye kenbe pwomès li yo?* (Pou mil jenerasyon). Sa vle di ke Bondye ap toujou fidèl avèk nou.

Nou panse li te jis pou pèp Bondye a te rete tann rive Mesi a pou tout tan sa yo? An reyalite, gen anpil moun ki te pèdi espwa epi pat kwè ke Kris la t'ap vini ankò, paske yo te panse yo te rete tann pandan twòp tan.

Mete aksan sou fraz la "Seyè a, Bondye ou la se Bondye" pou w di yo ke nou dwe konte sou fidelite li, menm si nou sanble tann pou twòp tan pou pwomès li yo akonpli.

Ekri yon vèsè

Reyalize aktivite ki nan paj 180 nan liv elèv yo, preadolesan yo dwe ekri yon vèsè nan senk liy ki pa koyenside yo, suiv enstriksyon sa yo: Liy 1: sijè; liy 2: de adjektif ki dekri sijè a; Liy 3: twa vèb oswa aksyon ke sijè a fè; liy 4: yon kòmantè an kare de mo sou sijè a; Liy 5: yon mo ki sinonim ak sijè a.

Gade egzanp lan nan liv elèv yo epi ba yo tan pou yo prepare yon vèsè san yo pa rime l pou Mari epi youn pou Jozèf.

POU FINI

Esplike jèn timoun yo ke kretyen yo n'ap tann retou Kris la pandan plizyè santèn ane, men jous kounye a li poko retounen. Se pandan, Bondye ap fidèl pandan nan akonpli pwomès li, konsa menm jan li te fè l lè li te voye Pitit li a premyè fwa a.

Anfen, mande yo: *Èske nou prè pou retou Kris la?*

Bay elèv ou yo yon gwo defi pou pandan semèn sa a yo rakonte kèk moun ke Bondye akonpli pwomès li yo. Ankouraje yo mete tan apa pou yo di Bondye mèsi pou tout pwomès li akonpli nan lavi yo.

Repase tèks memwa a. Apre sa a, envite yo vini nan pwochen klas la pou yo kapab kontinye ak tèm sou nesans Jezi a.

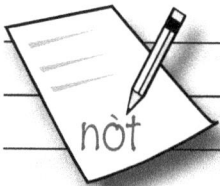

nòt

Li Bon Pou Yon Moun Rete Tann!

Baz biblik yo: Jenèz 12: 1-3; 2 Samyèl 7: 12-13; Sòm 31: 14-15a; Matye 1: 1; Lik 2: 1-7.

Objektif leson an: Se pou elèv la konfye Bondye lavni li.

Vèsè pou aprann: *"Men kijan Bondye fè nou wè jan li renmen nou. Li te voye sèl pitit li a sou la tè pou l ka ban nou lavi. Men kisa renmen an ye: se pa noumenm ki te renmen Bondye, se limenm pito ki te renmen nou, ki te voye pitit li a pou nou te resevwa padon pou peche nou yo."* (1 Jan 4:9-10).

PREPARE W POU W ANSEYE!

Pou jèn timoun yo, rete tann avèk pasyans se yon bagay difisil. Y'ap goumen ant "Mwen vle li kounye a" (se konsa menm atitid jèn timoun yo ye) epi "Mwen ka tann" (se pasyans ke w jwenn ak matirite).

Elèv ou yo nan yon etap kote y'ap fè fas a gwo chanjman. Nan yon bò, yo vle vin adolesan epi jwi privilèj laj sa a; epi, yon lòt kote, yo menm jwi aktivite anfans yo. Se pandan, sa ki pi enpòtan se ke yo aprann rejwi chak moman nan lavi yo, tann evènman yo ki gen pou vini yo ak pasyans.

Granmoun ki renmen timoun epi gen krentif pou adolesan yo, byen souvan, yo pa kontwole preaolesan yo. Pou rezon sa a, elèv ou yo bezwen konnen ke yo enpòtan pou Bondye, ke l'ap travay nan lavi yo, epi laj sa a se yon pati nan plan Bondye pou yo.

KÒMANTÈ BIBLIK

Jenèz 12: 1-3; 2 Samyèl 7: 12-13; Matye 1:1. Bondye te fè Abraram yon pwomès espesyal: ke pitit pitit li yo va yon benediksyon pou tout latè. Apre sa, li te pwomèt David li t'ap etabli twòn li pou tout tan. Pwomès sa a yo asireman te sanble manti. Sepandan, Bondye fè tout bagay nan tan egzat, epi li te akonpli tou de pwomès yo nan Kris la.

Bondye te voye Jezi nan bon moman an, lè kondisyon mondyal te fin prepare fè konnen bon nouvèl la. Se vre ke jwif yo te anba gouvènans Women yo, men sitiyasyon sa a te bay yon lang inivèsèl ak yon peryòd lapè relatif. Faktè sa yo fè bon nouvèl la gaye pa tè ak lanmè. Kilè Jezi te fèt? Nou pa konnen dat egzak la, men nou konnen objektif la, pwomès la ak akonplisman vini li a.

Lik 2:1-7. Bondye te itilize resansman an ke Cesar Augustus te bay lòd pou Mari ak Jozèf te ka vwayaje nan lavil Betleyèm, ranpli pwofesi nan Miche 5: 2. Betleyèm nan lang ebre vle di "kay pen", ak kay sa a, Jezi ale ansanm, pen ki bay lavi a.

Resansman ki te fè Mari ak Jozèf te ale Betleyèm nan te gen plizyè rezon. Yon sèl nan prensipal se te kolaborasyon pou taks. Pliske Jozèf se te yon desandan David, li te oblije ale nan lavil David la pou l' te enskri. Vwayaj la te dire plis pase 149 kilomèt petèt kat jou. Mari pa t' bezwen enskri, men petèt pi pito akonpaye Jozèf nan vwayaj fatigan sa a, olye pou l' te rete nan vilaj la ap tande tripotay sou gwosès etranj li a.

Se poutèt sa, Jezi te fèt nan lavil Betleyèm, men se pa nan yon lotèl, men pwobableman nan yon twou wòch. Nan rejyon sa a gen anpil twou wòch kote moun gadò mouton ak bèt yo te konn pran refij lè yo sou wout yo pou ale lavil Betleyèm. Bèso a pwobableman te fèt ak wòch pou anpeche bèt yo chavire yo. Si depo a se te yon twou wòch, sikonstans nesans Jezi yo te sanble ak antèman Jezi a. Tou de evènman sa a yo te fèt nan prete kavo, epi nan tou sa ki nan tan ke Bondye etabli.

DEVLOPMAN LESON AN

Kisa ki enkyetid ou?

Ekri sou tablo a mo "ENKYETID" an gwo lèt. Mande elèv ou yo pou yo ede w fè yon lis enkyetid yo genyen sou lavni yo (pa egzanp: etid yo, pwoblèm fanmi, zanmi yo, maladi, elatriye.).

Apre sa a, mande yo: *Kijan nou santi nou lè nou panse ak lavni an? Èske nou enkyete nou lè n' panse sou demen nou nlè ou gen laj 18 oswa 21 ane?*

Semèn pase a nou te pale de Mari ak Jozèf. Lavi yo te chanje apre yo te fin resevwa vizit espesyal zanj lan epi konnen ke yo ta pral gen yon bebe. Nou kwè ke yo te enkyete pou lavni yo? Poukisa?

Koute repons yo, epi di yo ki nan istwa jodi a nou pral aprann pa enkyete nou sou evènman k'ap vini yo.

ISTWA BIBLIK

Rakonte istwa nesans Jezi a ak pwòp pawòl pa w, pandan w'ap sèvi avèk istwa sa a kòm yon gid:

Dè milye de ane anvan Jezi te fèt, Bondye te mande Abraram pou l soti kite peyi l pou ale nan yon peyi nouvo. Li te pwomèt li ke pitit pitit li yo ta rive vin yon gwo nasyon epi pa mwayen yo menm tout fanmi sou latè va jwenn benediksyon (li Jenèz 12:1-3).

Youn nan pitit pitit Abraram yo se te David. Bondye David yon pwomès tou; li te di l konsa ke, wayòm li pap janm fini (li Samyèl 7:12-13).

Chèche Matye 1: 1 ak 1:17. ¿Qué nos dicen estos versículos sobre el cuKisa vèsè sa yo di nou sou akonplisman pwomès Bondye te bay Abraram ak David la? Permita que sus alumnos respondan (JesúKite elèv ou yo reponn (Jezi se te yon pitit pitit Abraram ak David).

Rakonte istwa a, epi fini ak pawòl sa yo: Bondye te kenbe pwomès li devan Abraram ak David. Nesans Jezi a te yon pati nan plan Bondye pou l' te voye yon Sovè, epi li te travay nan lavi anpil moun pou l' te kapab akonpli plan sa a.Se yon kout oswa konyensidans. Bondye te planifye tout bagay ak anpil atansyon.

Jozèf ak Mari petèt te enkyete pou avni yo. Plan renmen ak marye a te chanje ak nouvèl yon bebe espesyal ki te dwe vin fèt. Yo te kapab gen panik, dezespwa epi jwenn pwòp solisyon yo. Sepandan, Bondye t'ap travay ak koup sa a epi lòt moun yo pou ke Jezi te fèt nan lavil Betleyèm.

Fè pati nan plan an

Bondye te travay nan anpil moun pou l te kapab akonpli plan sali a. Pou nou antre pi fon nan konsèp sa a, se pou elèv yo rezoud kastèt ki nan paj 181 nan liv travay la. Sèvi ak gid sa a pou w' verifye si repons yo kòrèk:

- Moun sa a te gen lafwa epi swiv Bondye kèlkeswa kote li te dirije li. Se te zansèt Jezi. (Abraram).
- Moun sa a se te yon bèje epi wa. Se te zansèt Jezi. (David).

- Yon zanj te di fanm sa a ke li t'ap vin manman Jezi. (Mari).
- Nonm sa a te bay lòd pou fè yon resansman nasyonal. Bondye te itilize sikonstans sa a pou l ta mennen Mari ak Jozèf ale Betleyèm. (Auguste César).
- Nonm sa a te vanyan pou depase dout yo ak tradisyon kiltirèl yo, epi marye ak yon fanm ansent. (Jozèf).

Nouvèl yo nan Betleyèm

Jwif yo te tann anpil ane pou rive nouvo wa a. Galat 4: 4 di nou konsa: "Lè akonplisman tan an te rive, Bondye te voye Pitit li a ..." Kisa sa vle di? Ede jèn timoun yo konprann ke Bondye te gen yon plan espesyal byen trase, se sa ki fè l te voye Jezi nan moman egzat la. Apre sa a, mande yo: Ki kalite selebrasyon nou ta dwe rete tann pou nesans yon wa? Ki kote nou panse k' ta pi bon pou yon wa fèt? Ki jan yo dwe trete yon ti bebe ki fenk fèt? Poukisa Bondye te chwazi pote Pitit li a sou latè nan fason sa a?

Li ansanm "nouvèl Betleyèm yo", nan paj 182 ak 183 nan liv elèv yo. Apresa a, pale sou ki jan yo imajine yo lannwit nesans Jezi a.

Pasyans, tanpri!

Rakonte yon temwayaj tou kout sou ki jan Bondye te travay nan lavi pèsonèl ou. Ede elèv ou yo konprann ke Bondye vle travay nan tout pati nan lavi nou chak, paske li gen enterè pou wè tout mou nap jwi lavi anabondans.Sa pa vle di ke tout bagay ap toujou jan yo vle a. Anpil fwa yo dwe aprann pasyan epi tann repons Bondye a.

Louvri liv elèv yo nan paj 184. Ba yo tan pou yo li lèt yo epi reponn yo, ankouraje jèn timoun pou yo tan travay Bondye ak pasyans.

POU FINI

Revize lis enkyetid ke elèv ou yo te ekri nan kòmansman klas la. Apre sa a, li ansanm Matye 1:20 ak Lik 1:30, epi mande yo: Ki fraz ki repete nan tou de pasaj yo? (Ou pa bezwen pè).

Fè yo sonje yo pa dwe gen krentif pou sa ki gen pou vini, si yo konte sou prezans Bondye nan lavi yo. Gid yo nan yon tan lapriyè, mande Bondye pou l ede yo ogmante pasyans yo ak lafwa yo.

131

Kòman pou nou bay bòn nouvèl la

Baz biblik: Ezayi 11: 1; Jeremi 33: 12-15; Matye 1: 6; Lik 2: 8-20.

Objektif leson an: Se pou jèn timoun yo aprann di lòt moun kè kontan yo santi pou nesans Jezi a.

Vèsèpou aprann: *"Men kijan Bondye fè nou wè jan li renmen nou. Li te voye sèl pitit li a sou la tè pou l ka ban nou lavi. Men kisa renmen an ye: se pa noumenm ki te renmen Bondye, se limenm pito ki te renmen nou, ki te voye pitit li a pou nou te resevwa padon pou peche nou yo."* (1 Jan 4:9-10).

PREPARE W POU W ANSEYE!

Petèt elèv ou yo te aksepte Jezikri kòm sovè ak Seyè yo, men se sèlman kèk ladan yo ki pale ak lòt moun sou lafwa yo. Petèt yo pa konnen ki jan pou yo temwaye oswa, twòp tan pase, yo vin pèdi emosyon yo te santi a lè yo t'ap aksepte Kris la.

Leson sa a pral ede yo konprann ke nesans Jezi a se yon sijè pou selebrasyon, epi temwaye sou li pa toujou vle esplike plan sali a. Kòm nan ka pastè yo, temwayaj nou yo pral trè efikas si nou di lòt moun kè kontan ke Jezi ba nou. Ankouraje yo pou y'aprann di lòt moun bon nouvèl nesans Kris la, epi la jwa ki reflete nan lavi yo paske yo konèt Jezi pèsonèlman Sovè a ak Seyè a nan lavi yo.

KÒMANTÈ BIBLIK

Ezayi 11: 1; Jeremi 33: 12-15; Matye 1: 6; Lik 2:8-20. Jezi te fèt nan yon pak bèt, se pa t' yon aksidan men sa pito te fè pati plan Bondye a. Premye moun ki te resevwa bon nouvèl la se te gadò mouton yo, pandan yo t'ap okipe mouton l nan jaden an pandan lannwit. Epitou, nan Ezayi 11: 1 pwofesi a di ke Kris la ta desann sot nan tij Ezayi, papa David. Kòm David se te yon bèje, li te apwopriye ke premye moun yo ki tande bèl nouvèl la sou nesans Jezi a te dwe bèje yo.

Zanj yo te bay gadò mouton yo ki enb bon nouvèl nesans Kris la, se pa t' chèf yo oswa lidè relijye yo. Jès sa a te trè sinifikatif paske li gen pou wè ak moun komen epi travayè. Lidè relijye yo te konn imilye bèje yo paske yo pa t' konn obsève jou repo a, epi, anba lalwa Moyiz la, anpil jwif te konsidere kòm enpi. Jezi li menm te akize de vyolasyon jou repo a epi paske li te pran moun yo te imilye nan sosyete a pou zanmi l.

Anons lan a gadò mouton yo te montre tou ke Kris la te vini premye jwif yo. Yo t'ap tann Kris la, epi Bondye onore yo paske yo te kwè nan pwomès li.

Bèje yo, te santi yon anvi pou y'ale Betleyèm, yo te kite travay yo pou y'al chèche Sovè a epi adore li.

Atravè pasaj sa a nou kapab konnen lajwa ki dwe ranpli kè nou. Apre Bèje yo fin adore wa a ti bebe ki fèk fèt la, gadò mouton yo retounen nan travay yo. Yo t'ap fè lwanj Bondye, epi bay nouvèl la ak tout moun yo te rankontre sou chemen yo. Kè yo te plen ak lajwa apre yo te fin rankontre ak Sovè a fas a fas.

Èske nou santi menm kè kontan sa a epi èske nou pataje li ak lòt moun? Si nou montre lajwa nou genyen nan Kris la, kòm gadò mouton yo te fè anpil ane de sa, moun yo pral konnen lanmou Bondye a, y'ap wè li reflete nan nou.

DEVLOPMAN LESON AN

Apre w fin akeyi elèv ou yo epi lapriyè pou kòmanse klas la, pale sou ki jan li difisil pou rete tann Nwèl la rive. Anpil preadolesan ap tann jou espesyal sa a ak anpil anvi epi konte jou ki manke yo pou selebrasyon an. Sepandan, nan leson pase a nou te aprann ke nou dwe rete tann avèk pasyans, pa sèlman dat enpòtan yo, men travay Bondye nan lavi nou.

Nouvèl, nouvèl!

Pou aktivite sa a ou pral bezwen yon jounal (chak jou) ak figi yon radyo, yon televizyon ak yon òdinatè.

Montre elèv yo imaj yo, epi mande yo kisa yo genyen an komen. Koute repons yo epi baze sou yo pou w' esplike yo ke objè sa yo reprezante mwayen pou kominikasyon oswa enfòmasyon. Atravè yo nou konnen nouvèl yo k'ap pase tou pre nou ak toupatou nan mond lan.

Divize klas la an gwoup twa moun oswa kat elèv. Bay chak gwoup yon fèy papye journal epi mande yo pou yo chèche yon bòn nouvèl epi koupe li.

Apre sa a, di yo ke istwa jodi a pale nou de moun ki pwoklame bòn nouvèl la.

Devine sa ki te pase!

Gid atansyon elèv yo nan paj 185 nan manyèl yo. Pèmèt yo konplete fraz yo sou eksperyans ki pi emosyonèl yo te viv.

Apre sa a, mande yo: *Kisa moun yo fè lè yo eksite pou yon bòn nouvèl?* (Yo vle rakonte li). *Si ou ta genyen yon nouvèl enteresan, ki moun ou ta renmen di li?*

Nan istwa a jodi a nou pral tande pale de kèk moun ki te resevwa nouvèl trè enteresan, epi wè kisa yo te fè.

ISTWA BIBLIK

Li pasaj etid yo depi davans epi rakonte istwa gadò mouton yo pandan w'ap swiv tèks sa a kòm gid.

Kisa nou fè lè nou pa ka dòmi? ? Kite tout moun bay ide yo jiskaske youn mansyone ke solisyon an se konte mouton. Lè sa a, di yo: *Imajine nou fè tout lavi nou ap konte mouton. Anwiye? ¿Fatigan? Èske nou pa ta konfonn kantite a?*

Tout bagay te kòmanse yon jou lannwit byen trankil, pandan yon gwoup gadò t'ap pran swen mouton yo. Pa t' gen anyen eksitan ki te pase nan lòt bò mòn nan. Petèt pafwa pastè yo te vle yon bèt nan bwa te parèt devan yo pou soulaje annwi yo. Menm nan ti moman konsa, fè nwa te ale epi syèl la te plen ak klète. Se te yon zanj! Gadò mouton yo te pè anpil, men zanj lan di yo konsa...(Depi davans mande pou yon moun li Lik 2: 10-12 nan moman an).

Lè sa a, plis zanj te vini pandan yo t'ap chante fè lwanj pou Bondye (mande pou yon lòt elèv li Lik 2:14).

Sanble ke tè a t'ap tranble! Oswa petèt se gadò mouton yo ki tranble sitèlman yo te pè? Lè zanj yo te disparèt, bèje yo te tèlman eksite yo di... (Li Lik 2:15 ansanm). *Petèt yo te fè yon bagay yo pa t' janm te konn fè anvan: yo te kite mouton yo epi ale*

Betleyèm byen prese.

Se la yo te jwenn Jozèf, Mari ak ti bebe Jezi. Apre yo te fin adore Jezi, gadò mouton yo te retounen al jwenn mouton yo; yo t'ap fè lwanj Bondye, epi yo te rakonte sa a ak tout moun yo te rankontre sa yo te wè ak tande.

Pwoklame bon nouvèl yo

Louvri liv elèv yo nan paj 186; Apre sa a, li Lik 2: 16-18. Answit, mande klas la pou yo ekri ak pwòp mo yo kisa yo te panse gadò mouton yo te di moun sou mesaj zanj yo ak nesans Jezi a.

Fè piblisite!

Di elèv ou yo: *Bondye vle pou nou eksprime kè kontan nou an ak lòt moun pou nesans Jezi a.* Apre sa a, ekri sou tablo a: "Rakonte lòt moun konsènan Jezi" Pale sou siyifikasyon chak mo. Kisa nou ta dwe di sou Jezi? Ki jan nou ka pale sou Jezi si lòt moun pa vle tande? Ki moun nou dwe bay bon nouvèl la? Ekri repons elèv ou yo sou tablo a. Mete aksan ke, jodi a, pifò moun ap viv nan mache prese epi souvan li difisil pou yo kanpe pou koute pawòl Bondye a. Nou bezwen prepare pou nou pale ak moun sou Jezi epi egzat nan mesaj nou an.

Ale nan paj 187 nan liv elèv yo epi fè aktivite yo sijere a. Yo pral bezwen tan pou yo ekri powèm senp de de liy ki pale de verite a sou Jezi ak lajwa paske yo konnen li. Se pou yo li egzanp yo nan liv la epi pèmèt yo travay ansanm pou yo ekri powèm yo.

Kouman mwen pral di yo?

Vire paj la, epi, kòm konklizyon, li Sòm 96: 3 ansanm. Apre elèv yo fin ekri kèk ide sou fason yo kapab fè pou y'anonse bon nouvèl nesans Jezi a (pa egzanp: envite zanmi nan klas biblik la, bay temwayaj pa mwayen bon konpòtman, vizite moun ki malad yo, ede moun ki nan bezwen yo, elatriye.). Apre sa, li lis yo byen fò pou fè echanj lide.

POU FINI

Mande nan lapriyè pou moun yo ke elèv yo pral fè konnen bon nouvèl la semèn sa a.

Di orevwa ak yo ti chante Nwèl, epi pa bliye envite yo nan klas k'ap vini an.

133

Yon Gran Vwayaj Pou Al Wè Yon Wa

Baz Biblik: Miche 5: 2; Matye 2: 1-23; Jan 4:42.

Objektif leson an: Se pou jèn yo rekonèt ke yo bezwen konnen Jezi pèsonèlman.

Vèsè pou aprann: *"Men kijan Bondye fè nou wè jan li renmen nou, li te voye sè l Pitit li a sou latè pou l te ka ban nou lavi. Men kisa renmen an ye: Se pa noumenm ki te renmen Bondye, se limenm pito ki te renmen nou ki te voye Pitit li a pou nou te ka rexsevwa padon pou peche nou yo, gran mèsi Pitit la."* (1 Jan 4:9-10).

PREPARE W POU W ANSEYE!

Jèn timoun yo ap devlope kapasite yo nan pran desizyon ak pran angajman. Gen kèk nan yo ki deja aksepte Kris kòm sovè ak Seyè yo, men yo panse ke ak sa tout bagay fini. Yo bezwen konprann ke vin te kretyen se pa yon zak, men se yon relasyon; li se yon angajman pou tout lavi ak Jezi Kris avèk ansèyman li yo. Leson sa a ap motive yo grandi nan relasyon pèsonèl yo avèk Jezi, ede yo renouvle angajman pou viv pou li.

Kèk jèn timoun petèt gen lontan depi y'ap tande istwa ak ansèyman sou Jezi, men yo pa janm aksepte l 'tankou Sovè ak Seyè a. Ou ka panse ke yo yo se Kretyen, men yo pa konprann ki sa sa vle di. Leson sa a pral klarifye diferans ki genyen ant konnen sou Bondye ak konnen li pèsonèlman.

KÒMANTÈ BIBLIK

Miche 5:2; Matye 2:1-23. Saj annoryan yo fè yon gwo remak nan istwa Nwèl la. Richès li ak pozisyon sosyal ki make nan sèn enb Betleyèm nan, Kontrèman ak kondisyon Mari, Jozèf ak gadò mouton yo. Moun pwisan sa a yo, ak gwo preparasyon akademik, konseye, wa yo, yo te konn etidye zetwal yo ak entèprete rèv.

Nasyonalite ak relijyon yo te diferan de moun ki rete nan lavil Betleyèm. Yo te soti annoryan, petèt Pès, epi petèt yo pa t konn pratike relijyon jwif la. Sepandan, yo te tande pwofesi yo sou Mesi yo te pwomèt epi yo te pè Bondye. Vizit nmoun ki gen bon konprann yo montre nati bon nouvèl la. Jezi te vini pou tout moun: jwif yo ak moun lòt nasyon yo. Bon nouvèl la se pou tout moun.

Yon zetwal te motive saj yo koumanse yon vwayaj epi gide yo chak jou sou wout yo. Ala yon gwo koze pou wè yon zetwal gid yo! Zetwal yo pi klere nan fè nwa, paske yo wè plis klè. Saj yo t'ap chache sa a verite a epi yo te jwenn Jezi, "zetwa klere douvan jou a" ak sous tout verite a.

Jan 4:42. Levanjil selon Jan pale nou de yon lòt gwoup mesye ki t'ap chèche Jezi. Apre yo te fin tande temwayaj fanm Samariten an, yo te vle konnen plis bagay sou li, yo pa t pran desepsyon. Se poutèt sa, yo te di fanm nan konsa: *"Kounye a nou kwè, se pa sèlman poutèt sao u rakonte nou an, men tou paske nou tande l ak de zòrèy nou. Nou konnen se limenm vre ki vin delivre moun sou latè, Kris la".*

DEVLOPMAN LESON AN

Vèsè sou miray la

Aktivite sa a pral sèvi w kòm yon revizyon pou vèsè biblik la. Sèvi ak plizyè fèy papye diferan, ekri nan yo chak fraz chak vèsè ki nan 1 Jan 4: 9-10. Mete menm bagay la byen gaye nan sal klas la. Mande elèv yo jwenn fraz yo nan lòd ki koresponn epi li l byen vit.

Kisa lami an ye?

Mande pou de volontè ede w distribye liv elèv yo epi louvri yo nan paj 189 apre sa li definisyon "lami".

Apre sa, se pou yo chèche vèsè yo sijere nan Bib yo a ki gen pou wè ak konkòdans lan, pou yo kapab konprann siyifikasyon kado sa a ke saj sa a yo te pote bay Jezi a, epi reponn kesyon sa yo:

1) Ki moun ki te pote lami bay ti bebe Jezi a? (Matye 2:11 – saj yo te pote lò pou, lansan ak lami).

2) Kijan yo te ofri lami bay Jezi sou kwa a? (Mak 15:23 - Sòlda yo ofri lami melanje ak diven pou kalme doulè li, men Jezi te refize li).

3) Pou kisa Nikodèm te itilize lami apre lanmò Jezi? (Jan 19: 39-40 - Nikodèm pote lami, lwil oliv ak epis pou benyen kò Jezi a).

Pèsonaj popilè yo

Mande elèv ou yo pou yo site non moun ki pi popilè yo admire, epi w'a di yo pou ki rezon.

Apre sa, mande yo: *Kouman yo fè konn tout bagay sa a yo osijv de moun sa a yo? Eske yo te rankontre ak kèk nan yo? Eske yo te jwenn autógraf yo oswa pran yon foto ak kèk nan yo?*

Eksplike yo ke menm si nou konnen kèk bagay de yon pèsonaj popilè sa pa vle di nou vrèman konnen moun nan pou sa, sof si nou te pase tan ak moun sa a.

Istwa jodi a pale nou de kèk moun trè enpòtan ki te konnen kèk enfòmasyon sou ti bebe Jezi a, men yo te vle mennen ankèt pou yo te konnen l 'pèsonèlman.

ISTWA BIBLIK

Pou aktivite sa a, ancheje plizyè plizyè elèv pou chèche Matye 2: 2, 8: 13-18 ak Miche 5: 2. Fè yo li vèsè yo lè ou di yo, menm jan ou rakonte istwa a nan Bib la. Sonje li enpòtan pou li pasaj etid la davans pou w familyarize w avèk detay yo epi pare pou w reponn nenpòt kesyon.

Si w te ka itilize mwayen vizyèl pou w demoutre leson yo, li ta itil anpil.

Plis pase yon non

Di klas la: *Moun saj yo te vwayaje nan lavil Betleyèm pou yo te kapab wè Jezi. Lè yo rive, yo mete ajenou, yo adore l. Yo te gen kèk enfòmasyon sou Jezi, men sa pa t 'ase; yo te vle konnen li.*

Mande pou yo louvri liv travay la nan paj 190, epi, lè sèvi avèk lèt non JEZI, fè yon akwostich avèk enfòmasyon nou konnen sou li. Pa egzanp:

Jis ak fidèl
Emanyèl: Bondye avèk nou
Sovè, sèl saj

Apre egzèsis sa a, moutre yo itilize lèt non yo pou fè akwostich ki sijere a yon fason pou yo aprann plis sou Jezi.

Yon kado pou wa a

Distribye fèy papye blan ak kreyon koulè pou elèv ou yo fè desen kado yo ta renmen bay Jezi a. Pèmèt ke se yomenm ki deside ki desen yo dwe fè, epi apre sa a fè yo transmèt li nan gwoup la. Sonje ke tout kontribisyon elèv ou yo enpòtan. Rete vijilan pou w evite nenpòt kòmantè negatif sou travay kèk kolèg.

Apre sa a, mande jèn timoun yo pou yo dekrive desen yo a, epi kole yo sou yon papye brisòl pou w kreye yon jounal miray, ki pral ki gen tit "kado mwen an pou Jezi".

POU FINI

Chante kèk chante Nwèl, epi fè yon wonn pou lapriyè di Bondye mèsi pou lanmou li ak pou Pitit li a Jezi, Sovè nou an, epi lapriyè pou demann gwoup la.

Anvan ou lage, ensiste pou w moutre ke pi bon kado ke Jezi bezwen nan men nou se lafwa ak obeyisans nou. Ankouraje elèv yo pase tan ak Seyè a pandan semèn nan pou yo konnen l pi byen.

Fè yo sonje ke pwochen klas la se pral dènye klas pou ane a, epi, se poutèt sa, asistans lan enpòtan anpil.

nòt

Revizyon Inite XI

Objektif leson an: Se pou jèn timoun yo ranfòse aprantisaj yo sou nesans Kris la epi fete fèt nesans lan ak lajwa.

Vèsè pou aprann: *"Men kijan Bondye fè nou wè jan li renmen nou. Li te voye sèl pitit li a sou la tè pou l' ka ban nou lavi. Men kisa renmen an ye: se pa noumenm ki te renmen Bondye, se limenm pito ki te renmen nou, ki te voye pitit li a pou nou te resevwa padon pou peche nou yo."* (1 Jan 4:9-10).

PREPARE W POU W ANSEYE!

52 dimanch gentan pase depi ou te kòmanse ak ansvyman sik sa a ak elèv ou yo. Eske w sonje premye jou a? Liv tou nèf yo byen klere plen ak istwa enteresan pou etidye. Se pandan men kounye a, tan ki pase a kite yon tras nan yo; men, sitou li kite yon mak inoubliyab nan kè elèv ou yo. Nou sijere ou pou w sèvi ak leson sa a pou fè revizyon kèk nan istwa yo te aprann nan inite sa a, epi tou, pou yo selebre ane

travay ki prèske fini.

Jèn timoun yo jwi konpayon, espesyalman lè yo rive nan dat espesyal yo, tankou larive de yon ane nouvo. Pwofite opòtinite sa a pou w' jwi lanmou kretyen an ak elèv ou yo epi yo fè yo santi ke w apresye yo anpil.

Kòm klas se dènye klas nan ane a, se yon bon okazyon pou reflechi ojijè de fason ansèyman ou lan fè enpak sou jèn timoun yo. Èske w fè kèk remak sou kwasans espirityèl elèv ou yo?Eske yo vin gen plis matirite? Èske y'ap devlope abitid lapriyè ak lekti Bib a?

Sonje ke travay yon pwofesè pa janm fini, sitou lè se pwofesè kretyen. Nou pa kiltive konesans nan tèt nou, men se pito plante pawòl Bondye a nan kè yo. Se poutèt sa, responsablite nou, se lapriyè epi veye pou plant lan kapab grandi epi bay fwi an kantite. Se dezi nou ak priyè nou pou ke nan ane sa a ki fini an, Bondye beni ministè ou ak pèmèt ou kapab akonpli travay li te rele w vin fè a.

DEVLOPMAN LESON AN

Se pou elèv ou yo chita sou fòm yon sèk, epi mande yo poukisa yo kwè leson jodi a dwe pote tit "Yon istwa san fen..."

Koute repons yo avèk atansyon, epi esplike yo ke istwa Nwèl la fini ak nesans Kris la, paske se te yon reyalite ki te choke istwa limanite epi pote avèk li konsekans ki pap janm fini.

Lè Kris te vin sou tè e li te mouri sou kwa, li te ranpli plan sali a ke Bondye te planifye pou libere limanite anba yon desten terib ki pap' janm fini, pandan li te louvri pòt lavi ki pap' janm fini an pou nou. Sa vle di ke, menm si tout bagay fini, istwa lanmou Bondye pou pitit li pa janm fini, paske nou pral viv ansanm avè l'pou tout tan nan lavil selès la.

Revizyon Inite a

Louvri liv elèv yo nan paj 192. Divize klas la an ti gwoup pou yo reyalize aktivite a ansanm.

Endike yo ki jan pou yo ranje tablo jwèt la pandan w'ap mete yon klip nan mitan sèk la epi fikse pwent yon kreyon nan mitan an, yon fason pou klip la pa deplase soti nan plas li. Chak patisipan pral vire klip la epi reponn kesyon li endike a, ki baze sou sa yo te aprann nan leson pase yo.

Jezi delivrans mwen

Gide elèv ou yo antre an refleksyon, epi mande yo konbyen nan yo ki te aksepte Kris la nan kè yo.

Sèvi ak etap sa yo ki nan paj 191 nan liv elèv yo pou esplike jèn timoun yo plan sali a, epi envite yo resevwa Kris la kòm Sovè pèsonèl yo. Apre sa a, leve moun ki te deside aksepte envitasyon pou aksepte Kris la.

Fè yo sonje ke, byenke anpil moun ka li Bib la epi konnen kèk enfòmasyon sou Jezi, sa ki pi enpòtan se genyen l' kòm zanmi ak Seyè lavi a.

Ankouraje yo devlope yon relasyon pèsonèl avèk Jezi. Yo dwe li yon pasaj nan

Bib la chak jou, epi pase tan nan lapriyè antre an kominyon avè l pandan semèn nan.

Tan pou selebrasyon!

Apre tan ansèyman an, nou sijere w jwi yon tan selebrasyon ak elèv ou yo, pandan w'ap di Bondye mèsi pou ansèyman yo pou ane ki fini an, epi selebre nesans Jezi a ak larive yon ane tou nèf.

Dekore salon an ak papye koulè.

Oganize kèk jwèt an gwoup epi, si sa posib, prepare yon ti tan rekreyasyon tou senp.

La a nou sijere w twa reset senp epi ekonomik.

Diri ak lèt ak pòm

Engredyan yo:

1/2 tas lèt.
2 tas diri kwit.
1 pòm rache nan yon ti bokit.
2 gwo kiyè sik krèm.
1 ti kal kannèl.
1 ti kiyè siwo myèl.
1 tas nan nenpòt fwi.

Preparasyon:

Chofe lèt la nan yon mamit jouk anvan l bouyi. Ajoute lòt engredyan yo, brase epi mete l nan yon dife ki pa twò gwo pandan dis minit. Dekore ak fwi.

Bonbon sik

Engredyan yo:

1 tas mantèg (bè). 1 tas sik.
2 ze (separe jèm nan de blan ze a)
2 tas farin frans.
2 ti kiyè poud. 1 ti kiyè sèl.
1 gwo kiyè lèt.
1 ti kiyè vaniy esans.

Preparasyon:

Bat bè a jouk li tounen krèm.

Ajoute sik la ak jèm yo. Melanje farin nan ansanm ak poud prepare a ak sèl la. Melanje mantèg la. Bat blan ze a jouk yo vin di epi ajoute yo farin nan. Ajoute lèt la ak vaniy lan. Woule farin nan epi koupe nan fòm ou vle l' la. Poudre avèk sik epi pase l nan yo fou ki nan 350 degre F (180 degre C) nan yon fou prechofe.

Triyang frèz (fwitye)

Engredyan yo:

4 tranch pen ble.
1 tas frèz.
3 gwo kiyè dous frèz (konfiti oswa jele).

Preparasyon:

Koupe pen an nan mak li. Byen lave frèz yo, epi fè yo bouyi. Gaye yon sèl bò nan pen ak frèz pire a epi pote bò yo nan pen an pou yo fòme yon triyang. Apre sa a, sele akote yo ak dous frèz la. Mete l' kwit pandan senk minit.

POU FINI

Remèsye elèv ou yo paske yo te vini nan klas yo pandan tout yon ane.

Distribye tout travay yo te fè pandan tout ane a, ak tout liv elèv yo ladan l.

Pran kèk minit pou w priye pou chak elèv ou yo epi mande Bondye pou l kontinye ede yo grandi nan lavi espirityèl yo.

Di orevwa pandan n'ap bay yon bèl akolad youn lòt.

nòt

Materyèl Edikasyon Kretyen Pou Timoun Yo

Mezon Nazareyen Piblikasyon yo prezante avèk satisfaksyon koleksyon konplèt li de liv edikasyon kretyen an.

Yo te fèt pou pwofesè timoun yo ak elèv ki soti nan 4-11 ane.

Timoun yo pral aprann leson biblik yo dapre laj yo. Epi, pandan y'ap fini ane lekòl primè yo, yo pral deja pase anpil istwa nan Bib la, kòm divès tèm apwopriye pou chak etap nan anfans ak preadolesans.

Materyèl sa a te fèt kòm etap diferan pou rive mennen yon lavi ki apa pou Bondye. Li genyen ladan li objektif ki klè epi posib.

Liv pwofesè a pral ede nan fòmasyon moun ki gen bèl travay nan fòme timoun yo pou yo kapab konekte ak mesaj ki pral chanje lavi yo pou tout tan.

Nan fè pwomosyon timoun nan ane imedyat-dapre laj li-, sa a pral etidye sèlman yon fwa chak youn nan liv yo. Lè ou rive nan 12 ane laj, si w te kòmanse avèk premye liv la, li pral etidye uit liv nan koleksyon sa a ki tèlman gen valè.

Liv yo te fèt pou itilize nan lekòl di Dimanch, tan lajwa, lekòl biblik le samdi, klèb pou timoun yo, disip ak lekòl yo an jeneral.

Seri sa a gen pou objaktif pou:

a. Fòse timoun yo aprann pawòl Bondye a.
b. Pèmèt yo grandi nan eksperyans kretyen yo kòm pitit Bondye.
c. Kwasans lafwa yo.
d. Mennen yo pou y' aksepte Jezi kòm Sovè ak Seyè yo.
e. Rive vin fè pati kominote lafwa, legliz la.

Tablo sa a pral ede w identifye liv la ki apwopriye selon laj elèv yo:

Preskole — 4 ak 5 ane laj (Ane / Liv 1 ak 2).

Dèbutan — 6 ak 8 ane (Ane / Liv 1, 2 ak 3).

Pawòl Ki Bay Lavi A (preadolesan) —9 ak 11 ane laj (Ane / Liv 1, 2 ak 3).